불교
개론

일러두기

- ⓟ 빨리어(Pāli)
- ⓢ 범어(산스크리트어, sanskrit)
- 원어는 발음대로 표기함을 원칙으로 하나 널리 알려진 용어는 기존의 표기를 따름.
- 부처님 생애를 포함하여 초기불교는 빨리어, 대승불교는 범어(산스크리트어)를 기본 원어로
  표기하되, 중요한 용어는 둘 다를 병기함.

불교 개론

초판 1쇄 펴냄 2022년 2월 28일
초판 3쇄 펴냄 2024년 5월 27일

엮은이.   대한불교조계종 교육원
발행인.   원명

대   표.   남배현
본부장.   모지희
편   집.   김옥자 손소전
디자인.   정면
경영지원.   허선아
구입문의.   불교전문서점 향전(www.jbbook.co.kr) 02-2031-2070

펴낸곳.   (주)조계종출판사
           서울 종로구 삼봉로 81 두산위브파빌리온 1308호
           전화 02-720-6107 l 팩스 02-733-6708
           출판등록 제2007-000078호(2007. 04. 27.)

ⓒ 대한불교조계종 교육원 불학연구소, 2022
ISBN 979 - 11 - 5580 - 176 - 5 03220

불교
개론

편찬·대한불교조계종 교육원

조계종
출판사

　누구나 행복을 추구합니다. 현대인들 역시 자유롭기를 원하고 마음 또한 평화롭기를 바랍니다. 그 이유는 아무리 과학 문명이 발달해도 삶이 불안하고 불편하기 때문입니다. 그래서 삶은 고통스럽습니다. 불교는 고통에서 벗어나 삶의 한가운데서 진정한 행복과 자유, 평화를 추구하는 대표적인 종교입니다. 특히 부처님께서는 마음의 중요성을 일깨워 마음을 다스리는 수행의 길, 탁 트인 자유의 길로 사람들을 이끌었습니다.

　불교에서 가장 중요하게 여기는 것은 부처님의 가르침, 즉 법에 대한 눈 뜸입니다. 그 법이 나를 흔들어 깨울 때 마음에서 진정한 공명이 일어납니다. 법은 나를 일으켜 세우고 어두운 밤에 한줄기 빛을 선사해 줍니다.

　법에 눈 뜨려면 먼저 불교사상과 주요 개념에 대한 정확한 이해가 필요합니다. 나아가 그 법대로 살아가려면 그 실천적 지향점을 설득력 있게 제시해 주어야 합니다. 여기에 시각의 신선함이 더해진다면 현대적인 불교개론서로서 손색이 없을 것입니다. 기존의 개념 풀이를 반복하는 것이 아니라 좀 더 열린 눈으로 불교를 바라볼 때 새로운 느낌을 줄 수 있습니다. 그래서 부처님 가르침이 마음속으로 깊이 울려올 때 사람들은 그 길을 따라갈 것입니다.

이 책에서는 먼저 불교가 어떠한 종교인지 현대적 관점에서 그 특징을 간추려 총론적으로 보여주어 신심과 발심을 일으킨 다음, 불교의 기본적인 개념에 대한 명확한 이해와 더불어, 마음을 다스리는 수행, 보시의 중요성과 보살행 전반을 담아내려고 했습니다. 균형 잡힌 시각으로 초기불교부터 대승불교, 한국불교, 선과 수행, 보살의 삶, 승가공동체와 계율 등 불교 전반을 다루었다는 것도 큰 특징이라 할 것입니다.

이 책이 초심 학인들은 물론 불교를 체계적으로 배우고 싶은 사람들에게 불교에 대한 바른 안목을 형성하고, 마음의 평화를 간직하며 신심과 원력으로 세상을 아름답고 행복하게 가꾸는 인생길에 좋은 안내서가 되기를 바랍니다. 그리하여 시절인연이 무르익기를 바랍니다.

불기 2566(2022)년 2월
대한불교조계종 교육원장 **진우**

제1장

불교란 무엇인가

꽃 종교란 무엇인가

꽃 불교는 어떤 종교인가

꽃 불교의 현대적 가치와 역할

1. 종교란 무엇인가

1) 종교를 찾는 이유와 목적

인간에게서 종교란

광활한 우주의 역사에서 바라볼 때 인간의 삶은 순간적으로 명멸하는 아주 미세한 티끌에 불과하다. 인간은 아무리 오래 살더라도 찰나적 존재에 지나지 않으며 한없이 연약하다. 그렇지만 인간은 자신의 삶을 계획하고 성찰할 줄 알며, 그 누구도 대신할 수 없는 존엄한 존재이기도 하다.

하이데거가 말하듯 인간은 불안에 직면해 있는 존재다. 인간은 근원을 알 수 없는 막연한 불안감에 싸여 있다. 사방에서 불안이 엄습해 온다. 충동에 불안하고 죽음에 불안하며, 무한 경쟁에 불안하며 삶 자체에 불안을 느끼며 사는 게 인간이다. 불교에서는 이를 무상(無常)과 고통에 직면한 인간의 모습으로 조명한다.

모든 존재에는 공백, 혹은 빈 자리의 여백이 드리워져 있다. 그 공백을 채우기 위해서 문화나 제도, 이념적 질서, 자기중심적 자아 속에서 삶을 지탱하지만, 그것은 환상에 불과하다. 그렇지만 사람들은 그 환상이 진짜인 줄 안다. 그러다가 어떤 계기로 진실이라 믿어 의심치 않던 그 환상의 민낯이 드러나는 위기가 찾아오면 우리는 일상적인 삶을 근본적으로 회의하게 된다.

일상의 삶은 본래 모습을 가리고 있는 이념이나 제도 등 고정관념 [상相]에 억압된 삶이다. 그것은 진리에 대한 무지라는 무명(無明)으로 인한 전도되고 소외된 삶이다. 그래서 나를 흔드는 불안이 침범하면 위기에 직면하게 되는 것이다. 그렇다면 이러한 불안과 위기는 언제, 어떻게 찾아올까?

다람쥐 쳇바퀴 돌 듯 반복되는 일상이 왠지 낯설게 느껴질 때가 있다. 지금까지 자신을 지탱해오던 가치에 의문을 던지는 것이다. 헉헉대며 회사생활을 하다가, 혹은 가족을 위해서 정신없이 살아오다가 나 자신을 잃어버리는 경우가 그렇다.

특히 사랑하던 사람을 저세상으로 떠나보내는 죽음을 맞이할 때, 예기치 않은 병으로 건강을 상실할 때, 힘들게 이루어 놓은 업적이 한순간 와르르 무너지는 절망의 터널을 지날 때, 이유를 알 수 없는 고독과 허무에 직면할 때, 일상적 삶의 질서에 균열이 생기고 삶은 심하게 흔들린다.

"예컨대 죽음에 직면하여 자신의 존재 자체가 허무라는 배경에 노출된다. 그러면 대체 '내가 무엇 때문에 살아왔는지', '어디서 왔다가 어디로 가는지'하는 의문이 일어난다. 거기에는 다른 어떤 것으로도 메워지지 않는 틈이 벌어진다. 그때 우리 자신의 근저에 잠자고 있던 심연(深淵)이 열리게 된다. 그 심연에 직면하여 지금까지 우리의 생활 내용이었던 모든 것들이 쓸모없게 되고 만다."
- 니시타니 게이지, 『종교란 무엇인가』

불교개론

인간은 불안이나 허무에 직면할 때 자신의 존재 의미와 삶의 방향에 대해서 진지하게 생각하게 된다. 인생과 세계에 대한 궁극적 의문에 걸리는 것이다. 종교는 바로 그 지점에서 시작된다. 돈이나 명예, 학문, 의식주 생활은 다소 부족해도 그럭저럭 살아나갈 수 있고 가시적인 것이기에 그것들은 궁극적 문제나 관심의 대상은 아니다. 그런 의미에서 존재 근거 그 자체를 묻고 그에 대한 주체적인 대답과 돌파, 실천의 길을 가는 종교(宗教)는 불안과 죽음을 극복하는 최상[宗]의 가르침[教]인 것이다. 이에 반해 영어에서 종교를 의미하는 릴리전(religion)은 신과의 결합을 의미하기에 그것은 기독교적 토양에 근거한 정의라 할 수 있다.

인간은 자기 분열을 안고 살아갈 수밖에 없다. 누구도 죽음 등의 불안으로부터 도피할 수 없다. 그런 의미에서 불안을 안고 사는 현대인에게 종교는, 특히 불교는 굳건하고 평화로운 섬과 같다. 그 섬이 부처님[佛], 부처님의 가르침[法], 그 가르침대로 사는 승가공동체[僧], 즉 삼보(三寶)다.

회심과 발심, 완전한 행복으로

불교에서 말하는 종교로의 진정한 전환은 회심(回心)을 통해 이루어진다. 회심이란 나의 전 존재를 던져 마음의 방향을 돌리는 것이다. 자기 중심적인 닫힌 마음에서 무아로서의 열린 마음, 깨어있는 마음으로 다시 태어나는 것이다. 그것은 업보 중생에서 벗어나 창조적이며 자유로운 생명으로의 방향 전환이다. 자아 중심적인 충동과 욕망에서 벗어나 나를 살리고 세상을 살리는 원력으로 사는 삶이다. 그런 의미에서 회심은 열려 있는 삶, 뭇 생명을 살리는 삶으로 이어지는 발심(發心)과 통한다.

우리는 이러한 회심과 발심의 순간을 부잣집 외동아들이었던 야사(Yasa)의 삶에서 찾을 수 있다. 그는 밤마다 쾌락과 욕정에 눈이 먼 생활을 하다가 어느 날 새벽, 간밤의 무희들이 시체처럼 널부러져 자고 있는 것을 보고 허무와 괴로움이 밀려와 집을 뛰쳐나가 부처님이 계신 숲으로 향했다. 부처님은 그에게 괴로움이 없는 경지를 맛보게 하신다. 그것은 부서지지 않는 행복, 새지 않는 행복이었다.

행복에는 여러 가지 종류가 있다. 보통의 행복은 자아 중심적인 욕망으로 외부의 대상을 자기 것으로 소유함으로써 느끼는 행복이다. 물론 기술을 익혀 이익을 얻는 행복도 일상에서는 중요하다. 선행과 보시를 통해서 현생에서의 행복과 내생에서의 복덕도 값진 행복이다. 그러나 이러한 행복은 언젠가는 사라지는 불완전한 행복이다. 특히 소유를 통한 행복은 아무리 쌓고 쌓아도 새나가고 만다. 최상의 행복은 아무리 쓰고 또 써도 새지 않고 마르지 않는 행복이다. 그것은 무진장 흘러나오는 샘물과 같다. 그것이 최상의 완전한 행복으로서의 열반이다.

"한탄과 욕망과 슬픔의 화살을 뽑아버린 사람,
모든 집착을 버린 사람, 그래서 마음의 평화를 얻은 사람은
모든 슬픔을 초월하였으며 그는 슬픔에서 벗어나 열반에
이른다." – 『숫타니파타』「화살의 경」

2) 현시대의 종교성이란

오늘날 젊은 세대들을 중심으로 탈종교화의 바람이 거세게 불고 있다. 예전에 종교가 담당했던 영역을 환경이나 복지, 명상 등 대체 종교 활동이 이어받고 있다. 이러한 탈종교화를 극복할 이 시대의 종교성은 무엇이고 현대종교는 무엇을 지향해야 하는가?

현대에 들어 종교의 영역에서 영성(靈性)이란 말이 자주 등장한다. 미국에서 자신은 영적이지, 종교적이지 않다는 사람들을 중심으로 영성 운동이 일어나고 있다. 우리나라에서도 제도종교에서는 멀어지지만 개인적으로 영적(spiritual)인 삶을 추구하는 인구가 늘어나고 있다. 불교에서는 전통적으로 영성보다는 불성(佛性)이라는 말을 선호하였다. 불성은 생명의 힘, 생명의 빛이다. 불성은 모든 생명이 지니고 있는 부처님 성품이다.

> "불성은 모든 생명이 본래 지니고 있는 것이요 만들어진 것이 아니다. 손님 같은 번뇌에 덮여 있을 뿐이니 그 번뇌를 끊으면 바로 불성을 보고 위없는 도를 성취한다."
> - 『대반열반경』「여래성품」

불성에 대한 믿음과 확신은 누구나 부처님이 될 수 있다는 자각으로 우리를 이끈다. 불성에 대한 자각은 나 자신을 깨우며 자신을 무한히 열어간다. 이러한 자각적인 인간은 그 어떠한 제도적인 틀에도 갇히지 않고 마음을 풍성하게 가꾸며 구도의 여행을 떠난다. 불성을 자각한 사람은 자기로부터 해방된 사람이다. 자기가 텅 비워진 인간이다. 그러나 그는 텅 비어 있으면서도 주체적인 자기 결단의 길을 간다.

불성은 제도화되고 고정된 틀을 넘어서 그 내면의 가치를 묻는다. 불상이라든가 경전, 의례를 접하면서 그것들을 통하여 자신의 본래 모습과 직면한다. 그러한 직면으로 가변적인 내가 떨어져 나가고 어디에도 머물지 않는 진리, 고갈되지 않는 생명을 발견하고 이를 바탕으로 그물에 걸리지 않는 바람처럼 탁 트인 삶을 살아간다. 그가 바로 선에서 말하는 주체적 인간이고, 삶의 주인공이다. 21세기의 종교적 인간이란 바로 이러한 사람을 가리킨다.

중생의 부름에 대한 응답, 고통받는 존재에 대한 책임성

근대 이후 유럽에서 신의 죽음이 선언되고 신앙이 이성에 자리를 내준 이후 인본주의가 과학과 결합되어 세계를 움직이는 중심적인 사조로 등장하였다. 그러나 이성은 인간의 이기적 본성을 숨기지 않는다. 이성은 자아에 바탕을 두기 때문에 자기 중심적이다. 이러한 이성이 자본과 권력과 결합되어 부의 편중이 심화되고 부익부 빈익빈이 고착화되고 있다.

이러한 양극화는 부의 영역뿐만 아니라 신분, 직업, 지역, 교육, 이념, 민족, 인종, 성별 등에 따라 심화되고 있으며 생태적 영역으로 확대되고 있다. 인종 차별이라든가, 부의 대물림에 따른 교육 기회의 불평등이 그 대표적인 예이다. 환경 파괴는 이기적인 인간 중심주의가 낳은 21세기의 가장 큰 재앙이다.

인간의 극단적인 사고와 탐욕을 제어하기 위해서 종교가 다시 소환되고 있다. 이렇게 새로운 모습으로 등장하는 종교성의 가장 두드러진 특징은 고통받고 있는 소외된 타자에 대해 책임을 갖고, 그들의 요청에 응답하는 것이다. 그 타자란 나를 둘러싼, 나와 떨어질 수 없는 아파하는 이웃, 뭇 생명과 자연 전체를 말한다. 그런 의미에서 종교는 배고픈 자, 아파하는 생명과 자연 등에게 책임을 져야 한다. 이에 대한 종교적 각성은 도저히 연민할 수 없는 자를 연민하고, 용서할 수 없는 자를 용서할 때 싹튼다.

> "용서는 오직 용서할 수 없는 것만을 용서합니다. 우리는 용서할 수도 없고, 용서해서도 안되겠지만, 만일 용서라는 게 있다면 오직 용서할 수 없는 것이 존재하는 곳에만 있을 것입니다. 용서는 불가능성으로 자신을 알려야만 한다고 말해도 과언이 아닙니다. 용서는 오직 불가능을 행하기 위해서만 가능할 수 있습니다."
> – 자크 데리다,『신앙과 지식, 세기와 용서』

누구나 용서할 수 있는 용서라면 그것은 진정한 용서가 아니다. 불가능성의 지점, 그 끝까지 파고 들어가 그것을 가능성으로 열어가는 것이 진정한 용서요 자비이다. 불교에서는 이와 관련하여 자기를 끝까지 파하여 파했다는 생각마저 버리라고 말한다. 이를 구체적으로 보여주는 현존하는 인물로 달라이라마(1935~)를 들 수 있다. 그는 '나의 가장 큰 수행은 용서'라고 말하면서 티베트인들을 죽음으로 내몬 중국인을 무조건적으로 용서하자고 했고, 그 불가능해 보이는 용서를 실천한다. 그것은 사실 나와 너의 경계를 허무는 일이다.

경계가 무너지면 새로운 세계가 열린다. 그 경계를 허무는 길은 너와 내가 숨 쉬고 있는 일상의 삶과 역사의 현장에서 이루어진다. 불성은 경계가 허물어진 지점에서 진정한 빛을 발한다. 경계를 허물려면 이웃의 말에 귀 기울이고 그들의 고통에 응답하고 책임져야 한다. 그것은 어쩌면 내가 진 빚을 갚는 것이다. 우리는 모두 타자로부터 도움을 받고 빚지면서 살아가고 있기 때문이다.

보살, 자신을 열어가는 구도자

대승불교의 이상적 인간은 보살(菩薩)이다. 보살은 자각적 인간이자 이타적 인간으로서 구도자를 뜻한다. 그는 불성에 머물면서 자신의 내면을 살피고 성찰하며 이웃과 모든 존재를 향하여 자신을 열어간다. 고요한 마음의 평정 속에서 아파하는 자와 기꺼이 함께한다. 그 마음은 고정됨이 없고 한계가 없기 때문에 끝없는 자기 부정과 자기 해체 속에서 자신을 보며 이웃을 돌본다. 절망의 상황에서도 희망을 보고 한계 속에서 무한계를 연다.

그리하여 보살은 끝없는 관계망 속에서, 어떠한 차별과 교환가치도 떠난 입장에서 어떠한 의도적 행위도 떠나서 함이 없는 함, 봄이 없는 봄, 분별 없는 분별로 자비를 실천한다. 보살은 불성에 기반한 활동가이므로 세속적인 활동가처럼 권력 지향적이지 않고 어떤 이념으로부터도 떠나 있다. 보살은 형상이나 위상에 머물지 않은 무상(無相)의 주체이며, 자기를 뛰어넘은 무아(無我)의 주체이며, 집착을 떠난 무주(無住)의 주체이다. 위대한 보살들만 이러한 길을 가는 것은 아니다. 나에게도 그런 길이 열려 있으며 그런 길을 가야 참된 평화와 행복이 내게로 다가온다.

2. 불교는 어떤 종교인가

1) 마음의 눈을 여는 주인공으로서의 삶

불교는 현재 미국과 서구에서 매력적인 종교로 떠오르고 있다. 서양 출판계에서도 불교 서적이 많이 출간되어 독자들로부터 꾸준한 사랑을 받고 있으며, 불교적 가치관을 바탕으로 하는 명상 인구가 해가 갈수록 눈에 띄게 증가하고 있다. 철학, 심리학, 사회학, 물리학 등 제반 학문의 영역에서도 공(空)이나 무(無)를 바탕으로 하는 관계론적 사고가 확산되고 있다. 서구에서 불교는 삶의 양식으로 일상에 침투해 들어가고 있는 중이다.

> "다만 불교가 여타 종교와 철학보다 훌륭한 점이 있다면 그
> 토록 이른 시기에, 그토록 정확하고 체계적으로 인간이 처
> 한 문제를 진단하고 포괄적인 처방을 제시했다는 점이다.
> 이제 과학은 마침내 불교가 내린 진단을 입증하면서 진단
> 의 근본 뿌리를 드러내고 있다."
> – 로버트 라이트, 『불교는 왜 진실인가』

불교란 무엇인가?

불교(佛敎)란 부처님의 가르침이고 부처님이 깨달은 법(法, 진리)

에 대한 가르침이며 우리를 깨달음으로 인도하는 가르침이다. 불교의 목적은 고통과 불안에 싸여 있는 자신의 실존을 직시하고, 그 고통을 발판으로 그것을 뛰어넘어 해탈의 장을 여는 데 있다. 깨달으면 지혜를 통해 법에 눈을 뜨고 고통에서 벗어나 해탈, 열반을 이루게 된다. 해탈이란 자신을 얽어매는 관념의 족쇄에서 벗어남이다.

불교에서 말하는 법은 무아(無我), 연기(緣起), 중도(中道), 공(空) 등을 일컫는다. 지혜란 이러한 무아, 연기, 중도 등에 대한 통찰을 의미한다. 인간의 괴로움은 나 자신과 대상에 대한 집착과 그 집착한 것들이 허물어지는 상실과 좌절에서 발생한다. 내 잣대에 맞추어 세상을 바라보고 그것이 빗나갈 때 사람들은 불편해하고 분노한다. 그러나 지혜의 눈으로 무아를 통찰하면 모든 존재가 고정된 실체가 없어 무상하게 흘러가고 있음을 자각하기에 집착하지 않게 된다. 연기에 대한 각성으로 세상의 모든 존재가 어우러지는 가운데 인연 따라 조화로운 관계를 맺어나가면서 자기 자신을 해탈, 열반으로 이끌어 나간다.

지혜로 마음의 눈이 뜨이면 시선이 어느 한 군데로 고정되지 않고 현실을 넓고 깊게 바라보게 된다. 일시적인 행복과 불행, 고통과 즐거움에 흔들리지 않는다. 이러한 지혜는 깊은 선정을 통해 나온다. 마음을 고요히 맑히는 선수행으로 감정을 정화하여 정서적 해탈 또한 이룰 수 있다.

급할 때일수록 이리저리 날뛰는 마음 작용을 그치고, 고요하고 맑고 깨끗한 마음에서 나오는 지혜로 세상을 창조적으로 열어가는 것이 불교의 생명성이다. 미륵반가사유상의 모습과 미소는 이를 잘 보여준다. 부처님의 다양한 가르침은 그 길을 잘 알려주는 소중한 나

불교개론

침반이다.

자신을 다스려 주인공으로 사는 삶

많은 사람들이 소외된 삶을 살고 있다. 나 자신으로 살고 있지 못하다는 말이다. 현대철학자 라캉(1901~1981)도 말했듯이 나 자신의 욕망도 사실은 타자의 욕망에 불과하다. 자식의 욕망은 어머니의 욕망이 투영된 것이다. 그것은 자신의 삶이 아니다. 부처님은 자기 자신으로 사는 것이 중요하다고 하였다. 진정한 보물은 자신의 집 안에 있다고 하였다. 부처님께서는 이와 관련하여 다음과 같이 말씀하신다.

> "자기야 말로 자신의 주인, 어떤 주인이 따로 있을까?
> 자기를 잘 다룰 때 얻기 힘든 주인을 얻은 것이다."
> – 『법구경』160

부처님은 자신의 귀중품을 훔쳐 달아난 여인을 찾아 헤매는 것보다 자기 자신을 찾는 것이 중요하다고 강조하셨다. 귀중품, 여인, 명예와 권력보다 소중한 것은 자기 자신이다. 내 자신이 없으면, 내 자신이 허약하면 바람 부는 언덕에 온전히 서 있을 수 없다. 남이 나의 물을 대신 먹어줄 수는 없다. 타는 듯한 갈증은 내가 직접 물을 마셔야 해결된다. 그렇지만 자신을 잘 다루고 제어하지 못하면 고삐 풀린 망아지처럼 이리저리 내달려 남은 물론 자기 자신마저 망가트린다. 특히 좋다 싫다 하는 감정과 분별로 인해 탐욕을 부리고 절망에 빠진다. 그래서 불교는 자기를 잘 다스리는 마음공부를 중요시한다.

감정을 제어하고 내 마음을 먼저 바꾸는 것이 우선이다. 내 마음이 평화롭고 안정되지 못한 상태에서 상대방을, 사회를 바꾸기는 어렵다. 그래서 먼저 나를 잘 길들이고 다루어야 한다.

> "노력에 의해, 깨어 있음에 의해
> 절제에 의해 그리고 자기 다스림에 의해
> 지혜로운 사람은 홍수가 휩쓸어가지 않을 섬을 만들어야
> 한다." - 『법구경』 25

분열과 결핍에서 벗어나려면 우리는 스스로 새로운 질서를 만들어 내야 한다. 자신을 새롭게 규정짓고 그런 새로움을 통해서 세상을 움직이는 내가 되어야 한다. 새로움 속에서 달라지는 나, 변화된 나로 살며 변화된 세상과 만나게 되는 것이다. 내가 변하면 세상도 변화한다. 나는 변화의 주체다.

내 안에서 너를 보고, 역사를 껴안는 삶

삶의 주체가 나 자신인 것은 분명하지만 나는 사회 환경은 물론 타인의 영향으로부터 자유로울 수 없다. 나는 타인의 영향이나 사회 제도, 문화 속에서 자라고 배우며 살아가기 때문이다. 나와 나의 행위는 나를 둘러싸고 있는 다양한 조건들에 영향을 받는다. 그런 의미에서 나는 다른 사람들이나 역사의 움직임으로부터 제약을 받으며 나 자신으로부터 소외되기도 한다. 그렇지만 나 자신은 그 타자들의 영향력으로부터 분리를 감행하고 주어진 상황을 자신의 새로운 위치로 떠맡으며 책임지는 주체적인 모습 또한 지니고 있다.

불교개론

나와 타자는 새끼 꼬듯 서로 교차하며 맞물려 돌아가는 공생 구조로 짜여져 있다. 그것은 내 안에 공(空)에 근거한 나도 아니고 타자도 아닌 어떤 접경지대가 들어 있기 때문이다. 그곳은 나이면서 내가 아니고, 타자이면서 타자가 아닌 내 안의 빈자리요, 동시에 타자 안의 빈자리요 틈이기도 하다. 그 비움이자 틈을 통해 나와 너, 주체와 타자, 인간과 자연은 서로 자리를 내주면서 스며든다. 그래서 주체는 타자와의 만남을 통해 소외를 겪기도 하지만, 자기 비움이라는 결단을 통해 자기를 넘어서 나와 타자의 틈 속에서 너와 역사와 사회를 나의 책임으로 껴안는다. 불교는 일찍이 이러한 주체적 인간을 강조해 왔다. 오늘날 서양의 현대사상은 그것이 옳았음을 증명한다. 그런 의미에서 불교는 내 안에 갇혀 있는 관념적인 자기만족의 종교는 아니다. 불제자라면 자기 안에서 타인을, 주체 속에서 타자를, 삶 속에서 역사를 성찰하고 직시해야 할 것이다.

2) 분별심의 타파와 중도적 가치관

고정관념과 분별심 타파

우리가 살아가는 데 가장 큰 장애물은 나와 세상을 한계 짓는 고정관념이다. 나는 이러한 인간이어야 하고 저 사람은 저러한 인간이어야 하는데, 그 기준에 어긋나면 자신을 원망하고 타인을 비난한다. 예컨대 내가 A라는 사람을 인간성 좋은 사람이라 여겼는데, 어느 날 갑자기 그가 내 기대에 저버리는 행동을 할 경우, '어떻게 저럴 수가 있나'하면서 큰 실망을 한다. 이는 내가 그려놓은 고정관념에서 그가 벗어났기 때문이다. 그러나 이러한 고정관념은 사실 착각과 망상 속에서 그려낸 주관적 이미지에 불과할 뿐이다. 현대인의 마음속에 자리잡고 있는 심각한 고정관념 중 하나는 인종에 대한 차별과 선입견이다. 이러한 고정관념, 온갖 착각과 관념의 굴레에서 벗어나는 것이 불교의 두드러진 특징이다. 고정관념의 틀 안에서 세상을 바라보고 타자를 대하면 갈등, 혐오, 적대적 대립이 싹튼다. 이러한 고정관념을 불교에서는 '분별심'이라고 한다.

　'분별이 왜 문제가 되는가'라고 반문하는 사람들이 있다. 물론 옳고 그른 사리 판단과 분별은 필요하다. 그런데 그 판단 기준이 자신의 경험과 사고의 한계를 벗어나지 못하고 주관적이고 편파적이라는 데 문제가 있다. 우리의 분별은 객관적 기준 없이 내 생각에 따라 이루어진다. 내가 좋아하고 싫어하는 마음에 따라 사람과 세상을 판단한다. 그리고 이에 따라서 좋아하고 싫어하는 감정이 일어나 때로는 사랑하고, 때로는 증오하며 지옥의 업장을 쌓는다. 이것이 우리가 살아가는 모습이다.

　불교경전 중의 하나인 『우다나』에서는 시각장애인의 코끼리 만지기 비유가 설해져 있다. 한 왕이 선천적으로 장애를 앓고 있는 시각장애인들을 불러다 놓고 코끼리를 만지게 했다. 머리를 만진 사람은 코끼리를 물 항아리 같다고 했다. 귀를 만진 사람은 키질하는 바구니와 같다고 했다. 치아를 만진 사람은 쟁기와 같다고 했다. 코를 만진 사람은 막대와 같다고 했다. 그들은 자신이 만진 코끼리가 진정한 코끼리 모습이라고 하면서 서로 싸우며 주먹다짐까지 했다. 이는 자신의 생각만이 전부라는 집착과 분별이 얼마나 위험한가를 잘 보여주는 일화이다.

분별심은 자신의 잣대에 따라 옳고 그름을 나눈다. 이를 선(禪)에서는 간택심(揀擇心)이라고 한다. 좋고 싫고를 따지며 시비하고 가리는 행위이다. 이와 관련하여 승찬(僧璨, ?~606)스님은 참된 도에 이르려면 시비를 떠나라고 말한다.

> "지극한 도(道)는 어렵지 않나니, 단지 시비하고 가리는 것
> 만 떠나면 된다. 미워하고 사랑하는 마음을 짓지 않는다면
> 명백하게 드러날 것이다." - 『신심명』

분별을 떠날 때 고정된 틀을 벗어나고 그 틀을 깬다. 거기에는 이리저리 재고 나누는 타산적 계산이 자리 잡지 못한다. 나만의 좁은 시야를 벗어나면 탁 트여, 세상의 모습이 있는 그대로 보인다. 산은 산 그대로의 모습으로 우뚝 서 있고, 물은 물대로 시원스럽게 흘러간다. 그런데 인간은 자기 중심적 욕구로 인하여 자신에게 유리한 방향으로 세상을 재단한다. 그러한 욕구는 타자를 정복하려는 자신만의 이익에 가려진 탐욕이다. 그렇게 세상은 탐욕으로 얼룩지고 일그러진다. 자신만의 상을 그려놓고 거기에 비추어 자신을 옭아매고 타자를 비난하며 고통의 굴레에 빠지는 것이다. 그래서 불교에서는 시비하고 분별하는 마음을 버리라고 한다.

> "무릇 형상 있는 모든 것은 허망하니, 모든 형상이 형상 아
> 님을 보면 바로 여래를 보리라."

"형색에 집착하지 않고 마음을 내어야 하고 소리, 냄새, 맛, 감촉, 마음의 대상에도 집착하지 않고 마음을 내어야 한다. 마땅히 집착 없이 그 마음을 내어야 한다." -『금강경』

분별을 떠난 무분별은 마음의 문을 연다. 마음의 문을 열면 나 자신의 선입견이 떨어져 나가므로 대상이 정확히 분별된다. 이른바 무분별의 분별이다. 그래서 시시비비에 걸리지 않고 자신의 길을 서슴없이 걸어간다. 분별심을 떠난 마음으로 일상을 살아가는 현장에서 바로 도, 열반, 해탈이 모습을 드러낸다. 평삼심이 곧 도다[평상심시도 平常心是道]. 이러한 평상심은 분별을 떠난 삶의 현장에서 사태를 있는 그대로 보고 움직이는 마음 씀이다.

중도, 둘 다를 버리고 살리는 길

시비와 조작을 떠난 평상의 마음은 중도(中道)와 연결된다. 중도는 부처님이 깨달은 진리이자 실천적인 수행의 길이다. 부처님은 중도를 통해 깨달음에 이르렀고 중도를 통해 불교의 나아갈 길을 밝혔다. 성철(性徹, 1912~1993)스님은 이 중도를 어느 철학이나 종교에서도 볼 수 없는 불교만의 독특한 입장이고 불교 전반을 관통하는 근본 진리라고 했다.

중도란 양극단을 떠나는 길이다. 양극단을 넘어서고 해체하여 그 양극단을 동시에 살려내는 것이다. 대립하고 다투는 두 사람이 있다면 그 두 사람의 입장을, 그들의 눈을 가리는 고정관념을 없애면서 동시에 넓은 시야로 서로의 어우러짐 속에서 살리는 것이다.

우리는 보통 선-악, 옳음-그름, 아름다움-추함, 있다-없다, 내

불교개론

편-네 편, 진보-보수, 괴로움-즐거움의 시소 놀이 속에서 오르락내리락하며 살아가고 있다. 상대적 개념 중 어느 한 편에 치우쳐 서로 갈등하고 대립하고 비난하며 아파한다. 상대방을 차별하고 멸시한다. 이렇게 선-악, 옳음-그름, 있다-없다, 내 편-네 편 등으로 어느 한 쪽에 치우친 견해를 양변(兩邊) 혹은 양극단이라 한다. 양극단으로 나뉘면 평화롭지 못하다.

우리가 선(善)의 한 극단에 치우쳐 또 하나의 극단인 악을 없앤다고 할 때, 과연 악이 없어질까? 지구촌에서 벌어지는 전쟁과 테러는 자신을 선으로, 상대를 사라져야 할 악으로 규정하는 극단의 대표적인 사례이다. 그 선악의 대결은 서로를 파괴하는 악순환에 빠질 뿐이다. 내 몸속의 병균을 모조리 죽이겠다고 약을 지나치게 투여하면 오히려 건강한 몸까지 죽이게 된다. 행복을 원하지만 불행한 일이 생겨나고 편안함만을 추구하다 보면 그것이 나중에 불편함으로 변한다. 선은 악을 품고 있고, 행복은 불행을 품고 있으며, 약은 독을 품고 있다. 양극단으로 치달리면 결국 스스로를 파국으로 이끈다. 나도 죽고 너도 죽는다.

그러나 중도는 양극단을 지양하면서 상대방 속에서 자신의 모습을 보며 양쪽 모두를 살린다. 삶 속에서 죽음을 보며, 네 안에서 나를 본다. 건강 속에서 병을 보며, 부귀함 속에서 가난함을 본다. 이것을 『보왕삼매론』에서는 다음과 같이 말한다.

> "몸에 병 없기를 바라지 말라. 몸에 병이 없으면 탐욕이 생기기 쉽나니, 그로써 성인이 말씀하시되 '병고로서 양약을 삼으라.' 하셨느니라.

세상살이에 곤란함이 없기를 바라지 말라. 세상살이에 곤
란함이 없으면 업신여기는 마음과 사치한 마음이 생기나
니, 그래서 성인이 말씀하시되 '근심과 곤란으로써 세상을
살아가라.'하셨느니라.
공부하는 데 마음에 장애 없기를 바라지 말라. 마음에 장애
가 없으면 배우는 것이 넘치게 되나니, 그래서 성현이 말씀
하시되 '장애 속에서 해탈을 얻으라.'하셨느니라.
이와 같이 막히는 데서 도리어 통하는 것이요, 통함을 구하
는 것이 도리어 막히는 것이니, 이래서 부처님께서는 저 장
애 가운데서 보리도를 얻으셨느니라." - 『보왕삼매론』

3) 수행과 동체대비의 삶

수행, 나를 바꾸는 길

불교가 여타의 종교나 철학과 다른 점은 수행(修行)을 강조한다는
것이다. 수행이란 우리의 몸과 마음을 닦는 실천적 행위이다. 행(行)
을 닦는 것[修]이 수행이지만, 그 행위 속에는 마음이 담겨 있기에 수
행은 곧 마음을 닦는 것이다. 이 마음속에는 수십 겁 동안 쌓여온 자
기 중심적인 이기적인 유전자가 들어앉아 있어 모든 것을 내 중심으
로 받아들이고 행동한다. 이것이 바로 숙명처럼 지니고 있는 업(業)
이다. 이 업을 바꾸지 않는 이상 운명에서 벗어나기 힘들다. 불교는
수행을 통해 이 업을 바꾸고 운명을 창조적으로 개척하는 종교이다.

내 삶을 변화시켜 나아가는 것이 수행이다. 놀라운 점은 자신의 삶을 변화시킴으로써 다른 사람도 나로 인해 변화된다는 사실이다. 그런 의미에서 수행의 향기는 바람을 거슬러 올라가며, 다시 내게로 돌아오는 아름다운 메아리다. 물론 이러한 변화는 하루아침에 이루어지지 않는다. 수행에는 꾸준한 반복 실천이 요구된다. 꾸준하게 떨어지는 낙숫물이 천년 바위에 구멍을 내듯이, 쉼 없는 작은 실천들이 모여 나와 내 주위의 삶을 질적으로 변화시킨다.

수행에서 중요한 점은 애증, 혹은 좋고 나쁜 생각이나 감정에 휘말리지 않고 마음의 평정을 유지하는 것이다. 부처님을 비롯해 큰 스님들은 수행을 통해 깨닫고, 밝은 등처럼 세상을 밝혔다.

> "최상의 깨달음을 이루고자 한다면
> 언제나 평등한 마음을 지녀야 하리라.
> 사랑하고 미워함을 따져 친밀함과 소원함을 두면
> 도에서 멀어지고 업만 더욱 쌓이리라." – 야운스님, 「자경문」

보통 사람들은 이리저리 불어오는 바람에 흔들리고, 희로애락에 마음이 좌충우돌하여 양철지붕처럼 달아오르거나 지옥 같은 나락으로 떨어져 낙심한다. 한 생각 일어나고 한 생각이 소멸하는 생사의 갈림길에서 평정한 마음의 심지를 굳건히 세울 수 있는지 바라보라. 혹여 죽음의 사자가 찾아왔을 때, 그를 자연스럽게 맞이할 수 있겠는가? 수행은 마음 닦음을 통해 생사를 극복하는 길을 연다.

수행은 마음 밭을 가는 것이다. 부처님은 당신께서도 '마음의 밭을 갈며 정신적인 노동을 하며 살아가는 사람'이라고 하셨다. 믿음,

땀 흘리는 고행, 지혜, 부끄러움, 깨어있음, 몸과 말과 음식의 절제, 평온한 마음, 정진으로 마음의 밭을 간다고 했다. 마음 밭을 잘 갈게 되면 고통에서 해탈하고 생사에서 자유롭다.

동체대비

수행은 나를 바꾸는 것이지만 동시에 세상의 아픔을 껴안는 동체대비의 길과 연결된다. 근대의 선승 만공(滿空, 1871~1946)스님은 세계일화(世界一化)라 했다. 세계는 한 송이 꽃이다. 티끌 하나에 우주가 들어 있고, 물 한 방울 속에 바닷물은 물론 천지의 은혜가 스며있기 때문이다. 그래서 남의 아픔은 결코 나와 관계없는 다른 세상의 아픔이 아니다. 이웃과 타인이 아파서 병들면 나도 같이 아파서 병드는 것이다. 역설적이게도 코로나19로 인해 우리는 이러한 이치를 아주 생생하게 체험하고 있다. 이 공감하는 마음을 자애 혹은 연민이라 한다. 그런데 그 연민이 사사롭지 않고 무조건적인 연민이기에 이를 대비(大悲)라 한다. 우리는 한 몸, 한 생명이기에 아파하는 상대에게 조건 없이 자신을 연다. 유마거사의 말대로 중생이 아프니 나도 아프다. 이를 동체대비(同體大悲)라 한다.

한없는 자애, 즉 대비는 단순한 동정이 아니다. 그것은 깊이 교감하고 동감하는 것이다. 분별을 떠나 아파하는 사람과 교감하고 동감하는 언어와 행동은 차별을 넘어 따스한 온기를 남긴다. 마음을 움직이면 언 땅이 녹는다. 그렇게 교감하는 순간, 아픈 자의 병이 치유된다. '얼마나 아팠니?'하면서 따뜻하게 눈길을 주고 손을 꼭 잡아주는 것이다. 조건 없이, 대가 없이, 거래 없이 그렇게 하나가 된다. 자타의 분별과 아상(我相)을 진실로 떠날 때 그렇게 된다.

"중생들과 다투지 않고 원수와 친구를 평등하게 대하며 분별을 일으키지 않을지어다. 애증을 일으키지 않고 남의 물건을 바라지 않으며, 나의 재물에 인색하지 않고 남의 것 침범함을 즐기지 않을지이다. 항상 질박함과 정직함을 생각하여 마음이 급해지지 않고 항상 겸손하게 낮추는 것을 좋아할지이다." –「영가대사 발원문」

원력, 서원

동체대비의 마음은 나와 너의 경계를 허무는 지혜의 통찰을 통해 얻어지지만, 지혜가 자비의 실천으로 연결되려면 원력(願力) 혹은 서원(誓願)이 밑받침되어야 한다. 서원이란 깨달음을 이루겠다는 것뿐만 아니라 이웃, 타자의 아픔을 제거하고 그들에게 행복을 선사하겠다는, 그들을 아픔으로부터 구제해 내겠다는 맹세를 말한다. 그리고 이러한 서원은 결코 물러서지 않고 파괴되지 않는 힘이 동반되어야 하기에 원력이라 한다.

원력은 어떠한 시련에도 굽히지 않는 강한 종교적 실천과 추진력을 불러온다. 여기에 불보살님의 중생으로 향하는 대자비의 힘, 가피의 힘이 작용하여 그 힘을 배가시키고 불보살님의 보호까지 받게 된다. 이러한 원력은 거친 파도처럼 밀려오는 업력에 따라 잘못된 길로 속절없이 빨려 들어가는 것을 막으며, 우리들이 바라는 불국정토나 행복하고 자유로운 삶으로 이끌며 그것을 앞당긴다. 죽음도 원력을 파괴하지 못한다.

그러므로 수행하는 사람은 강한 원력의 뒷받침을 받아야 한다. 수행으로 내면의 깊이를 강화하고 마음을 유연하게 길들이며, 세상 사람들의 고통을 있는 그대로 수용하고 그들과 함께 하는 삶은 원력을 통해 더욱 강하고 굳세어진다. 이렇게 사는 사람은 마음도 평화롭고 지치지 않으며 항상 새로운 삶을 산다. 그 길을 가는 자만이 그 맛을 보고 느낀다.

4) 상생과 생명평화의 가르침

연기적 관계와 상생

불교에서는 나뿐만 아니라 너, 이웃, 사회, 나무와 햇살, 나아가 우주의 모든 별들이 함께 연결되어 있음을 강조한다. 나는 너로 인하여 존재하고 너는 나로 인하여 존재의 지평을 연다. 틱낫한(1926~) 스님은 그대가 시인이라면 종이 안에 구름이 떠가는 것을 분명히 볼 수 있다고 했다. 모든 것들은 그렇게 서로 의존하여 존재한다. 이를 연기(緣起)라 한다. 이 세상 모든 것들은 인드라 망, 즉 인드라 넷(Indra Net)이라는 관계의 그물망 속에서 서로 주인이 되고 손님이 되어, 비추고 비추어지면서 존재한다.

왕후장상이라 해서 다를 게 없다. 본래부터 왕은 없다. 관계 속에서 형성된 것이다. 그런 점에서 모든 존재는 평등하다. 다만 그때그때 조건에 따라 달라지는 차이만 있을 뿐이다.

요즘 서로를 살려나가자는 상생(相生)이라는 말을 많이 쓴다. 생명, 모든 자연 현상 그리고 사회적 관계는 서로 어우러져 상생할 때 지속적으로 발전하고 그 아름다운 향기를 뿜어낸다. 오늘날 나 하나만을 생각하는 이기적 병폐가 곳곳에서 드러나며 깊은 파열음을 내고 있다. 각종 인종 차별이라든가, 혐오 범죄, 종교를 빌미로 한 참혹한 테러 등이 그 대표적인 예일 것이다. 그러나 이것은 연기적 관점에서 볼 때 자기 몸에 상처를 내는 심각한 자해 행위나 다름 없다. 그런 의미에서 깊은 연기적 통찰만이 수렁에 빠진 인류를 구제할 자비의 묘약이라 할 수 있다.

연기의 가르침이 주는 생활 속의 가치

연기의 의미는 연(緣), 즉 조건에 따라 일어나는 것[기起]이다. 이 연기에 따라 붙는 말이 인연(因緣)이다. 모든 것은 원인[인因]과 조건[연緣]이 서로 화합할 때 발생한다는 가르침이다. 여기서 원인은 확고부동한 원인이 아닌 변화 가능성으로의 원인이다. 그 원인은 조건에 따라 달리 변화한다. 물은 차가운 공기를 만나면 얼음으로 변한다. 씨앗은 햇빛, 적절한 토양 등의 조건이 형성되지 않으면 싹으로 발아하지 않는다. 모든 사건은 그럴 만한 인연이 있기 때문에 발생한다. 기쁨도 슬픔도 인연 연기에 따른 것이다. 어제의 기쁨이 오늘의 슬픔으로 바뀌는 것은 연이 변했기 때문이다. 조건이 바뀌니 상황이 바뀌었을 뿐이다. 이 또한 조건에 따른 상황의 발생이라는 연기의 효과를 말한다. 사랑할 만한 조건이 형성되어야 사랑이 이루어진다는 것이다.

상대방이 나에게 화를 내는 것은 화를 낼 만한 조건이 그에게, 혹은 나에게 작용했기 때문이다. 문제는 상대방이 내는 화에 내 감정이 요동치며 즉각 반응한다는 점이다. 상대방의 짜증섞인 말에 기분 나쁘다는 감정을 갖고 분별하는 것은 나 자신이다. 내가 그런 감정놀음에 끄달리지 않으려면 이러한 바깥 경계의 변화에 대해서 좋다 싫다하는 감정을 끊어내야 한다. 끊지 않으면 악업에 빠지게 된다.

그래서 모든 것은 연기에 따라 일어나고 사라지고 있다는 사실을 잘 돌이켜 볼 줄 아는 삶의 지혜가 요구되는 것이다. 이것을 시절인 연이라고 한다. 이 도리를 알면 기쁨과 슬픔에 끄달리거나 요동치지 않게 된다. 나아가 조건을 바꾸면 업의 방향 또한 바뀐다는 사실을 직시하고 조건을 부단히 바꾸어 나가는 정진으로, 고정적인 나에 머물지 않고 창조적이며 자유로운 나로 자신을 열어가는 것 또한 연기의 가르침이 주는 중요한 교훈이다.

생명평화와 생태적 삶의 중요성

불교는 인간의 존엄성과 그 가치를 중요시하지만 인간 중심주의는 아니다. 인간 중심주의는 인간을 정점에 두고 다른 모든 동물이나 생물, 자연 위에 사람이 군림한다. 자신의 이익과 편익을 위해서라면 동물들의 도살도 서슴지 않는다. 비윤리적으로 가축을 가두어 놓고 대량 사육도 모자라 대량으로 살육하고 있다. 자연과 동물들을 정복의 대상이요, 생명이 없는 물질로 파악했던 탓이다.

오늘날 사람들은 환경 파괴의 주범 역할을 하고 있다. 현재 과도한 화석 연료의 사용과 환경 쓰레기 등으로 지구 온난화가 가속되고 있으며, 산과 강과 바다는 몸살을 앓고 있다. 남극의 빙하가 급속하게 사라지고 있으며 해수면이 상승되고 있다. 산불이 빈번히 일어나고 홍수나 한파로 지구촌이 몸살을 앓고 있다. 현재 상태로 가면 2050년에 지구 온도가 2~4도 더 오를 것이라고 한다. 체온이 1도만 올라도 사람의 면역계를 심하게 교란시키고, 2도가 오르면 생명을 앗아갈 수 있다. 또한 기온이 5도 오르면 지구 생명체의 38%가 사라지고, 400여 종의 조류가 멸종되거나 멸종위기에 직면한다. 이는 재앙의 수준에 가깝다. 부처님은 모든 생명을 똑같이 소중히 여기고 그들이 모두 행복하기를 염원하셨다.

> "어떤 생명을 가진 존재도, 동물이든 식물이든 빠짐없이, 좁고 긴 것이든 거대한 것이든, 그 중간 것이든, 짧고 작은 것이든 미세한 것이든, 눈에 보이는 큰 것도, 지금 바로 이곳에 있는 것도, 없는 것도, 멀리 있는 것도, 가까이 있는 것도, 과거에 있었던 것도 또는 미래에 있고자 하는 것도, 모든 생명들이여, 진심으로 행복하소서."
> – 『숫타니파타』「자애경」

또한 부처님은 위 구절에 이어서 모든 생명들의 괴로움이 사라지기를 바라고 그들을 자애롭게 보살피기를 축원하신다. 인간과 자연은 서로 떨어질 수 없는 불이(不二)적 관계를 이루고 있다. 인간이 살아가는 국토 또한 소중하다. 산림과 대지 또한 우리가 아름다운 불국정토를 이루는 공동의 정토인 것이다.

그런 의미에서 불가(佛家)의 옛 스님들은 물 한 방울, 한 톨의 쌀도 귀하게 여겼다. 땅 속을 기어 다니는 지렁이가 죽지 않도록 뜨거운 물을 함부로 버리지 않았다. 자신의 무분별한 욕망을 제어하고 과도한 욕심을 삼갔다. 과도한 욕심은 부족함만 못하다.

만족할 줄 아는 사람이 최고의 부자다. 욕심을 다스려 적은 것에 만족하는 소욕지족(少欲知足)하는 삶은 나와 너를 살리고, 세상을 살리며 국토를 살린다. 또한 소욕지족하는 삶은 자신의 욕망을 채우기 위해 여기저기 기웃거리지 않고 단순한 것에서 삶의 참맛을 느낀다. 그 사람은 맑고 향기로운 사람이다. 그것이 불교에서 말하는 생명평화적 삶이다. 불교는 인간뿐만 아니라 뭇 생명과 대지 또한 중요시하는 생명평화의 종교다. 이 생명평화의 가르침은 이 시대 인류가 받들고 실천해야 할 소중한 마음의 여정이다.

불교개론

3. 불교의 현대적 가치와 역할

1) 고통에서 해탈 – 고통의 직시와 해탈을 위한 발심

왜 괴로운가

부처님이 태자 시절 출가한 이유는 고통에서 벗어나기 위함이었다. 부처님께서 40여 년 동안 사람들과 만나면서 길에서 길로 걸어다니신 것도 뭇 생명들을 고통에서 벗어나게 해주고 이익을 주기 위한 자비심의 발로였다. 그것은 힘겨운 발걸음이었지만 평온하고 희망에 찬 발걸음이었다. 그래서 부처님은 전혀 피곤하지 않았다.

사람들은 누구나 행복하기를 원한다. 현대인들 역시 자유롭고 싶어한다. 고통이 없기를 바란다. 그러나 사람으로 태어난 이상 누구나 괴롭다. 아니 모든 생명체는 생명을 받는 그 순간 고통도 함께 시작된다. 부귀하고 아름다운 자, 무소불위의 권력자라 할지라도 고통에서 빗겨갈 수 없다. 제아무리 편리한 조건을 갖추더라도 또 다른 고통이 스멀스멀 기어 나온다.

'이렇게 행복하게 사는데 왜 고통을 그렇게 강조하는가?'라고 묻는 사람들이 있다. 그러나 과연 행복만으로 가득한 삶이 있을까? 행복의 이면에는 반드시 고통이 도사리고 있다. 사랑해서 행복했는데 그 사랑이 집착과 증오로 변해 고통으로 빠져드는 경우가 그 한 예다. 이렇게 세속의 행복은 상대적인 행복이요, 불완전한 행복이다.

그것은 우리 마음속에 아무리 채워도 채워지지 않는 욕망이 자리하고 있기 때문이다. 그래서 사람들은 세상만사가 자기 마음대로 되지 않는 불편함과 불만족, 무능력에 직면한다.

고통은 내 마음을 거스르는 이러한 일종의 불편함이다. 아무리 물질문명이 고도로 발달한 현대사회라 할지라도 삶이 자기 마음대로 잘 굴러가지 않으니 짜증나고 괴로운 건 여전하다. 만나고 싶지 않은 사람과 마주치는 것도, 죽고 싶은데 죽지 못하는 것도 모두 자기 마음대로 되지 않기 때문에 발생한다. 현대에 들어 자살률이 높고 우울증이 심각한 것도 무한 경쟁이 주는 불편한 마음 때문이다. 즉 스트레스가 이유다.

사람들은 이러한 스트레스에서 벗어나고자 말초적인 쾌락 속으로 자신을 몰고 간다. 그 짜릿한 쾌락을 스포츠나 먹을 것 등에서 찾는다. 더 심한 경우 마약이나 약품을 통해 유쾌한 감각을 극대화하는 생화화적 행복 추구에 몰입한다. 그것이 주는 환각과 환상은 결국 사람들을 범죄로 빠뜨리고 만다.

고통에 대한 자각과 발심

사람들은 고통과 불쾌의 감정을 피하려고 하거나 억누른다. 그러나 고통은 피할 수 없는 삶의 생생한 존재 근거이다. 고통스럽다는 것은 내가 살아 있다는 증거다. 고통스럽고 아픈 곳에 온갖 신경이 집중되기에 고통과 아픔은 나의 중심으로 다가온다. 그런 의미에서 고통을 안고 사는 것이 인간의 실존이다.

불교에서는 이러한 고통에 대한 인식과 자각을 중요시한다. 고통에 대한 자각이 없다면, 우리는 삶의 의미와 가치를 파악할 수 없기 때문이다. 그리고 고통을 있는 그대로 직면하지 않는다면 고통에서 벗어나 진정한 행복과 해탈을 지향하려는 마음조차 내지 않는 까닭이다. 과연 우리는 죽음에 직면해서 죽음을 돌파해 낼 수 있겠는가? 그리고 마침 내 그 죽음이라는 고통과 갖가지 번뇌와 동거하며 그 안에서 해탈과 진 정한 행복을 누릴 수 있겠는가?

> "부서진 수레는 구르지 못하듯
> 늙은 사람은 수행할 수 없음이라.
> 누워서 게으름과 나태함만 내고
> 앉아서 난잡한 의식만 일으키네.
> 몇 생을 수행하지 않고서
> 헛되이 밤낮을 보내었으며
> 이 허망한 몸은 얼마를 살 것이건대
> 한 평생 수행하지 않으리오.
> 몸은 반드시 끝마침이 있으니
> 내생에는 어찌할 것인가.
> 어찌 다급하고도 다급한 일이 아니리오!"
> – 원효스님, 『발심수행장』

젊을 때일수록 고통에 대한 자각과 발심, 수행이 요구된다는 의미 다. 출가자의 삶에서는 더욱 그렇다. 나이 들어 늙어갈수록 자기중심 적 습관의 벽이 두꺼워지고 선근을 심으려는 힘 또한 약해지기 때문 이다. 그것은 늙음과 죽음에 끌려가는 사람들의 모습을 보면 잘 알 수 있다. 이러한 죽음의 고통을 뛰어넘으려면 수행과 해탈의 길이

답이다.

해탈의 상태가 어떠한 특별하고 신비한 경계나 별천지로 전개되는 것은 아니다. 우리 마음에 장벽이 허물어져 허공처럼 탁 트인 상태가 해탈이다. 해탈한 사람은 고정된 틀을 벗어나 있기에 유연하다. 그래서 그는 결코 공포와 억압을 두려워하지 않으며 죽음에서조차 자유롭다. 대승불교는 여기에서 한 발 더 나간다. 그것은 고통과 함께하더라도 그 고통 속에서 해탈과 열반을 보는 것이다.

해탈은 일상적인 행복을 넘어선 지고의 행복이다. 해탈한 사람은 세상 사람들의 생각과 몸짓에 유연하게 어우러지면서 그들의 절망은 희망으로 품어주고 이 사회에 맑은 향기를 선사한다. 그는 자신의 마음을 거스르는 불편한 상황에서 화가 치솟고 감정이 올라올 때 수행의 힘으로 감정을 잠재우며, 특정한 상황에 집착하지 않고 인연 따라 마음을 낸다.

2) 마음공부를 통한 마음의 안정과 평화

마음의 안정과 평화

마음의 안정과 평화는 불자들뿐만 아니라 일반인들 역시 희구하는 최고의 덕목이다. 왜냐하면 많은 현대인들의 마음이 불안하고 안정되어 있지 못하기 때문이다. 마음이 요동치면 맑은 호수에 흙탕물이 일어 혼탁해지듯 혼란스럽고 불안하다. 안절부절 못하는 마음 상태에서는 어떤 일을 해도, 아무리 감미로운 음악이 흘러도, 아무리 좋은 음식을 먹어도 그 맛과 향을 느끼지 못하기 마련이다. 반면 마음이 안정되고 평화로우면 어떠한 악조건에 처해도 흔들리지 않고 초연하게 대처한다. 그렇게 하려면 마음을 잘 다스려야 한다.

불교는 마음공부를 중요하게 여긴다. 마음공부를 통해 마음이 움직이는 원리를 잘 알아서 마음을 잘 다스려야 평안과 평화가 온전히 자리 잡는다. 『법구경』에서는 자신의 마음을 잘 다스리면 얻기 힘든 주인을 얻는다고 했다. 지혜로운 이는 그 길을 잘 간다.

> "이 마음은 끊임없이 물결치고 있으므로
> 감시하고 다스리기 매우 어렵다.
> 그러나 지혜로운 이는 이 마음을 잘 다스리나니
> 활 만드는 이가 화살을 바로 잡듯이." - 『법구경』 33

인간은 생리적으로 좋아하는 것에 집착하고 싫어하는 것을 멀리하고 짜증내며 화를 낸다. 그것은 지나친 탐욕과 욱하며 일어나는 분노의 모습에서 잘 알 수 있다. 이 탐욕과 분노 때문에 나 자신은 물론 많은 사람들이 상처를 받고 힘들어 한다. 배척하고, 짜증내며, 화내고, 슬프고 감정이 하자는 대로 하면 결국엔 불행의 파도가 인다.

이러한 마음과 감정을 다스리는 것이 불교에서 강조하는 마음공부다. 내 마음과 마음의 작용을 바라보고 마음을 다스리는 힘을 기른다면 마음은 흔들리지 않고 고요한 평화 속으로 침잠하게 된다. 그렇게 되면 요동치는 마음과 그에 따른 감정이 가라앉기 마련이다. 구름과 천둥소리가 아무리 요란스러워도 허공은 언제나 텅 비어 있듯, 비바람이 아무리 몰아쳐도 태산이 의연하듯 마음이 평화로우면

쏟아지는 한탄과 욕망과 슬픔의 화살도 꽃으로 변하기 마련이다.

> "한탄과 욕망과 슬픔의 화살을 뽑아버린 사람,
> 모든 집착을 버린 사람, 그래서 마음의 평화를 얻은 사람은
> 모든 슬픔을 초월하였으며 그는 슬픔에서 벗어나 열반에
> 이른다." -『숫타니파타』「화살의 경」

열반은 평화로움이요, 괴로움이 소멸한 상태이다. 그 자리에 서면 더 이상 번뇌의 불꽃이 일지 않게 된다. 이러한 열반은 아주 먼 나라의 고원한 이상이 아니다. 그것은 불꽃 튀는 생생한 삶의 현장에서 마음을 그치는 수행 그 자체 속에 있다.

마음과 마음공부

불교에서 마음공부를 특히 강조하는 까닭은 모든 것은 마음이 만들기 때문이다. 사실 세상도, 부처님도, 중생도 모두가 내 마음이 그려낸 표상(表象)인 것이다. 세상은 마음이 밖으로 표출되어 나타난 내 마음의 반영이라는 의미다. 마음 밖에서 벌어지는 모든 일은 자신의 업에 비친 그림이요, 그림자다. 그래서 불교에서는 마음은 화가와 같다고 말한다.

> "마음은 솜씨 좋은 화가와 같아서
> 여러 가지 만물을 그려내며
> 일체 세계의 모든 존재를
> 이와 같이 만들어내네.

불교개론

마음과 같이 부처님 또한 그러하며
부처님과 같이 중생 또한 그러하니
마음과 부처님과 중생
이 세 가지에는 차별이 없네."
— 『육십화엄경』「야마천궁보살설게품」

같은 하늘도, 늘 보던 바다도 보는 사람과 그 마음가짐에 따라 받아들이는 느낌은 각양각색이다. 우리는 각자 색안경을 끼고 세상을 바라본다. 나에게 지각되는 만큼 그렇게 세상이 나에게 다가와 존재하는 것이다. 그것이 진정 우리가 느끼는 살아 있는 세계이다. 그런 의미에서 현재 지금 이 자리에서 내 마음에 지각되지 않는 대상은 존재하기를 멈춘다.

밭에서 온갖 작물들이 자라나듯이 내 마음 밭에서는 온갖 것들이 자라나고 있다. 이 마음 밭에는 살핌과 공감, 희망의 선한 씨앗도 질투나 미움, 절망 등의 악한 씨앗도 자라난다. 그래서 선한 씨앗들이 싹을 틔워 잘 자라도록 매일 물을 주고 살피고, 악한 씨앗들은 더이상 자라나지 않도록 살펴야 하는 것이다. 그렇게 마음 밭을 관리하지 않으면 잡초만 무성해지거나 황무지로 변한다.

더 중요한 것은 씨앗들을 키우는 마음 밭인 토양을 바꾸는 것이다. 내 마음 깊숙한 곳, 그 깊은 땅속에는 과거의 모든 기억, 그 기억의 씨앗들이 저장되어 있다. 거기에는 의식이 기억하지 못하는 무의식, 잠재의식이 담겨 있다. 그 무의식 속에는 자기중심적 자아가 꿈틀거린다. 그래서 모든 것을 '나' 중심적으로 조작한다. 그래서 나의 감정을 건드리면 욱하고 '화'가 자기도 모르게 올라온다. 그러나 이러한 자아는 허구적 이미지에 불과하다. 다만 사람들이 그 그림자를 실체화하고 자기 자신인 양 집착하고 있을 뿐이다. 그 자아의 허상을 허무는 것이 수행이요, 마음공부다.

마음 밭을 가꾸려면 우리는 먼저 선한 씨앗, 선한 업, 좋은 습관을 길러야 하고, 궁극적으로는 선악을 가르는 분별마저 떠나야 한다. 마음공부란 그런 것이다. 거기에는 뿌리 깊은 자아의식을 뽑아내기 위한 꾸준한 기도와 수행, 서원과 행위적 실천이 요망된다.

3) 공동체의 삶 – 차이와의 동거, 이타주의

화합 공동체, 다름에 대한 인정

부처님은 물과 우유처럼 화합하여 서로 사랑스러운 눈으로 대하면서 살라고 하셨다. 그것이 서로 어우러져 살아가는 화합 공동체로서 승가(僧伽, ⑤saṃgha)의 모습이다. 사람들은 승가에서 진리를 구현하고 안온한 귀의처로 자신의 삶을 맡긴다. 반면 물과 기름처럼 서로 섞이지 않는 배타적 삶은 불교에서 가장 경계한다. 아무리 좋은 생각도 혼자만 간직하고 다른 사람과 연결되지 않는다면 어떤 변화도 일어나지 않는다. 그래서 함께 모여 살면서 나누는 공동체의 삶과 활동은 현대인의 영혼을 아름답게 적시며 이 사회를 향기롭게 물들인다. 나의 육체는 100조의 세포들이 공생하며 살아가는 공생 공동체이고, 우주도 또한 공생 공동체이다.

문제는 점점 사람들이 공동체의 삶을 기피하고 어려워하며 각자

도생의 삶으로 접어든다는 점이다. 모여 살다 보면 가치관과 생활방식의 차이로 갈등하고 불편해하며, 자신의 자유가 침해당할 우려에 홀로 있기를 원한다. 그러나 그렇게 살면 당장은 편할지 모르지만 결국엔 고립된 외톨이로 남게 된다. 함께 모여 살아야 풍성하고, 섞여야 건강하다.

사람들과의 관계가 원활하지 않고 갈등하는 이유는 자기 생각을 꼭 움켜쥐고 놓지 않기 때문이다. 원활한 관계를 유지하는 조건은 사람들 개개인의 차이와 다름에 대한 인정이다. 사람들은 자라온 환경이 다르고 삶의 가치관에 따라 생각이 다르다. 그런데 사람들은 은근히 내 생각을 상대방에게 강요한다. 그러다 보면 분란이 일고 같이 있고 싶은 마음이 싹 가셔 버린다. 중요한 것은 다름 속에서 서로 배우고 닮아가는 것이다. 불교에서는 이러한 관계를 불일불이(不一不異)라고 한다. 같지도 않지만 다르지도 않다는 말이다.

세상에는 전체로 통합할 수 없는 다양한 차이가 존재한다. 우리 사회의 주변을 보더라도 자본주의, 사회주의, 민족주의, 생태주의, 인본주의 등등 다양한 주의와 주장이 난무한다. 이들을 이념 혹은 이데올로기라 하는데, 그것은 특정한 사상으로 사회를 규정하고 차이와 다름을 억압한다.

그러나 인간이나 사회는 어느 하나로 집약될 수 없는 다양한 층위를 지니고 있다. 그것은 어느 하나로 닫히는 것을 부정하기에 전체화할 수 없는 부분이고, 전체화에 대한 균열이며 그 불가능성의 지점이다. 현대철학자들은 '초월적인 본질이나 실체는 존재하지 않는다.'고 말한다. 그렇지만 이념은 그러한 본질이 없는데 마치 있는 것처럼 속인다. 현상 뒤에는 무(無), 공(空)만 있을 뿐이다. 그런 의미에서 이데올로기는 공을 감추는 환영이요, 환상이다. 환상은 공의 실상을 가리며 사람들의 눈을 멀게 하고 귀를 막는다.

그렇다면 우리는 어떻게 이러한 환상을 극복할 수 있을 것인가? 그것은 자신을 무아로 돌려 이데올로기에 걸려 있는 자신을 버리는 것이다. 그 무의 빈 자리에 서면 온갖 차이가 있는 그대로 빛을 발하며 제 모습을 드러낸다. 그 순간 모순 대립하고 있는 모든 것들이 그대로 인정된다. 그러면 대립하는 것들이 그대로 일치한다. 그것이 중도의 참 면목이다.

우리의 스승 원효(元曉, 617~686)스님의 화쟁사상(和諍思想)은 다툼과 대립을 조화시켜 일미 평등의 큰 지평을 연다. 이러한 화쟁의 가치는 삶의 현장에서 각자의 다름과 다양성을 긍정하고, 대화와 질문을 통해 마음을 나누면서 서로의 인식의 지평을 넓혀가면서 구현된다. 그것은 다름과 차이에 대한 수용과 인정이다. 다름을 자신 속에 수용하는 자는 큰 틀에서 동일성의 지평을 여는 사람이며, 걸림 없는 주인공으로서 나 자신이다. 그만큼 나 자신의 사유와 행위와 결단이 중요하다.

공동체성과 이타주의

앞서 내 안에는 나이면서 내가 아닌 타자가 동거하는 자리가 있다고 했다. 자기와 가장 낯선 이웃이 내 안에 있다는 것이다. 그래서 보살은 밖의 타자, 나와 대립하는 차이를, 이질성을 인정하고 수용하며 나 자신으로 껴안는다. 이를 현대철학의 용어를 빌어 설명하자면 '차이 속의 동거' 또는 '동거 속의 차이'라 할 수 있다.

그 차이와의 동거는 실천적으로 바라볼 때, 그것은 나 자신을 한없이 낮추고 상대방을 차별없이 존중하는 자기 비움의 실천이다. 그렇게 해서 나의 한계는 한계 없음으로 전환된다. 나의 한계를 부수어 나와 결코 동화될 수 없는 너, 이웃, 타자를 환대하는 것이다. 그 타자는 나 자신, 나의 자아 너머에 있다. 그와 동시에 그는 또 내 안에 있다. 이것이 자신을 무화시키는 공의 자리에서 타자와의 동거다.

함께한다는 것, 공동체로 함께 산다는 것은 이러한 차이와의 동거로 깊어질 때 진정한 빛을 발한다. 문수보살의 삶과 원력은 이러한 지점을 잘 보여준다. 문수보살은 지혜를 대표하는 보살로, 지혜로 자신을 끝없이 비워 차별과 분별을 넘어서서 이타적 보살의 길을 간다. 문수보살은 타자의 가장 비참한 지점까지 함께 행하는 동행(同行), 함께 일하는 동업(同業), 함께 어우러지는 동사(同事)로서 공동체적 삶의 구체적 모습을 보인다.

> "온갖 죄를 많이 지어 지옥에 떨어지거나 축생의 길을 걷더라도 그들의 형상에 맞게 변화하여 몸을 나투어 항상 그들과 같은 세상에 태어나서 교화할 것입니다. 혹은 시각장애인·청각장애인·언어장애인이나 가장 하천한 걸인이 되겠습니다. 모든 생명들과 함께, 같은 상황에 처하고 함께 인연을 맺으며, 함께 어우러지고 함께 행하며, 함께 일하면서 불도에 들어올 수 있도록 인도할 것이니 나와 함께하는 인연으로 보리심 내기를 바랍니다."
> – 문수보살 10대원 중(中) 제8원

비참한 걸인이나 나병 환자, 장애인과 함께한다는 것은 단순한 이웃 사랑을 넘어선다. 중생의 이익을 위하는 이타주의는 자아의 한계를 뛰어넘는다. 일상의 공동체적 삶은 서로 재화를 나누지만, 그것은 사실 자아의 확장에 입각한 상호 교환에 불과할지도 모른다. 물론 그런 공동체적 삶도 필요하다. 그러나 진정한 이타주의는 자아를 붕괴시키는 이타주의다.

문수보살은 거지의 모습, 외로운 이들의 모습에서 자신을 보라고 한다. 문수보살은 역사의 현장에서 피를 뚝뚝 흘리며 걸인의 모습으로 나타난다. 수행자가 그 걸인을 외면하는 순간, 그는 문수보살의 진신(眞身), 그 진정한 모습을 보지 못한다. 문수보살이라는 거룩한 상(相)을 걷어내고 가로지를 때, 깨끗하거나 더럽다는 분별의식을 비워낼 때, 문수보살을 친견할 수 있는 것이다.

제2장

부처님은 누구인가

🌸 인류의 스승, 석가모니부처님

🌸 구세대비자, 영원한 부처님

1. 인류의 스승, 석가모니부처님

1) 부처님은 어떤 분인가

석가모니부처님

석가모니부처님은 기원전 500년경 히말라야 남쪽 까필라 성[Kapilavatthu]에서 숫도다나(Suddhodana)왕을 아버지로, 마야(Māyā) 왕비를 어머니로 모시고 태자로 태어나, 출가수행을 통해 깨달음을 열고 불교를 창시하셨다. 부처님의 어린 시절 이름은 고따마 싯닷타(Gotama ⓅSiddhattha, ⓈSiddhārtha)로서 '고따마'는 성(姓)이고 '싯닷타'는 이름이다. 싯닷타란 '모든 소망이 이루어진다'는 뜻이다.

'부처'란 붓다(Ⓟ, Ⓢbuddha)를 소리 번역한 말로 한자로는 불타(佛陀)라 한다. 붓다는 '알아차리다', '이해하다'라는 동사의 과거분사로, '알아차린', '이해한'이란 의미를 지닌다. 이 용어가 형용사적으로 사람들을 지칭하는 것으로 사용되면 '알아차린 사람', '이해한 사람'이란 뜻이 된다. 불교에서는 이를 '깨달음을 얻은 사람', 혹은 '깨어난 사람'이나 '눈을 뜬 사람'이라 한다. 다시 말해서 붓다란 꿈에서 깨어난 자요, 환상이나 미망에서 깨어난 사람이다.

붓다가 복수로 사용되면 그것은 불교의 수없이 많은 깨달은 사람들을 지칭하고, 고유명사인 단수로 사용되면 고따마 싯닷타로서 사꺄족의 성인인 사꺄무니(ⓅSākyamuni, ⓈŚākyamuni)부처님을 말한다.

석가모니(釋迦牟尼)는 그 한문 표현이다. 부처님은 깨달음을 얻으셨기에 사꺄족에서 가장 존귀하다는 의미로 '석가세존(釋迦世尊)'이라 불렀다. 이를 줄여서 '석존(釋尊)'이라 한다.

여래십호

인도에는 신이나 성인을 다양한 호칭으로 화려하게 장식하여 부르는 관습이 있다. 부처님 역시 다양한 호칭들이 만들어져, 훗날 '여래십호(如來十號)' 또는 '세존십호(世尊十號)'로 정형화된다. 여래(如來)란 인도어 따타가따(S, ⓟTathāgata)의 번역어로 '이와 같이 오신 분'이란 의미로 동아시아불교에서 사용되고 있다. 하지만 남방불교에서 따타가따란 '이와 같이 가신 분'이란 의미로 사용되며 부처님께서 열반으로 가신 자기 스스로를 지칭하는 것으로 나타난다. 다른 사람들이 부처님을 부를 경우에는 '세존(世尊)'이란 용어를 썼다.

이와 관련하여 남방불교 『율장』「대품」에 소개된 내용을 보자. 부처님이 거대한 비구 무리를 거느리고 서서히 마가다(Magadha) 왕국의 수도인 왕사성(王舍城, Rājagaha)으로 향하실 때였다. 당시 마가다국의 왕인 빔비사라(Bimbisāra)는 신하를 보내서 자신이 통치하는 국가의 수도를 향해 오고 있는 출가수행자 집단에 대해 알아보려했다. 부처님과 천명이 넘는 비구들에 대해 알아본 신하들은 왕에게 부처님은 사꺄족 출신의 출가 사문으로서 성이 '고따마'라고 하면서 다음과 같이 왕에게 보고한다.

"실로 그분은 존귀합니다. 왜냐하면 그분은 존경받을 만한 분[應供]이고, 두루 완전한 깨달음을 얻은 분[正等覺]이며,

지혜와 덕행을 갖춘 분[明行足]이고, 잘 가신 분[善逝]이며,
세상을 아는 분[世間解]이고, 위없이 높은 분[無上士]이며,
사람을 잘 길들이는 분[調御丈夫]이고, 신과 인간의 스승[天
人師]이시며, 깨달은 분[佛]이고, 존귀한 분[世尊]이십니다."
– 『율장』「대품」

이러한 호칭들 각각의 의미는 다음과 같다.

① **응공**(應供) : 존경받을 만한 분, 공양 받을 만한 분이란 뜻이다. 빨리
어로 아라한(arahant)이라 한다. 부처님에게는 더 이상의 집착과 번뇌
가 남아있지 않아서 모두의 존경을 받을 만한 분이기 때문이다.

② **등정각**(等正覺) : 두루 완전한 깨달음을 얻으신 분이란 뜻이다. 빨
리어로 삼마삼붓다(sammāsambuddha)라고 한다. 이를 정등각자(正等
覺者) 혹은 정변지(正遍知)라고도 한다.

③ **명행족**(明行足) : 지혜와 덕행을 갖춘 분이란 뜻이다. 빨리어로 윗
자짜라나삼빤나(vijjācaraṇasampanna)이다. 부처님은 지혜와 덕행 모
두를 갖추어 지혜를 수행과 실천으로 옮긴다. 그 실천은 자비의
실천이기도 하다.

④ **선서**(善逝) : 잘 가신 분이란 뜻이다. 빨리어로 수가따(sugata)라 한
다. 부처님은 이미 두루 완전한 깨달음을 얻어서 열반으로 잘 가신
분이란 의미다.

⑤ **세간해**(世間解) : 세상을 아는 분이란 뜻이다. 빨리어로 로까위두
(lokavidu)이다. 부처님은 이 세계를 잘 알고 세상이 돌아가는 이치
를 잘 아신다.

⑥ **무상사**(無上士) : 세상에서 위없이 높은 분이란 뜻이다. 빨리어로

아눗따라(anuttara)이다. 부처님은 신과 인간을 포함한 세계에서 가장 높으신 분이다. 그 이상 높은 분은 없다. 부처님은 말씀하신다. "나에게는 스승도 없고, 나와 같은 어떤 사람도 없다. 인간의 세계에서나 신들의 세계에서도 나와 견줄 만한 사람은 없다."

⑦ **조어장부**(調御丈夫) : 사람을 잘 길들이는 분이란 뜻이다. 빨리어로 뿌리사담마사라티(purisadammasārathi)이다. 사라티란 마부 또는 카라반의 지도자란 의미인데, 마부가 말을 잘 길들여 목적지에 이르게 하듯 부처님은 사람을 잘 길들여서 열반으로 이끄신다.

⑧ **천인사**(天人師) : 신과 인간의 스승이란 뜻이다. 빨리어로 삿타데와마눗사남(satthā devamanussānaṃ)이다. 부처님은 인간의 스승일 뿐만 아니라 신들의 스승이기도 하다. 그래서 부처님을 인천(人天)의 대도사(大導師)라고도 한다.

⑨ **불**(佛) : 깨달은 분이란 뜻이다. 부처님은 깨달아 청량한 열반을 성취하셨다.

⑩ **세존**(世尊) : 세상에서 가장 존귀한 분이란 뜻이다. 빨리어로 바가완(bhagavant)이다. 바가완은 행운으로 가득하신 분이라는 의미로 부처님에게 적용되어 모든 복덕을 갖추어 세상에서 가장 존귀하신 분으로 불리게 되었다.

훗날 남방불교에서 이 호칭들은 부처님의 9가지 공덕으로 발전한다. 즉 위없이 높은 분[무상사無上士]과 사람들을 잘 길들이는 분[조어장부調御丈夫]이 하나로 합해져서 '사람을 잘 길들이는 가장 높은 분[무상사조어장부無上士調御丈夫]'으로 통합되기도 한 것이다.

이 밖에도 여래는 복을 일구는 밭이라고 하여 복전(福田)이라고 불

렸으며 뭇 생명들의 병을 말끔히 고쳐주기에 대의왕(大醫王)이라고
도 했다. 이러한 다양한 호칭들은 사람들에게 부처님이 얼마나 위대
한 인물로 비쳤는지 잘 보여준다.

2) 석가모니부처님의 생애

탄생과 출가

히말라야의 남쪽은 고대 인도 꼬살라(Kosala)국의 영역이었다. 이
곳에 꼴리야족과 사꺄족이 동서로 나뉘어 살고 있었는데, 사꺄족의
수도는 오늘날의 네팔 남부 따라이(Tarai)지방의 까삘라성이었다. 사
꺄족의 마야 왕비는 늦게 잉태한 아이의 해산 때가 다가오자 친정
꼴리야족이 사는 곳으로 향하는 도중 룸비니(Lumbinī) 동산에서 아
이를 낳게 된다. 갓 태어난 아기는 일곱 걸음을 걷고는 사방을 둘러
보면서 또렷이 외쳤다.

> "하늘 위나 하늘 아래에서 내 가장 존귀하네.
> [천상천하天上天下 유아독존唯我獨尊]
> 온 세상이 고통이니 내가 편안케 하리다.
> [삼계개고三界皆苦 아당안지我當安之]"

이는 부처님 탄생을 신화적으로 묘사한 것으로, 성인 탄생의 종교
적, 문학적 표현은 인도적 환경에서 자연스러운 현상이었다. 그 상징

적 의미는 신의 굴레나 모든 제도적 억압에서 벗어난 인간성의 주체적 독존성과 세상을 고통에서 구하리라는 대자비의 구현이다.

아시따(Asita)라는 선인(仙人)이 아기를 살펴보고, "이 아이가 자라서 세속에 머물면 정법으로 천하를 통솔하는 전륜성왕(轉輪聖王)이될 것이고, 출가하여 수행을 하면 진리를 깨달아 세상을 구하는 부처님이 될 것입니다."라고 말하며 눈물을 흘렸다. 그 이유는 아이가자라나 부처님이 되었을 때 자신은 이미 죽어서 부처님을 친견할 수없을 것이란 점을 알았기 때문이다.

태어난 아기가 자신을 따라 세속에 머물러서 왕이 되기를 바란 숫도다나왕은 아이가 종교적인 방향으로 나가지 않도록 모든 노력을기울인다. 아기가 태어난 지 7일 만에 마야 왕비가 세상을 떠나자 왕은 왕비의 동생 마하빠자빠띠(Mahāpajāpatī)를 새 왕비로 맞이한다.태자 싯닷타는 이모이면서 동시에 새어머니인 그녀의 보살핌을 받으면서 어린 시절, 세 채의 궁전에서 계절에 따라 옮겨 다니면서 삶의 온갖 기쁨과 행복을 맘껏 누리게 된다.

태자는 일곱 살이 되어서야 처음으로 궁전 밖으로 나갈 수가 있었다. 새해가 시작되고 농경제가 벌어지면 온 국민이 축제를 즐기게되는데 왕이 태자를 대동하고 성 밖으로 나온 것이다. 태자는 축제의 한쪽 편 잠부(Jambu)나무 아래에 앉아서 농부가 쟁기질하는 것을바라보았다. 쟁기가 흙을 파헤치고 지나가면 그 흙 속에서 벌레들이나와 꿈틀거렸다. 그러자 기다렸다는 듯 새가 쏜살같이 날아와서 벌레를 입에 물고 날아갔다. 곧이어 또 다른 새가 날아와서 남은 벌레를 쪼아 먹었다. 그 광경에 충격을 받은 태자는 깊은 생각에 잠기면서 자연스럽게 선정에 들게 된다. 태자는 선정을 통해 이 세상의 일들이 수없이 많은 인연에 따라 이루어진다는 것을 알아차린다. 그는 죄 없는 생명체들이 고통 받는 것을 보고 무한한 자비심을 느끼면서 선정이 주는 행복감을 체험한다.

숫도다나왕은 축제를 즐기면서 행복해하는 많은 사람들과 달리 잠부나무 아래에서 명상에 들어 있는 태자를 보면서 걱정에 잠긴다. 태자가 청년이 되자 숫도다나왕은 서둘러서 꼴리야족의 아름다운 공주 야쇼다라(Yaśodharā)와 결혼시킨다. 그러나 태자는 성 밖에 세상을 보고 만다. 태자의 성 밖 여행은 '사문유관(四門遊觀)'이란 이름으로 잘 알려져 있다.

태자는 성의 동문, 남문, 서문으로 나가 허리가 굽고 머리가 하얗게 센 백발노인, 병이 들어서 고통에 신음하는 환자, 죽은 사람을 차례대로 보게 된다. 이를 통해 태자는 자신도 죽음에 직면한 존재이며, 고통에 직면한 실존적 존재임을 자각한다. 하지만 사람들은 그렇게 죽는 존재가 바로 자기 자신이라는 것을 잊고 산다.

마지막으로 태자는 성의 북문으로 나갔다가 출가수행자인 사문을 처음으로 본다. 그는 삶의 진리를 찾기 위해 세상의 속박에서 벗어나 걸식하는 수행자였다. 태자는 언젠가 자기 자신도 출가하여 늙고 병들고 죽어야 하는 인간의 운명에 대한 해답을 찾아 모든 괴로움을 소멸시키겠다고 결심한다.

수행과 성도

성을 나온 태자는 강가에 이르러 스스로 머리를 깎고 수행자의 옷을 입고 출가수행자인 '사문 고따마'가 된다. 사문 고따마는 마가다국을 향하여 걸음을 옮겨 현인 알라라 깔라마(Āḷāra Kālāma)와 웃다까

라마뿟따(Uddaka Rāmaputta)를 만나게 된다. 사문 고따마는 이들 아래에서 선정을 수행하였으며, 각각 무소유처정과 비상비비상처정을 배워 그들이 해탈의 경지라고 인정하는 수행의 최고 단계에 도달하게 된다. 그러나 고타마는 그러한 선정으로는 지혜를 통해 고통에서 벗어날 수 없음을 알고 그들 곁을 떠난다. 그들은 선정이 주는 쾌락에만 머물렀기에 선정에서 나왔을 때 일상의 번뇌를 끊을 수 없었던 것이다.

사문 고따마는 마가다 왕국의 수도인 라자가하를 지나 남서쪽으로 이동하다가 네란자라강에 도착한다. 그는 가야와 우루웰라 사이에 있는 숲과 언덕에 머물렀다. 그 숲은 '고행림(苦行林)'이요, 그 언덕은 전정각산이었다. 사문은 이곳에서 극단적인 고행에 들어간다. 이때 그의 곁에는 꼰단냐(Koṇḍañña), 밧디야(Bhaddiya), 왓빠(Vappa), 마하나마(Mahānāma), 앗사지(Assaji)라는 다섯 명의 동료가 있었다. 이들 다섯 비구들은 사문 고따마와 함께 6년간 하루에 쌀 한 톨만 먹고 생사를 넘나드는 극단적인 고행을 하게 된다. 당시에는 고행으로 몸을 힘들게 학대하면 학대할수록 정신이 더 밝아지고 맑아진다고 믿었기 때문이다.

고따마는 단식으로 살가죽과 뼈가 서로 맞붙을 정도로 극단적인 고행을 했지만, 그러한 고행으로는 고통만이 격앙될 뿐 해탈을 이룰 수 없음을 알고 이를 중단한다. 결국 네란자라강에서 목욕을 마친 고따마는 수자따(Sujātā)라는 여인이 올린 우유죽을 마시고 기력을 회복한다. 그 광경을 본 다섯 비구는 크게 실망해서 떠난다.

사문 고따마는 깨끗해진 몸과 맑아진 마음으로 누구의 부축도 받지 않고 꿋꿋이 자리를 박차고 나서 보드가야(Bodhgayā)로 향한다. 그리고 그는 찬찬히 어린 시절 농경제 때 자연스럽게 기쁨과 행복이 함께하는 선정에 들었던 기억을 떠올리며, 보리수 아래에 풀로 자리를 만들고 앉아 선정에 들었다. 그리고 그는 조용히 다짐한다.

> "내 몸이 죽어서 피부와 뼈와 살이 다 썩어 버릴지라도, 나는 깨달음을 얻기 전까지 이 자리에서 절대 움직이지 않으리라."

병듦과 죽음의 문제를 해결하지 못한다면 차라리 이 자리에서 죽을지언정 절대로 이 자리를 뜨지 않겠다고 굳게 결심한 것이다. 이때 고따마의 선정은 지혜를 통찰하는 선정이었다. 그것은 고요한 사유였다.

사문 고따마는 선정 속에서 우리 내면의 다양한 원인과 조건을 살펴보면서 내 안의 무명과 끊임없는 욕망이 모든 슬픔과 비탄, 괴로움과 우울함, 그리고 불안의 원인임을 알아차렸다. 따라서 우리 안에 있는 무명과 끊임없는 욕망을 없앤다면, 불안은 소멸할 것이고, 인간 존재를 가득 채운 이 모든 괴로움도 사라질 것이다. 사문 고따마의 이러한 인간 내면 관찰은 연기(緣起)의 가르침으로 체계화된다. 드디어 고따마는 무명을 깨뜨리고, 탐욕과 성냄과 어리석음으로 대표되는 모든 집착과 번뇌를 극복한다. 새벽 무렵이었다.

> "윤회가 파괴되었고 청정한 범행은 완성되었으며, 해야 할 일은 다 했고 이제 더 이상 이와 같이 다시 태어나지 않는다." -『맛지마 니까야』「삿짜까 긴경」

부처님이 '두루 완전한 깨달음'을 얻은 것을 우리는 오도(悟道) 또는 성도(成道)라고 한다. 또한 탐욕과 성냄과 어리석음으로 대표되는 번뇌의 불이 꺼졌다는 뜻으로 열반(涅槃)이라고 한다.

설법과 전도

부처님은 깨달음을 얻은 후 한동안 우루웰라에 머물러 가르침을 펼치길 주저하셨다. 사실 부처님은 불교를 알리는 것을 거의 포기할 뻔하셨다. '기쁨과 쾌락과 희열에 집착하는' 보통 사람들은 모든 것들이 서로 의존한다는 연기(緣起)와 탐욕과 성냄과 어리석음의 번뇌를 소멸시키는 열반을 이해하기 어렵다고 생각하셨기 때문이다. 이렇게 고민에 휩싸인 부처님 앞에 창조신인 범천 브라만이 나타나 불교의 가르침을 널리 세상에 알려달라고 간청한다. 이를 범천권청(梵天勸請)이라 한다.

> "세존께서는 법을 설하여 주소서. 선서께서는 법을 설하여 주시옵소서. 그래도 이 세계에는 부처님의 가르침을 알아듣는 사람이 있을 것이고, 부처님께서 가르침을 펼친다면 그 가르침이 널리 퍼져나갈 수 있을 것입니다."
> – 『율장』「대품」

이 세상의 생명체들은 끝없이 반복되는 늙음과 병과 죽음의 고통으로 허덕이고 있으며, 무엇이 행복이며 어떤 것이 괴로움인지조차도 모른 채 고통의 바다[고해苦海]에서 허우적대고 있었다. 생명체들의 그러한 아픔과 슬픔은 부처님과 전혀 무관한 것이 아니었다. 중생의 아픔이 바로 자신의 아픔이기 때문이다. 이 모든 속박과 괴로움에서 벗어나 혼자만 안락을 누리는 것은 부처님의 도리가 아니었다. 결국 부처님은 이 세계와 생명체들에 대한 무한한 자비심으로 중생교화에 나서기로 결심하신다.

부처님은 처음으로 자신의 깨달음을 알리기 위하여 바라나시(Bārāṇasī) 근교, 사르나트(Sarnath)에 있는 현인들의 사슴공원인 녹야원(鹿野苑)으로 향하셨다. 그곳에는 사문 고따마가 고행을 포기했을 때 그를 떠난 다섯 비구가 머무르고 있었기 때문이다.

부처님은 이곳에서 다섯 비구에게 최초로 법(法), 즉 가르침을 펴셨다. 이를 '초전법륜(初轉法輪)'이라고 한다. 부처님께서는 출가수행자는 욕망의 대상 사이에서 쾌락과 기쁨에 빠져 이를 추구하거나 자발적으로 괴로움을 추구하는 두 가지 극단을 벗어난 중도(中道)를 취해야 한다고 말씀하셨다. 또한 괴로움[고苦], 괴로움의 생성[집集], 괴로움의 소멸[멸滅], 괴로움 소멸의 길[도道]이라는 사성제(四聖諦)를 설하면서 불교의 시작을 알렸다. 그 자리에서 다섯 비구 모두 차례대로 깨달음을 얻었다. 이를 통해 부처님[불佛], 부처님의 가르침[법法], 출가수행 공동체[승僧]라는 불교의 세 가지 보배인 삼보(三寶)가 성립하게 된다.

당시 바라나시는 겐지스강 중류의 신흥도시로 부유한 도시 상인들이 주류로 떠오르는 곳이었다. 부유한 도시 상인의 아들인 야사(Yasa)가 사르나트에서 부처님을 만나 부처님 앞에서 출가하여 비구가 되었고, 그의 부모와 아내도 불교에 귀의하여 재가 신도가 된다. 야사의 부모와 아내는 불·법·승 삼보에 귀의한 첫 남자신도와 여자신도가 된 것이다. 야사의 출가에 감화를 받은 야사의 친구들도 부처님 앞에서 출가하여 비구가 됨으로써 비로소 불교가 승단의 규모를 갖춘다. 그리고 이들 대부분이 바라나시와 그 주변의 부유한 상인들의 아들이었으므로 도시 상인계층이 불교 승단의 든든한 후원자가 된다.

불교 승단이 커지면서 부처님은 늙음과 병과 죽음으로 고통 받는 존재들을 구하기 위해 제자들이 여러 지역으로 흩어져 불교를 전해야 한다고 생각하고 '전도선언'을 하신다.

> "비구들이여, 나는 신과 인간의 굴레에서 해방되었다. 그대들 역시 신과 인간의 굴레에서 해방되었다. 비구들이여, 세상을 불쌍히 여기는 마음으로 신과 인간의 이익과 번영, 행복을 위하여, 많은 사람의 번영과 많은 사람의 행복을 위하여 길을 떠나라! 둘이 가지 말고 홀로 가라! 비구들이여, 처음도 아름답고 중간도 아름답고 마지막도 아름다우며 말과 의미를 갖춘 가르침을 설하라! 완전히 성취되고 두루 청정한 종교적인 삶을 널리 알려라!" -『율장』「대품」

부처님은 제자들이 사방으로 가서 세상 사람들의 번영과 행복을 위하여 불교를 알리고 가르치게 한 뒤에 자신도 또한 길을 나선다. 부처님과 제자들은 신을 비롯한 인간들이 만든 온갖 압박, 형식, 금기, 편 가르기, 두려움 등 속박의 굴레에서 자유로워진 사람들이다. 그래서 그들은 맨발로, 주체적이며 창조적인 마음으로 길을 나선다. 속박을 끊어내는 자유로운 정신은 사람들의 마음을 흔들고 감화를 주어 영향을 미치기 마련이다.

불교개론

부처님은 우루웰라로 향하셨고, 그곳에서 깟사빠(Kassapa) 삼형제와 1천여 명의 제자들을 불교에 귀의시킨다. 부처님의 출현에 마가다국의 빔비사라왕은 불교에 귀의하고 성 북쪽의 대나무 숲을 불교 교단에 기부한다. 이곳이 최초의 불교사원인 죽림정사(竹林精舍, Veḷuvana)이다. 왕의 귀의로 불교 교단은 마가다 지역에서 든든한 토대를 구축한다.

교화와 열반

불교 교단이 안정되자 부처님은 자신의 고향인 까필라성을 방문하신다. 이곳에서 부처님은 자신의 출가를 부왕에게 설명하시고 인정을 받는다. 또한 부인 야쇼다라와 아들 라훌라를 만났고 아들을 출가시킨다. 이때 부처님의 친척들이 많이 출가하는데, 난다(Nanda), 아난다(Ānanda), 데와닷따(Devadatta), 아누룻다(Anuruddha) 등의 사꺄족이 불제자가 된다. 그리고 아버지 숫도다나왕이 돌아가시자 마하빠자빠띠 왕비는 5백여 명의 여인들과 함께 부처님에게 여성의 출가를 간청한다. 부처님은 처음에는 이를 거절하지만, 왕비의 세 번에 걸친 간청과 아난다의 설득으로 여성의 출가를 허락하신다. 이렇게 해서 남성 출가자 비구(比丘) 여성 출가자 비구니(比丘尼), 남자 신도 우바새(優婆塞), 여자 신도 우바이(優婆夷)로 이루어진 사부대중이 완성된다.

불교는 부처님의 유행(遊行)을 통해 점차 주변 지역으로 퍼져나간다. 당시 마가다 왕국의 서쪽에는 꼬살라국이 있었고 그 수도인 사위성(舍衛城)은 왕사성 버금가는 군사, 종교, 문화의 중심지였다. 사위성의 부유한 상인인 아나타삔디까(Anāthapiṇḍika)는 왕사성으로 왔다가 부처님을 뵙고 감화를 받아 급히 사위성으로 돌아가 부처님과 제자들이 머물 장소를 찾는다. 제따(Jeta)왕자의 동산이 마음에 들어 제따왕자에게 팔 것을 제안한다. 그러나 동산을 팔고 싶지 않았던 제따왕자는 황금으로 동산 전체를 덮을 만큼 엄청난 돈을 주면 팔겠다고 말한다. 이에 아나타삔디까가 왕자의 동산에 황금을 깔기 시작한다. 깜짝 놀란 제따왕자가 자초지종을 듣고 동산을 불교 교단에 보시하는 데 동참하기로 한다. 이것이 유명한 기원정사(祇園精舍, Jetavana)가 된다. 불교는 겐지즈강 중하류 지역의 중심적인 종교로 발전한다.

부처님은 깨달음을 얻고 나서 열반에 들기까지 약 45년에 걸쳐 가르침을 전하기 위해 노력하셨다. 신분이나 계층을 가리지 않고 국왕, 왕비, 귀족, 부호, 평민, 천민 등 모든 사람들을 불교에 귀의시켰다. 특히 눈에 띄는 점은 사회의 하층에서 고통받는 자들에 대한 교화다. 살인마 앙굴리말라, 똥지게꾼 니이다이, 바보천치 주리반따까의 귀의는 그 대표적인 예이다. 이들에 대한 부처님 교화의 메시지는 출생신분에 얽매이지 않는 자유로운 행위의 주체로서 업을 강조했다는 점이다. 누구나 자신의 마음을 갈고 닦으면 깨닫는다. 수행과 깨달음의 길에 신분상의 차별은 없다.

80여 세가 된 부처님은 고향인 까빌라성으로 가는 도중에 꾸시나가라에 들르셨다. 그곳에서 부처님은 마을에서 가장 부유한 쭌다(Cunda)의 공양을 받으신다. 그는 금은을 세공하는 대장장이였다. 어떤 학설에 따르면 공양 받은 음식이 상한 돼지고기라는 이야기가 있고, 또 다른 학설에는 독버섯이라는 이야기도 있다. 쭌다의 공양을 받은 뒤 급격히 기력을 잃어 가던 부처님은 마을 외곽의 살라(sāla)나무 숲으로 향하셨다. 두 그루의 나무 사이에 자리를 잡은 부처님은 얼굴과 몸을 정면으로 향한 채 사자처럼 옆으로 누우셨다. 그러고는 아난다를 비롯한 여러 제자들에게 유언을 남기신다.

"스스로를 섬으로 삼고 스스로를 의지하라.
다른 것에 의지하지 말라.
법을 섬으로 삼고 법에 의지하되 다른 것에 의지하지 말라." - 『디가 니까야』「대반열반경」

이는 부처님이 자기 스스로 깨닫고 설법한 가르침의 중요성을 마지막까지 일깨운 것이다. 부처님께서는 제자들에게 마지막 당부의 말씀을 남기신다.

"모든 생겨난 것은 파괴되기 마련이다. 너희들은 게으름 피우지 말고 꼭 목표를 이루어라."
- 『디가 니까야』「대반열반경」

부처님은 북쪽으로 머리를 두고 서쪽을 향하여 누워 조용히 눈을 감았는데, 이를 '완전한 열반'이라고 한다. 열반 후 부처님의 유골은 꾸시나가라에서 화장되었고, 주변 여덟 국가에서 신하들을 보내 부처님 사리를 가져가 불탑(Ⓢstūpa)을 세워 모셨다.

부처님은 길에서 길로 45년 동안 대중들과 차별없이 함께하며 아름다운 수행공동체를 이뤄내고 서북인도 전역을 교화하셨다. 그 결과 불교는 오늘날 세계종교로 위상을 다지고 있으며 부처님은 인류의 스승으로 떠오르고 있다.

3) 부처님이 인류에게 들려주는 중요한 가르침

두 번째 화살을 맞지 말라

부처님은 두 번째 화살을 맞지 말라고 하셨다. 첫 번째 화살이란 살아가면서 접하는 고통과 슬픔, 그리고 죽음과 이별 등이다. 부처님도 늙고 병드는 고통을 피할 수 없었으며, 먼저 세상을 떠난 제자의 죽음을 접하고 허전한 마음이 들기도 했다. 그러나 거기까지였다. 고통과 허전한 마음에 상심하며 끌려 다니지 않았다. 두 번째 화살이란 첫 번째 화살을 맞고 그것들에 지배당한 채 더 급하게 달아오르는 어리석은 마음의 불길을 말한다. 그것은 불난 집에 기름을 붓는 격이다. 그래서 부처님께서는 말씀하신다.

> "수행승들이여, 배우지 못한 범부는 육체적인 고통을
> 겪게 되면 근심하고 상심하며 슬퍼하고 울부짖고 광란에
> 빠진다.
> 그는 육체적 느낌과 마음의 느낌에 의해서 이중으로 고통
> 을 받는다.
> 마치 어떤 사람이 첫 번째 화살에 맞았는데 두 번째 화살에
> 맞는 것과 같다.
> 그 두 화살 때문에 그 사람은 괴로움을 모두 겪는다."

여기서 배우지 못한 범부란 지혜가 없는 사람을 말한다. 그런 사람은 부처님 가르침을 모르는 사람이다. 무아로 자신을 비운다면 후회, 낙담, 상심, 증오 등의 감정놀음에 얽매이지 않고 내려놓을 것이다. 내려놓지 않고 2번, 3번 계속하여 번뇌의 화살을 쏘아대고 상처만 깊어진다.

스스로 깨우치도록 하라

부처님은 당신의 가르침을 일방적으로 사람들에게 주입하지 않으셨다. 말을 물가에 끌고 가 마실 수 있도록 했지 억지로 말에게 물을 먹이지 않는 마음 씀이다. 부처님은 스스로 물을 마실 수 있도록 안내하는 길 안내자였다. 바로 마음을 깨워 자기 자신을 보게 하는 자각으로 사람들에게 큰 울림을 주었던 것이다. 그 두 가지 사례를 보자.

부처님은 한 브라만이 자신에게 욕을 하자, 그저 빙그레 웃는다. 그래서 그 브라만이 따져 묻자, 부처님은 "그대가 나한테 욕을 했는데 그것을 내가 받지 않으면 그 욕은 누구의 것이오?"라고 되물어 그 사람을 깨우치신다.

외아들을 잃고 울부짖는 여인 끼사 고따미가 부처님께 아이를 살릴 수 있는 방법을 알려달라고 한다. 부처님은 죽은 사람이 없는 집에서 겨자씨를 구해오면 살려준다고 하자, 여인은 마을 집집마다 찾아 돌아다녔지만 죽은 사람이 없는 집은 없었다. 결국 고따미는 사람들은 누구나 죽음을 피할 수 없다는 무상의 진리를 스스로 깨닫는다. 부처님을 만나 마음이 크게 움직여 불제자가 된 사람들의 칭송은 그 전모를 잘 보여준다.

> "훌륭한 말씀입니다. 고따마시여! 훌륭한 말씀입니다. 고따
> 마시여! 마치 넘어진 사람을 일으켜 주듯이, 덮인 것을 벗
> 겨 주듯이, 길 잃은 이에게 길을 가르쳐 주듯이, '눈이 있는
> 사람은 보라'며 어둠 속에서 등불을 비춰 주듯이, 고따마께
> 서는 여러 가지 방편으로 진리를 밝혀 주셨습니다."
> - 『숫타니파타』

차별하지 말라, 행위 그 자체가 중요하다

부처님은 신분에 따른 계급 질서에 얽매이는 카스트제도를 부정
하고 교육, 인종, 성적 차별 등 온갖 차별을 받아들이지 않으셨다. 부
처님 교단은 차별이 배제된 평등한 교단이었다. 부처님이 중시한 것
은 주체적이고 창조적인 행위였다. 그 행위가 황제를 만들고 노예를
만들며 사람을 만든다. 그 행위란 업을 말하는데, 행위는 고정되어
있지 않다.

> "행위에 의해 도적이 되기도 하고, 행위에 의해 군인이 되
> 기도 한다.
> 행위에 의해 바라문이 되기도 하고, 행위에 의해 황제가 되
> 기도 한다." - 『숫타니파타』「와셋타의 경」

> "출신을 묻지 말고 행위를 물으라. 어떤 나무를 태워도 똑
> 같이 불이 생겨나는 것처럼, 비천한 가문에서도 훌륭한 성

자가 나온다. 부끄러움으로 자신을 제어할 줄 아는 사람이
야말로 가문이 훌륭한 사람이다."

– 『쌍윳따니까야』 「순다리까의 경」

그래서 우리는 누군가 잘못을 범했을 때 사람이 아니라 그 사람의
행위를 따져 물어야 한다. 그 사람 자체를 비난하지 말고 그 사람의
행동을 나무라야 한다. 남과 여, 장애인과 비장애인, 부자와 빈자, 고
용주와 피고용인 등에게 차별은 없는 것이다. 다만 역할에 따른 차
이만 있을 뿐이다. 그 차이는 신분이 아니라 행위가 만든다.

진정한 승리자란 자신을 이기는 자이다

부처님은 진정한 승리자란 자신을 이기는 자라고 하셨다. 물론 경
기나 시험 등에서는 타인을 이기는 것으로 승패가 갈리지만, 더 중
요한 것은 자신과의 싸움에서 승리하는 것이다. 자신의 내부에서 벌
어지는 나태나 달콤한 유혹, 헛된 망상 등에 굴복하지 않고 그것들
을 이겨냈을 때 그 사람은 패배하지 않는다. 설사 지는 경우가 있다
할지라도 그는 끝내 지지 않는 자로서 자신의 주인으로 남는다. 자
기 자신을 잘 다스리는 자가 삶의 진정한 주인공이다.

"전쟁에서 백만 대군을 이기는 것보다
자신을 이기는 자야말로 진정한 승리자이다."

– 『법구경』 103

2. 구세대비자, 영원한 부처님

1) 신앙의 대상으로서 부처님

이 세상에 영원히 머무는 부처님

석가모니부처님(이하 석가모니불로 통칭)은 80세를 일기로 열반에 드셨다. 부처님의 육신은 2,600여 년 전 인도 땅에서 우리 곁에 머물다 가셨지만, 그 열반은 당신이 본래 있던 자리로 돌아감이었다. 그 돌아간 곳이 법의 자리다. 법은 시작도 없고 끝도 없는 우주 자연의 세계에 항상 머물러 있는 진리이다. 법은 만들어지거나 소멸하지 않듯이 법의 구현자로서 부처님 또한 생멸을 넘어 불생불멸(不生不滅)의 영원성을 간직하고 있다. 그런 의미에서 석가모니불은 이 세상에 영원히 살아계신다. 이를 구원불(久遠佛), 혹은 영원불(永遠佛)이라 한다.

영원한 부처님은 항상 우주 법계(法界)에 머물러 계신다. 법계란 진리의 세계로 삼라만상 모든 존재들이 서로 어우러져 조화로운 관계를 이루고 있는 아름다운 생명의 세계를 일컫는다.

"부처님의 몸이 온 법계에 가득하사
일체중생 앞에 두루 나타나시네.
인연 따라 빠짐없이 두루 감응하시나

언제나 보리좌에 항상 앉아 계신다네."

- 『화엄경』 「여래현상품」

영원한 부처님은 시간과 공간의 한정, 소리와 냄새 등 그 모든 것을 벗어나 있지만, 인연 따라 시간과 공간 속으로 들어오기도 한다. 세상을 초월해 있는 동시에 세상에 두루 머물러 곳곳을 비추신다. 부처님은 내 안에도 내 밖에도 계신다. 출입이 자재하며 내외가 막힘이 없다. 불가사의하고 측량할 길이 없다. 더러움에 접하더라도 더러움에 물들지 않고 청정하며, 역사 속에 있으며 역사를 벗어나 있다. 인격적이기도 하지만 인격을 벗어나 초인격적이고 탈인격적이기에 이기성을 떠나 있다.

『법화경』에서는 석가모니불을 비롯한 여러 부처님이 법계에 머무시다 이 땅에 오신 이유를 '중생을 깨달음으로 이끌려는 아주 큰일을 완수하기 위함'이라고 했다. 이를 일대사 인연(一大事 因緣)이라 한다.

"사리불아, 왜 모든 부처님 세존께서 오직 한 가지 큰일을 완수하기 위해 이 세상에 출현한다고 하는가. 모든 부처님 세존께서는 중생에게 부처님의 지견(知見)을 열어 청정을 얻게 하고자 이 세상에 출현하며, 중생에게 부처님의 지견을 보여주고자 이 세상에 출현하며, 중생에게 부처님의 지견을 깨닫게 하려고 세상에 출현하며, 중생에게 부처님의 지견에 이르는 길에 들어가게 하려고 세상에 출현하신다. 사리불아, 이것이 모든 부처님께서 한 가지 큰일을 완수하기 위해 세상에 출현하는 것이다." – 『법화경』「방편품」

석가모니불은 아득한 먼 옛날부터 깨달음의 세계에 머물러 있는 구원실성(久遠實成)의 부처님이지만 중생들에게 깨달음을 열어 보여 그 길로 인도하기 위해 이 땅에 오신 것이다.

불·보살님이 많이 계신 이유

불교에는 석가모니불뿐만 아니라 매우 많은 부처님이 계신다. 부처님을 양 옆에서 모시는 보살마하살님도 다양하며 다채롭다. 여기에 불법과 중생들을 보호하는 수호신으로서 신중까지 더하면 그 수를 일일이 헤아리기 힘들 정도다. 불교에는 왜 이렇게 많은 불보살님들이 등장하고 있으며 그 까닭은 무엇인가?

불교는 중생 구제의 원력과 깨달음을 중시한다. 중생들은 현실의 절망과 고통에서 벗어나기 위해서 쉬고 머물 안락한 대지를 꿈꾼다. 중생의 바람은 각자가 처한 위치에 따라 다양하다. 굶주림, 병, 죽음, 공포, 불안, 불쾌, 불편, 헐벗음, 실패, 시간의 속박, 어리석음, 이별, 나약한 마음과 주저함 등이 발목을 잡고 고통의 나락 속으로 빠뜨린다. 불보살님들은 이런 무수한 생명들의 고통을 보고 그들을 해탈의 세계, 행복한 세계로 이끌고자 원을 세우고, 보살의 길을 걸어 마침내 행복 가득한 불국정토를 건설하여 그곳에 상주하고 계신다. 예컨대 아미타불은 죽음의 고통에서 중생들을 구제하기 위해 48가지 원을 세워 정진한 결과, 깨달음을 얻고 극락정토를 건설하여 사람들을 그곳으로 인도하신다. 불보살님들은 업에 이끌려 태어나는 것이 아니라 원력으로 태어나 불국정토를 건설한다. 이를 업생(業生)이 아닌 원생(願生)으로서의 삶이라 한다.

불교개론

> "보살은 중생의 해탈을 위해 대원력을 발하여 그러한 중생
> 의 몸을 받아 태어나길 원한다(願生)."
> – 『대반열반경』「사자후보살품」

불보살님이 많은 또 하나의 이유를 들자면 불교에서 말하는 구제자가 한 사람만이 아니라는 점이다. 누구나 깨달으면 부처님이 된다. 부처는 고유명사가 아닌 보통명사이다. 그러기에 부처님은 과거에도 존재했고 현재도 존재하며 미래에도 존재할 것이다. 과거 어느 한때 깨달은 분도 있고 미래에 깨달음을 열어 미래 중생을 구제할 미래불도 계실 것이다. 공간적으로도 사방팔방으로 정토를 건설하여 뭇 생명들에게 다채로운 방편으로 희망과 구원을 선사한다.

하나의 유일한 원리나 진리, 단 하나의 정의, 하나의 사상과 철학, 오직 한 사람만으로 세상을, 삶을 완벽하게 설명해 낼 수 있을까? 선과 악의 개념도 상대적이고 진리나 정의에 대한 입장도 다양하고 상대적인데, 오직 하나의 이름으로 현대사회의 많은 문제와 현대인들이 겪는 다양한 고통을 설명해 내기란 불가능하다.

이렇게 하나의 절대적 존재가 아닌 많은 부처님, 보살님, 그리고 여러 신들이 한데 어우러져 존재한다는 것은 차이와 다름을 인정하며 시대의 변화에 따라, 그리고 사람들이 겪는 다양한 고통에 다가서고 그 고통으로부터 벗어내 주기 위한 다채로운 변주라 할 것이다.

이렇게 많은 불보살님이 계신다 할지라도 우리는 혼란스러워할 필요가 없다. 불보살님들은 법계를 통하여 서로 통하기 때문이다. 당장은 내가 아미타불께 기도드린다고 해도 그 부처님은 법계와 연결되어 다른 부처님은 물론 모든 세상과 연결된다. 이러한 다양성 속

의 통일성은 바다가 지형과 색조에 따라 각각 다를지라도 한 맛을 형성하는 것과 같다.

대승불교 전통을 간직하고 있는 한국불교

불자들이 귀의하는 첫 번째 대상은 부처님이다. 그 부처님 가운데서도 으뜸이 되는 분은 우리들의 본사(本師)이신 석가모니불이다. 불교는 석가모니불의 가르침에 의하여 성립된 종교이기 때문이다. 하지만 현재 한국불교에서 예배와 귀의의 대상으로 삼고 있는 부처님은 한 분이 아니라 여러 분이다. 또한 경전에도 수많은 부처님들이 소개되어 있다. 『반야경』 계통에 이미 법신불(法身佛)이 등장하고 있고, 『법화경』에는 석가모니불의 수많은 분신들, 『화엄경』에는 비로자나불, 정토계 경전에는 아미타불, 미륵 삼부경에는 미륵불, 이외에도 약사여래불, 현겁천불, 과거·현재·미래의 삼천불 등 이루 헤아릴 수 없이 많은 부처님이 계신다. 이는 한국불교가 대승불교의 전통을 잘 계승하고 있음을 보여준다.

이러한 부처님들은 불상을 통해 내 안으로 들어온다. 불상에 절하는 것은 그 거룩한 형상을 통하여 무형상의 부처님과 만나기 위함이다. 마음을 다해 절하면서 나를 비우면 부처님과 만나는 큰 인연을 맺게 된다. 유상(有相)한 불상에 대한 예배와 공양을 통해서 무상(無相)한 부처님의 마음과 접할 수 있는 것이다. 부처님의 큰 지혜와 자비는 이렇게 해서 내 마음 속으로 고요히 차오르게 된다.

부처님은 우리들의 기도, 발원, 실천적 행위에 응답하며 비, 구름, 바람, 햇살 속에서 모습을 드러내기도 하신다. 그것은 대자대비한 부처님의 중생을 향한 회향과 구제의 발걸음이기도 하다.

2) 부처님의 세 가지 모습 – 삼신불

이 세상에는 많은 부처님이 계시지만, 유형별로 분류하면 세 가지 모습으로 정리할 수 있다. 이를 삼신불(三身佛)이라 한다. 바로 법, 즉 진리의 몸인 법신불(法身佛), 수행의 결과로 깨달음의 몸을 받은 보신불(報身佛), 구체적인 역사의 현장에서 괴로워하는 중생들을 구제하기 위해 이 세상에 갖가지 몸을 드러내는 화신불(化身佛)을 일컫는다.

청정한 진리의 부처님, 법신불

석가모니불이 깨달은 법은 당신께서 새롭게 만들거나 창조한 것이 아니다. 그 법은 이 세상에 본래부터 존재하고 있는 진리였다. 다만 부처님은 그 법을 발견하여 우리들에게 보여주신 것이다. 그런 의미에서 법은 부처님의 가르침이다. 법은 있는 그대로, 그와 같이 여여(如如)하게 존재한다. 이를 진여(眞如)라고도 한다. 법신(法身, Ⓢ dharma-kāya)은 이러한 법의 인격적 개념이며 인격화된 부처님의 몸이다.

법신은 몸이라 하지만 육신으로 한정할 수 없는 온 세상을 다 껴안는 몸이요, 생명이며 마음이다. 그 부처님은 실체로 고정되어 있지 않으며 시간과 공간의 제약을 벗어나 영원하다. 대승불교에서는 공(空)을 말한다. 법은 공하여 분별의 언어로 한정되지 않는다. 공은 굳어 있는 것에 대한 부정이요, 항상 새로워지려는 자유로운 생명의 흐름에 대한 커다란 긍정이다. 그러기에 공은 집착을 떠나 있다. 집착을 떠났기에 걸림이 없으며 걸림이 없으므로 청정하다. 법신불이 그렇다.

이러한 진여로서의 법신은 조작을 떠나 있고, 가고 옴도 없으며 말이나 생각으로 그려낼 수 없다. 굳이 표현하자면 다음과 같은 특징을 지니고 있다.

> "늘거나 줄지 않으며 전 찰나에 생하지 않고 후 찰나에 멸하지 않으니, 요컨대 언제나 변함이 없어서 본래 그 자리에서 왔다. 성품 스스로 일체의 공덕을 가득 채운 것이다. 이른바 자체에 대지혜광명의 뜻이 있고, 법계를 두루 비치는 뜻이 있으며, 진실하게 아는 뜻이 있고, 자성청정심의 뜻이 있으며, 상락아정(常樂我淨)의 뜻이 있고, 청량(清凉)하고 불변하고 자재한 뜻이 있기 때문이다." - 『대승기신론소기회본』

원만한 공덕의 부처님, 보신불

보신(報身, ⓢsaṃbhoga-kāya)불은 오랜 구도적 수행을 통해 깨달음 이루어 그 공덕으로 원만한 몸을 받은 부처님이다. 석가모니불이 6년 고행 끝에 깨달음을 얻었다고 말하지만, 그토록 훌륭한 인격, 그 지고지순한 깨달음의 완벽한 모습을 갖추기란 무수한 생애를 걸쳐서 구도의 길을 걷지 않았으면 불가능했기 때문이다.

보신불은 훌륭한 상호는 물론 뛰어난 언변을 갖추고 있으며 수려하고 거룩한 신체조건 등등의 많은 공덕을 지니신다. 우리가 불상의 모습에서 보게 되는 두드러진 형상과 미세한 특징으로 32상 80종호가 그 한 예이다. 보신불은 이러한 훌륭한 몸과 공덕을 갖추고 그것을 수용하여 누리고 계신다. 그래서 보신불을 수용신(受用身)이라고도 한다. 대표적인 보신불인 노사나불(盧舍那佛)은 두루 원만한 모습을 갖추고 그 몸을 수용하고 계신다. 그래서 원만보신(圓滿報身) 노사나불이라고 한다.

보신불이 되기까지는 중생 구제를 위한 구도 행위가 큰 역할을 한다. 구체적으로 말하자면 중생들에게 이익을 주는 바라밀을 닦는 행위로 본행(本行), 중생들이 처한 고통을 보고 그 고통에서 벗어나게 해주겠다는 강력한 서원, 그리고 중생들을 행복한 삶과 깨달음으로 이끄는 다양한 방편적 지혜를 닦는다. 그 결과 보신불은 바라밀행, 서원의 힘, 지혜 방편에서 흘러나오는 불가사의한 작용을 갖추신다.

약사여래불과 아미타불은 보신불의 대표적인 예이다. 약사여래불은 12대원을 세워 중생들을 갖가지 병고에서 구해내셨고, 아미타불은 법장보살 시절에 48가지 대원을 세워 중생들을 정토왕생으로 이끄셨다.

중생을 구제하는 자비의 부처님, 화신불

화신(化身, ⑤nirmāṇa-kāya)불은 특정한 시대와 역사 속에서 고통에 빠진 중생들을 구제하기 위해서 몸을 다양하게 변화하여 나타난 부처님을 말한다. 그분은 우리들의 간절한 염원에 감응하여 사람들이 살고 있는 생생한 삶의 현장으로 내려오신다. 화신불은 힘들고 아파하는 사람들 개개인의 간절한 염원에 맞추어 천변만화한다.

보통 삼신불과 관련하여 석가모니불은 천백억화신 석가모니불이라 불린다. 석가모니불은 지금부터 2,600여 전에 인도라는 역사의 현장에 나타나 수만 가지 모습의 교화 방편으로 중생을 구제하며 자신의 손길을 펼치셨기 때문이다. 그런 의미에서 석가모니불은 지혜의 화신, 자비의 화신, 생명 평화 행복의 화신이다.

물론 석가모니불의 본 바탕은 법신불이다. 본래 법신불이지만 중생 구제를 위해 역사의 현장에 나타났기에 화신불이요, 또한 수행의 결과 깨달아 훌륭한 몸을 받았기에 보신불이기도 하다. 다만 석가모니불이 화신불로서의 역할이 두드러져 보이기 때문에 천백억화신 석가모니불이라 한 것이다. 천백억이란 수는 그 만큼 아주 많다는 의미다. 하늘에 높이 떠 있는 밝은 달이 법신이라면 천강에 비친 달은 화신이다. 큰 강에도 작은 도랑에도, 연못에도 시냇물에도 천백억의 온갖 물속에 달이 떠오른다.

> "미세한 번뇌의 흐름을 영원히 끊어 원만한 깨달음의 지혜가 뚜렷하고 밝게 드러나면 곧 천백억화신을 나타내어 시방세계 중생들의 근기에 따라 감응하니, 마치 하늘에 뜬 달이 모든 시냇물이며 강물에 두루 나타나는 것과 같다.
> 이처럼 응용(應用)이 무궁하여 인연 중생 모두 제도하고, 즐거움만 있고 근심이 없으니, 이름하여 크게 깨친 세존이라 한다." - 『수심결』

미륵불 또한 미래 구체적인 역사의 현장에 나타나 중생을 구제하실 것이기 때문에 화신불에 속한다. 관세음보살도 우리가 아프고 힘들어할 때 우리들의 간절한 염원에 감응하여 내 곁에 나투기에 화신불의 역할을 한다. 그뿐만 아니다. 우리 삶의 현장에서 전개되는 고결한 자비의 손길에서 우리는 화신부처님의 활동과 그 모습을 볼 수 있다.

불교개론

3) 대승불교의 여러 부처님

비로자나불

비로자나불(毘盧遮那佛)은 『화엄경』의 주인공 부처님으로서 법신불을 대표한다. 비로자나불은 범어로 바이로차나 붓다(Vairocana Buddha)이다. 바이로차나는 태양이 만물을 두루 비추는 모습을 드러내는 의미이다. 태양 빛이 온 누리를 밝게 비추듯이 비로자나불은 온 세상, 전 우주 법계를 두루 비추는 광명의 부처님이시다. 이렇게 세상을 두루 비추는 모습을 일컬어 광명변조(光明遍照)라 한다.

본래 법신불인 비로자나불은 형상도 없고 소리도 없다. 형상과 소리의 한계를 뛰어넘어 있기 때문이다. 고요한 침묵 속에서 광명을 발하시기에 비로자나불을 모신 전각을 대적광전(大寂光殿) 혹은 적광전(寂光殿)이라 하며, 그 부처님의 이름을 따서 비로전(毘盧殿)이라 칭하기도 한다. 금강산을 비롯하여 우리나라 산의 주봉을 비로봉이라고 하는 것은 그 법신 비로자나불이 최고의 부처님이기 때문이다.

비로자나불이 미간 백호에서 광명을 발하시자 그곳에서 수많은 불·보살님과 신중들이 나타나 비로자나불의 국토를 찬탄하고, 그 대지를 아름답게 장엄한다. 이어 문수, 보현보살이 부처님 대신 설법한다. 화엄세계(華嚴世界)란 들꽃, 작은 꽃, 큰 꽃 등 갖가지 꽃으로 장엄된 불국토를 일컫는다. 그 화엄의 대지는 무량한 존재들이 무한하게 서로 상입(相入)하지만 전혀 혼란스럽지 않고 조화를 이루며 각자 제자리를 지킨다. 그 모습이 작으면 작은 대로 크면 큰 대로 서로 어우러져 공존하며 어우러진다. 그것은 또한 보살들이 공성의 바다에서 자신을 비우며 타자를 향해 자비를 실천하는 이타적 행원(行願)

의 모습이며, 모든 중생을 부처님으로 존중하는 여래 출현의 모습이요, 행이기도 하다.

밀교에 등장하는 대일여래(大日如來) 또한 법신불이다. 대일여래도 그 원래 이름은 광명의 부처님으로 비로자나불과 같다. 다만 크다는 의미의 '마하(mahā)'가 그 이름에 접두사로 덧붙여져 있을 뿐이다. 비로자나불과 대일여래의 차이점은 비로자나불이 침묵하고 있음에 비하여, 대일여래는 직접 설법을 하며 형상을 갖추고 있다는 점이다. 대일여래는 신체적인 형상으로, 입으로, 마음으로 진리의 세계를 보여주는 지극히 현실 긍정적인 부처님이라 할 수 있다,

아미타불

아미타불(阿彌陀佛)은 서방정토 극락세계의 부처님으로 인간에게 죽음의 한계를 극복하고 무량한 생명을 안겨주시는 부처님이다. 아미타불의 '아미타(Ⓢamita)'란 한량없는, 혹은 측량할 길이 없다는 뜻이다. 그래서 아미타불은 한량없는 수명이라 하여 무량수불(無量壽佛), 혹은 한량없는 빛이라 하여 무량광불(無量光佛)로도 불린다.

아미타불은 인간을 죽음의 공포에서 해방시킬 뿐만 아니라 죄 많은 나약한 중생을 구원하신다. 바로 현실이, 하루하루가 지옥 같은 척박하고 험난한 세상에서 무력한 자기 절망, 그리고 무거운 죄를 짓고 사는 중생들에게 그들이 간구하는 정토를 보여주고 그곳으로 인도하신다. 아미타불의 48대원 중 가장 중요한 원이 제18원이다. 그것은 어떤 사람이 극락정토에 태어나고자 나를 지극한 마음으로 불렀는데, 만약 그곳에 태어나지 못한다면 결코 부처가 되지 않겠다는 원이다. 이러한 원을 아미타 부처님의 본원(本願)이라고 한다. 이

본원이 중생을 구제하는 굳건하고 흔들림 없는 힘인 본원력(本願力)으로 작용한다.

나약한 중생은 거센 물결이 넘실되는 험난한 긴 강을 자력(自力)으로 헤엄쳐 건너기 어렵다. 그러나 아무리 보잘것없는 중생이라도, 도저히 용서받지 못할 큰 죄를 지은 죄인이라도 아미타불의 본원력, 그 본원의 큰 배에 올라타면 쉽게 피안의 언덕에 도달한다. 다만 조건이 있다. 그것은 자신을 무아로 철저히 비워 아미타불에게 자신을 맡기는 것이다.

약사여래불

석가모니불을 대의왕(大醫王)이라고도 한다. 부처님은 아파하는 중생들의 병을 고쳐 완쾌시키는 의사 중에서 아주 뛰어난 의사라는 뜻이다. 부처님의 가장 중요한 역할은 사람들을 고통에서 벗어나게 해주는 것이기 때문이다. 약사여래불(藥師如來佛)은 이러한 병 치유의 역할을 부각시킨 지고의 부처님이라서 대의왕여래(大醫王如來) 혹은 대의왕불(大醫王佛)이라 한다. 약사여래불은 우리들의 앞길을 가로막는 장애의 제거는 물론 기아와 가난에서 벗어나게 해 주시고, 국가를 외적의 침입이나 내란에서 막아주며, 군주의 폭정이나 사회적 부조리에서 사람들을 보호해 주는 역할을 하신다.

세상이 아무리 풍요롭고 풍족해진다 해도 어느 곳에서건 심각한 병이나 장애가 생겨나며, 교묘한 폭정과 압제가 벌어진다는 점에서 현대세계에도 약사여래불의 역할은 더욱 중요하다. 약사여래불의 정토는 동방 정유리세계(淨琉璃世界)이다. 청색이라 할까, 비취색이라 할까 아주 귀중한 보석으로 반짝이는 세계가 그곳이다. 그곳은 또한 보름달처럼 휘영청 밝은 세상이라 하여 만월(滿月)세계라 한다. 이러한 까닭으로 약사여래불을 모신 전각을 약사전, 혹은 만월보전, 유리보전이라 한다. 약사여래불은 손바닥 위에 둥근 약합(藥盒)을 받쳐 들고 있는데, 이 약합 속에는 중생들의 아픔을 치유하는 귀한 약들이 담겨 있다.

연등불

법신불은 시간을 초월해 영원히 이 세상에 머무르지만, 화신불의 경우는 특수한 역사의 현장에 나타나신다. 크게 시간을 나누면 과거, 현재, 미래이기에 이에 따라 부처님도 과거불, 현재불, 미래불로 나뉜다. 연등불(燃燈佛)은 아주 오랜 전 석가모니불이 깨닫기 이전에 깨달음을 일깨워주시고, 그 깨달음을 약속한 부처님이다. 그래서 연등불은 과거불의 대명사로 불린다.

석가모니불이 깨닫기 이전 '수메다(Sumedha, 善慧)'라는 이름으로 구도의 길을 갈 때, 그 구도자에게 미래에 반드시 성불하리라는 수기(授記)를 주신 부처님이 연등불이다. 연등불의 범어 이름은 디빰까라 붓다(Dīpaṃkara buddha)이다. '디빰까라'란 '등불을 켜다'라는 뜻으로 구도자의 마음에 보리의 등불을 켜주는 부처님이라 할 수 있다. 정광불(定光佛), 보광불(普光佛)로도 불리기도 하며 제화갈라(提和喝羅)로 소리 번역된다.

석가모니불이 미래 성불의 약속을 받는 기연을 간략히 소개해 보면 이렇다. 아주 먼 옛날 연등불이 출현했을 당시 수메다라는 청년이 살고 있었다. 그는 연등불이 오시는 마을 길목에 진흙탕이 패여 있자, 긴 머리와 옷을 펼치고 엎드려 부처님이 그 위를 지나갈 수 있도록 했다. 그때 수메다는 "저는 모든 것을 아는 일체지(一切智)를 갖춘 부처님이 되어 온 세계의 생명들을 위해 가르침을 펴겠습니다."라고 서원을 발하였다. 연등불은 그 뜻을 알아차리고 "그대는 4아승기겁 후에 부처님이 되리니, 그 이름을 석가모니라 하리라"라고 수기를 내리셨다.

수기란 구도자에게 내리는 미래 성불의 예언이며 확약이다. 깨달음의 씨앗은 아주 오랜 세월동안 보살행으로 익어가면서 성불로 이어진다. 석가모니불의 성불이 6년간 고행의 결과라기보다는 무수겁 동안 닦아온 보살행의 결과라는 것이다. 타인을 향해 자기 생명을 내던지는 오랜 세월의 보살행은 깨달음으로 익어가리라는 예언, 그 종교적 약속은 연등불이 우리에게 보여주는 깨달음의 씨앗이다. 연등불 외에 과거불로서 과거칠불(過去七佛)이 있다.

미륵불

미륵불(彌勒佛)은 현재불인 석가모니불의 입멸 이후 미래세계에 이 땅에 내려와 중생들을 제도하실 부처님이다. 미륵불은 자씨(慈氏) 미륵존불(彌勒尊佛)이라고도 한다. 이 말은 범어 '마이뜨레야 붓다(Maitreya buddha)'를 의역한 것으로 '중생에 대한 자애심 깊은 부처님'이라는 의미다. 미륵불은 장차 이 땅에 도래하여 중생을 구제할 당래불(當來佛)인 것이다. 미륵전(彌勒殿), 자씨전(慈氏殿) 등은 미륵불을 모신 전각이다. 미륵불이 인류를 구원할 시기는 석가모니불 입멸 후 56억 7천만 년이 지난 시점이다.

그러나 미륵불은 우리나라에서 변혁의 시대에 구원의 님으로 오신 경우가 많다. 미륵불의 출현을 아주 먼 미래가 아닌 곧 다가올 새로운 시대에 세상을 바로 잡는 부처님으로 모시게 된 것이다. 그래서 세상의 변혁자로서 미륵불은 언제나 시대의 변동기, 변혁기에 숭배되기에 이르렀으며, 궁예같이 미륵불을 자처하는 사람들이 나타나기도 했다.

그렇지만 진정한 새로운 시대의 도래는 아집과 편견을 비우고 무아로 살아내며, 공으로 세상을 관조하면서 새 사람으로 태어나고 새 세상을 만들어가는 데 있다. 그것은 마음의 큰 변화요, 전환이다. 오늘날 우리들에게 다가오는 미륵불은 새로운 나와 세상을 건설하려는 마음에 혁명적 전환을 일으키는 부처님으로 다가와야 할 것이다.

4) 보살마하살 – 성인으로서의 보살님

보살(菩薩)은 고통받는 중생의 구제와 더불어 깨달음을 추구하는 대승불교의 이상적인 인간상이다. 아파하는 타자들에 대한 자비의 실천은 대승불교의 중심 가치이다. 자비의 실천은 깨달음을 구하는 보리심(菩提心)과 연결된다. 지혜로 나와 세상을 조견하는 보리심은 너와 내가 둘이 아니라는 대비의 실천으로 이어지기 때문이다. 이타적 자비의 실천과 주체적 자기 비움의 지혜는 둘이 아니다.

보살은 크게 석가보살, 범부보살(凡夫菩薩), 원생보살(願生菩薩)로 나뉜다. 석가보살은 석가모니불의 전생으로 연등불로부터 수기를 받아 구도의 길을 간 보살을 일컫는다. 부처님 전생은 부처님의 본생(本生)을 일컬으므로 석가보살을 본생보살이라 한다. 범부보살이

란 보리심을 내고 이타의 길을 걷는 사람들로서 일반적인 보살을 일
컫는다. 대승의 불자라면 출·재가를 떠나 누구나 그 길을 가야 하는
것이다.

원생보살은 성인으로서의 보살로 보살마하살이라고 부른다. 마하
살(摩訶薩)은 위대한 존재라는 의미로, 그는 중생 구제를 위해서 기
꺼이 중생들이 사는 윤회의 현장으로 들어간다. 보살마하살은 이미
깨달음을 증득하여 부처님에 버금가는 위상을 갖추었지만 중생의
아픔을 보고 부처의 자리에 머물지 않는다. 그런 의미에서 보살마하
살은 화신불의 역할을 한다. 대표적인 보살마하살은 관세음보살, 보
현보살, 문수보살, 지장보살 등이다. 이 대보살들의 본원과 삶은 많
은 불자들에게 나아가야 할 지침이 되었을 뿐만 아니라 존경과 믿음
의 대상으로 자리잡는다.

관세음보살

관세음보살은 자비의 화신으로 불릴 정도로 사람들의 간절한 부
름에 응하여 천 가지, 만 가지로 모습을 드러내며 온 생명과 인류를
구원한다. 그래서 관세음보살은 대비성자(大悲聖者), 구세대비자(求
世大悲者)라 불린다.

'관세음'의 범어 표기는 아왈로끼떼슈와라(avalokiteśvara)이다. 이를
중국에서 번역하면서 중생의 음성을 듣고 고뇌에서 벗어나게 해준
다는 뜻에서 '관세음(觀世音)'이라 하고 '세상 모든 일을 두루 관찰해
중생을 자유자재로 구제한다'는 뜻에서 '관자재(觀自在)'라고 했으
며, '모든 소리를 관하여 하나로 원만하게 굴려 통하지 못하는 바가
없기'에 '원통대사(圓通大士)'라고도 하였다. 관세음은 줄여서 '관음'

이라고도 한다.

> "만약 한량없는 중생이 갖가지 고뇌를 받을 때, 관세음보살
> 의 이름을 듣고 일심으로 그 이름을 부르면 관세음보살이
> 그 음성을 듣고 여러 가지 모습으로 변하여 중생을 어려움
> 에서 벗어나게 해주고 복덕을 얻게 해주신다."
> – 『법화경』「관세음보살보문품」

관세음보살이 머무는 정토는 온갖 꽃이 우거지고 맑은 물이 흐르
며, 빛과 향기가 넘치는 보타락산(補陀洛山)이다. 그 준말이 낙산이
다. 우리나라 양양의 낙산사는 관세음보살의 대표적인 정토다. 이 관
음의 정토를 소백화(小白華)라고도 부른다. 백의를 입은 관세음보살
의 진신이 머무는 곳이기 때문이다.

관세음보살은 부모가 없는 사람에게는 부모의 모습으로 나타나
고, 스승이 없는 사람에게는 스승으로 나타나는 등 모든 존재의 절
실한 바람에 따라 모습을 드러내리라고 원을 세운다. 그래서 뭇 중
생을 위태롭게 하는 아주 힘든 상황에 봉착했을 때, 간절히 그 이름
을 부르기만 하면 관세음보살은 다양한 모습으로 그 몸을 나타내 그
를 도와준다.

관세음보살은 언제 어디에서나, 누구에게나 존재할 수 있는 자비
로운 성인이지만 반드시 나와의 관계 속에서 증명되는 분이기도 하
다. 내가 그 이름을 부르지 않으면 그 존재를 확인할 수 없고 내게 다
가오지 않기 때문이다. 또한 관세음보살은 나도 관세음보살처럼 사
는 가운데 나의 간절한 원에 따라 나타나므로, 나 또한 관세음보살

불교개론

로서 살아가는 가운데 관세음보살의 구원은 도래한다.

보살마하살 중에 사람들로부터 가장 많은 사랑을 받은 보살이 관세음보살이다. 그래서 관세음보살에게는 많은 변화관음이 존재한다. 천수관음, 십일면관음, 여의륜관음, 마두관음, 불공견삭관음 등이 그 대표적인 예이다.

보현보살

보현보살(普賢菩薩)은 세상 모든 곳에 모습을 드러내어 어질고 선한 보살행으로 뭇 생명들을 행복으로 인도하는 불교의 실천적 성인이다. 범어로 사만따바드라(samantabhadra)라고 한다. 이는 모든 곳에 두루두루 스며들어 선이 구현되는 모습을 보여준다. 그런 의미에서 보현보살은 『법화경』에서 월색(月色)의 몸 빛으로 여섯 개의 상아를 지닌 흰 코끼리를 타고 일체 장소에 몸을 나투어, 청량한 빛으로써 중생을 올바른 방향으로 길러내고 성숙시키는 자비의 보살로 묘사된다.

『화엄경』에서 선재동자는 구도의 길을 걷다가 53선지식 중 마지막으로 보현보살을 만나 그 가르침을 받고 보현행원(普賢行願)의 서원을 올린다. 행원이란 실천력이 동반된 서원을 강조한 말이다. 실천이 없는 발원이란 있을 수 없지만, 행원이라고 특히 강조한 것은 행동하는 삶 그 자체의 중요성 때문이다.

보현행원은 부처님께 예경올리고, 업장을 참회하며, 늘 불법을 배우고, 사람들을 부처님으로 공경하며 살겠다는 것이 주요 골격이다. 중요한 것은 이러한 행원이 다함이 없다는 것이다. 왜 다함이 없는가? 모든 인간은 시간적으로 무시무종한 시간과 연결되고, 공간적으로 육도 중생을 비롯한 숱한 생명들과 연결되어 있기 때문에 끝이 없다.

> "허공계가 다하고 중생이 다하고 업과 번뇌 다하면 모르거 니와 이와 같이 일체 것이 다함 없을세. 나의 원도 그와 같 이 다함 없으리." - 『사십화엄경』「보현행원품」

이러한 보현행원은 보현보살의 본원력으로 보현행의 길을 가는 모든 사람들을 이끌고 돕는다. 그것은 삶을 평화롭게, 세상을 아름답 게 만드는 길이다. 그 길을 가는 주인공은 보현행원의 길을 가는 나 자신이기도 하다.

문수보살

문수(文殊)보살은 지혜를 상징하는 보살로, 실천을 상징하는 보현 보살과 조화를 이룬다. 그래서 문수보살상은 사찰에서는 보현보살 상과 함께 석가모니불이나 비로자나불의 협시보살로 모셔지고 있 다. 문수보살의 범어는 만주슈리(mañjuśrī)이다. '만주'는 '아름답다' 는 의미로 '묘(妙)'라 했으며 '슈리'는 '행복하다'는 의미로 '길상(吉 祥)'이라 뜻 번역해 묘길상(妙吉祥)이라 했고, '문수사리(文殊師利)'나 '만수실리(曼殊室利)'라는 이름은 그 소리 번역이다.

문수보살은 『반야경』을 결집·편찬한 분으로 알려지고, 또 모든 부 처님의 스승이요 부모라고 한다. 『반야경』이 지혜를 강조하는 경전 이고 지혜는 부처님을 이루는 근본이 되는 데서 유래한 것이다. 뿐 만 아니라 문수보살은 여러 대승경전에 최고의 지혜를 갖춘 보살로 등장한다.

문수보살의 원력으로는 문수보살 10대 서원이 있다. 그 10대원을 두루 관통하는 내용은 소외된 자, 아픈 자, 버림받은 자, 빈궁한 자, 고독한 자들과 함께 먹고, 함께 살며, 함께 일한다는 점이다. 그래서 문수보살은 추한 걸인이나 병자의 모습으로 나타나기도 한다. 깨끗함과 추함의 이분법에 갇힌 수행자가 그 추한 모습을 보고 그를 혐오하거나 피할 경우, 문수보살은 진신을 보이며 수행자에게 깨끗함과 추함이란 둘이 아님을 일깨워준다. 문수의 지혜는 분별을 떠나는데 있기 때문이다. 그래서 깨끗한 모습만 보려하거나 엄숙주의에 빠져 있는 아상(我相)이 강한 수행자는 문수보살로부터 호된 질책을 받는다.

지혜로운 이라면 버림받은 자, 고통 받는 자의 모습에서 문수보살의 모습을 본다. 그것이 문수보살이 우리들에게 주는 메시지다. 문수보살이 걸인의 모습으로 나타나므로, 이들에 대한 자비를 행하는 것이 문수보살을 친견하는 것과 같다고 했다. 이러한 문수 신행은 동아시아 불교권에서 대사회적 빈민 구호 활동에 커다란 영향을 끼쳤다.

지장보살

지장(地藏)보살은 사후세계 지옥중생을 비롯하여 육도를 윤회하는 중생을 구제하는 역할을 한다. 지장보살은 범어로 끄띠가르바(kṣtigarbha)라 한다. '끄띠'는 대지요, '가르바'는 저장의 뜻이 담겨 있다. 대지가 나무의 씨앗을 간직하고 뿌리를 내리게 하며 나중에는 떨어진 잎사귀까지 품듯이, 지장보살은 모든 중생을 구제하는 위대한 힘을 저장하고 있다.

지장보살은 또한 대원본존 지장보살(大願本尊 地藏菩薩)이라고 부르듯이 그 원력이 매우 크고 넓은 보살이다. 『지장보살본원경』에서는 다른 보살의 서원에는 끝이 있지만 지장보살의 서원은 끝이 없다고 말한다. 그 이유는 수많은 세월동안 죽음의 저편에서 지옥의 고통을 비롯해 숱한 고통을 받고 있는 중생들이 계속 존재하는 한, 그들을 구제하려는 원력이 끝이 없기 때문이다.

그렇다면 지장보살의 이러한 본원력은 어떻게 탄생했을까? 지장보살은 전생에 한 여인으로 태어났다. 그의 어머니가 숱한 살생과 악행으로 지옥의 고통을 받고 있는 것을 보고 눈물을 흘리며 원을 발한다.

> "제 어머니가 악도에서 영원히 벗어난다면, 저는 백천만억
> 겁 동안 모든 세계에 있는 중생들을 기필코 제도하여, 그들
> 로 하여금 지옥, 아귀, 축생의 몸에서 벗어나게 하겠나이다.
> 그리고 그렇게 죄업의 과보를 받는 모든 이들이 남김없이
> 부처를 이룬 연후에야 저는 정각(正覺)을 이루겠나이다."
> - 『지장보살본원경』「염부중생업감품」

사후 정토에 태어나지 못하고 지옥이나 아귀의 고통에 빠져있는 사람들이 있다고 해보자. 얼마나 그 마음이 아프겠는가. 다행히 지장보살이 지옥문을 열고 저승세계, 그 무시무시한 공포 속에서 떨고 있는 사람들을 구제한다. 지옥은 끝이 보이지 않는 바닥으로의 추락이다. 이러한 지옥에서 처절한 비명을 지르는 것을 일러 아비규환이라 한다. 지장보살은 그 극한의 지옥까지 찾아간다. 그 결과 지장보살의 발원은 다음과 같이 정형화되기에 이른다.

불교개론

"모든 중생을 끝없이 제도해, 마침내 그들이 모두 보리를 얻어, 지옥이 텅 빌 때까지, 저는 결코 부처가 되지 않겠습니다."

지장보살에게는 다른 보살에게 찾기 어려운 몇 가지 특징이 있다. 첫째, '정해진 업보는 면하기 어렵다.'는 불교의 업설이 지장보살에게서는 그 의미를 상실한다. 즉 지장보살은 정해진 업보도 모두 소멸시키므로, 지장보살에게 귀의하여 해탈을 구하면 이미 정해진 업보마저 벗어나 천상의 즐거움을 얻을 수 있다. 둘째, 지장보살은 부처님이 계시는 않는 무불(無佛)세상에서 모든 중생의 행복을 책임지는 보살이다. 셋째, 모든 중생을 지옥의 고통으로부터 구제해 준다.

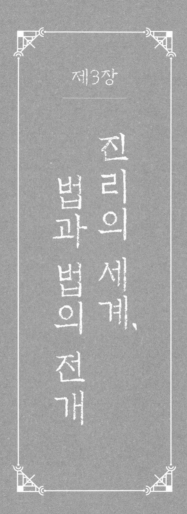

제3장

진리의 세계,
법과 법의 전개

1. 법의 의미와 구조 그리고 역사

1) 법과 법의 역사 – 법은 어떻게 전개되어 왔나

법이란, 부처님 법의 특징

세상의 현상들은 어떤 원리나 이념에 의해 작동하기 마련이다. 그 원리나 이념은 각 시대의 법(法)으로 작용한다. 그런 의미에서 법은 종교나 제도, 문화와 지식의 틀이다. 우리들은 알게 모르게 각 시대의 법에 의거해서 살아간다. 그러나 그러한 법이 참인지 거짓인지 우리가 제대로 알지 못하면 법은 권력으로 변해 사람들을 구속하여 고통에 빠뜨린다. 이와 관련하여 인도에서 법이 어떻게 흘러왔는지 살펴보고 부처님 법의 특징에 대해 알아보기로 하자.

고대 인도 아리아인들은 하늘의 해, 달, 별의 운행과 밤, 낮, 사계절의 주기적 순환을 보며, 우주의 질서가 창공의 신 바루나(Varuṇa)에 의해 이루어지고 있다고 믿었다. 이 신에 대한 믿음이 천칙(天則)인 리타(ṛta)이다. 리타는 참, 질서, 옳은 행위, 선한 삶, 불변, 무한을 상징하고, 반대로 리타의 부재(an-ṛta)는 거짓, 무질서, 나쁜 행위, 악한 삶, 변화, 유한을 의미하게 되었다. 지배 계급은 이를 명분으로 신에 대한 찬가와 제사의식을 정당화했고 피지배 계급에게 각 계층에 따른 의무, 윤리·도덕, 계급 제도 등의 질서를 강제했다. 그 결과 인도는 고대 이래로 사성계급(四姓階級, varṇa)이라는 신분제도를 통해 사회질서를 유지하게 되었다.

이후 법(Ⓢdharma)이 리타를 대체하게 된다. 바라문 제관들은 신들의 권위조차도 정해진 형식의 제사의식(祭儀, yajña)으로부터 나온다고 믿었다. 제사의식이 없다면 신들은 힘을 발휘할 수 없다. 그러므로 신들도 제사의식을 따라야 한다. 법은 초기에는 제사의식의 올바른 위치와 순서를 따르면 그에 해당하는 가치를 얻는다는 개념이었으나, 이후 종교적, 도덕적, 우주적 원리나 질서 개념으로 이해되었다. 즉 법은 신과 제사의식의 인과 관계 속에서 종교적, 도덕적 의무를 다 하고, 계급에 따른 제약을 지키며, 삶의 각 주기에 맞춰 살아야 하는 의무가 되었다. 문제는 이러한 법의 근거가 우리의 경험과 연관되지 않는다는 것이다. 예를 들어 바라문의 법에서 동물이나 사람을 죽이는 행위의 윤리 기준은 그 생물의 생명에 관련된 것이 아니라, 그 행위가 종교적인 법과 일치하는가 혹은 일치하지 않는가에 달려 있다. 바라문에서 법은 신의 권위에 제약당하고 있었던 것이다.

부처님의 법은 이와 다르다. 부처님 법은 고통의 소멸을 목표로 한다. 부처님은 종교적 권위나 독단을 떠난 법의 보편성을 강조한다. 그래서 부처님은 법을 무조건 따르지 말고 거기에 의문을 던지며 스스로 사유해 보라고 하셨다. 그 법이 내 의식 속에 들어와 자신을 움직일 때 법은 살아 있게 된다. 그렇게 법은 자신의 마음에 기반을 둔다.

"소문으로 들었다 해서, 대대로 전승되어 온 것이라고 해서, 사람들이 '그렇다 하더라.'고 해서, 성전에 쓰여 있다고 해서, … 유력한 사람이 한 말이라 해서, 혹은 '이 수행자는 우리의 스승이다.'라는 생각 때문에 그대로 따르지는 말

불교개론

라." – 『앙굿따라 니까야』 「칼라마의 경」

부처님 법의 훌륭한 점은 행위하는 주체로서의 법에 대한 자기 확신과 법의 무제약성을 강조하는 데 있다. 이러한 법의 의미에 대해 더 구체적으로 알아보자.

법을 의미하는 다르마(Ⓢdharma) 혹은 담마(Ⓟdhamma)는 '유지하다', '지탱하다'라는 의미를 지니는 어근 드흐리(√dhṛ)에서 파생된 명사이다. 법은 만물이나 현상을 유지하고 지탱하는 기준, 준칙, 법칙 등의 의미를 담고 있다. 불교에서는 이러한 법이라는 말이 매우 다양하게 쓰이고 있다. 그것을 정리해 보면 ① 부처님의 가르침으로서 불법(佛法), ② 진리[이법理法], ③ 현상이나 사물, ④ 정의, ⑤ 도덕, ⑥ 올바름, ⑦ 성질 등으로 나뉜다.

이후 불교 역사에서 법은 다른 의미로도 폭넓게 사용된다. 부파불교에서는 '현상의 경험 세계를 구성하는 존재의 요소' 혹은 '고유성질을 가진 것(svabhava, 自性)'이란 의미로도 법을 사용한다. 법이 이렇게 현상이나 성질 등 일상의 모든 것을 지칭하는 것으로 확대된 이유는, 부처님 가르침이 바로 우리들의 생활세계의 구체적인 모습으로 전개되고 있기 때문이다. 법은 생활과 현상, 그리고 내가 행위하는 곳에 있다.

법의 역사와 전개

불교를 공부할 때 좋은 방법 가운데 하나는 고대 인도에서 불교가 시작된 원천에 대한 탐구이다. 즉 석가모니불께서 우리에게 무엇을 말씀하고자 하셨는지를 이해하는 것이다. 그분이 왜 출가하셨고 무엇을 깨달으셨으며, 우리에게 무엇을 말씀하셨는지를 보게 되면 불교의 가장 중요한 핵심을 알 수 있다.

초기불교의 법은 연기법(緣起法)과 사성제(四聖諦)를 중심으로 번뇌의 뿌리를 제거하고 열반에 이르는 수행과 관련된 내용, '온(蘊)'·'처(處)'·'계(界)'를 중심으로 마음과 인식의 문제를 다루는 내용, 연기와 무아, 삼법인(三法印) 중심으로 존재의 문제를 다루는 내용으로 구성되어 있다. 부처님은 고통의 문제에 대한 해법이 법(法)을 이해하는 마음에 있다고 선언하셨다.

온(蘊)은 인간을 이루는 구성 요소로 5가지가 있어 오온(五蘊)이라 하며, 처(處)는 마음의 지각과 의식 활동을 가능하게 하는 토대로, 12가지가 있어 십이처라고 한다. 이 십이처를 근거로 의식[식識], 느낌[수受], 인지[상想], 의도[사思] 혹은 습성[행行]이라는 의식 활동이 일어나고, 이러한 의식 활동으로 물질[색色] 등에 대한 앎이 생겨난다. 부처님은 다양한 법과 마음의 영역들은 계(界)로 분류하고, 중생의 마음은 계와 항상 화합한다고 설명하신다. 이들 각각에 대해서는 뒤에서 자세히 살펴보기로 하겠다.

부처님이 깨달으신 내용은 '연기법'이라고도 하고, '사성제'라고도 하는데, 연기를 깨닫든 사성제를 깨닫든 그 요체는 온갖 번뇌의 뿌리를 제거하여 고통의 문제를 근본적으로 해결하는 것이다.

부처님 열반 후 100년 경, 부처님의 제자들은 부처님이 전한 법을 연구하기 시작했다. 부처님 법에 대한 연구라는 의미에서 이 시기를 아비달마 불교(阿毗達磨, abhidharma buddhism)라고 한다. 단일교단이었던 불교는 계율에 대한 해석 차이에 의해 상좌부(上座部)와 대중부(大衆部)로 분열된다. 이를 근본분열이라고 한다.

불교개론

이후 승단은 점차 분열하여 18부파 혹은 20부파로 나뉘게 된다. 이 시기가 부파불교(部派佛敎)시대이다. 부파불교는 자기 부파의 입장에서 부처님의 가르침을 해석하고, 자신들의 정통성을 주장하면서 이론체계를 정립하는 학문 활동에 전념한다. 부파불교를 긍정적으로 보면 스승인 부처님 가르침을 온전하게 유지하고 발전시키고자 한 열의의 산물이라고 할 수 있지만, 매우 번쇄한 철학으로 흘러버렸다는 부정적인 비판도 나온다.

이러한 부파불교의 폐쇄성과 대중과 유리된 승단을 비판하면서 대승(大乘, Mahāyāna)의 흐름이 전개된다. 대승불교는 기원전 2세기 무렵부터 등장하기 시작한다. 이 시기는 부파의 분열이 완성된 시기이기도 하다. 대승불교는 기존의 부파불교를 '소승(小乘, hīnayāna)'이라고 폄훼하면서, 부처님 정법을 계승한 적자는 바로 자신들이라고 주장한다. 대승은 기존의 부파와는 달리 경전을 제작하면서 이를 역사적인 석가모니불의 설법으로 내놓는다. 그래서 수많은 대승경전이 편찬되고 유포되며, 이것은 깨달은 자[붓다]의 말씀이란 관점에서, 석가모니불의 말씀과 다르지 않은 '불설(佛說)'로서의 권위를 갖게 된다.

대승은 크게 두 흐름으로 발전하게 된다. 하나는 중관(中觀)이고 다른 하나는 유식(唯識)이다. 중관은 연기와 공성(空性, Ⓢśūnyatā)을 중심으로 부처님의 일체법을 정리하고, 유식은 식설(識說)과 삼성설(三性說) 그리고 유식관(唯識觀)을 통해 부처님의 가르침을 해석하고 있다.

이러한 법의 역사는 석가모니불의 가르침을 해석하고, 체계를 구축해 가는 과정이기도 하다. 이 과정에서 학파마다 방법론을 달리하기도

하지만, 그 취지는 동일하다고 말할 수 있다. 그리고 이 흐름은 여래장 사상과 밀교로 발전하고, 동북아시아에서는 선종, 정토종, 화엄종 등의 종파가 성립하면서 더욱 다양화된다. 한국불교는 종파성과 교리적 분쟁을 떠나 다양한 불교사상 속에서 조화와 상생을 도모했다.

이처럼 불교의 역사 속에서도 법은 고정됨이 없다. 법은 발전하고 시대에 따라 재해석되는 과정 속에 있다. 이제 세계의 불교로 나아가면서 법은 서양사상과 만나 새로운 변주를 울리며 우리가 살아가는 생활세계에 우뚝 서게 될 것이다.

2) 경율론 삼장 – 해탈의 길로 들어서는 삶의 기준

경전이란

불제자로서 삶의 기준은 불법(佛法), 즉 부처님의 가르침이다. 경전(經典)은 법을 담고 있기에 모든 것의 기준선이요, 질서를 잡는 표준이 된다. 거기에는 해탈에 이르는 길이 있다. 그러므로 이 경전의 가르침에 의지하고 항상 수지하며 독송하는 것은 자신을 비추어 보는 지혜의 통찰과 해탈로 이어진다.

> "모든 경전을 두루 읽고 외우고 익히되, 그 뜻을 깊이 이해
> 하고 그 법을 순종하여 마침내 어기거나 빠뜨림이 없으면,
> 그는 그 인연으로 말미암아 차츰 열반에 이르게 될 것이다.
> 왜냐하면 그는 바른 법을 자기 것으로 삼았기 때문이다."

경전은 경장(經藏)·율장(律藏)·논장(論藏)의 삼장(三藏)으로 이루어진다. 이 삼장은 진리의 보물 창고로서 법보(法寶)의 역할을 한다. 경장은 부처님의 가르침을 모아놓은 것이고, 율장은 승가의 구성원으로서 지켜야 할 생활규칙을 담고 있다. 그리고 논장은 부처님 말씀을 후대의 불제자들이 체계적으로 정리하여 해설을 가한 것이다.

경율론 삼장의 결집

고대 인도인들은 '구전(口傳)'이라고 하는 독특한 기억 문화를 통해 역사와 성현의 가르침을 전승했다. 인도에서 출현한 불교 역시 '구전전통'을 통해 부처님 가르침을 전하였다. 현재 우리들이 보고 있는 불교경전, 특히 초기경전은 기원전 1세기가 되어서야 비로소 문자로 기록되기 시작한다. 문자로 기록되기 이전에는 부처님의 가르침을 한 사람이 송출하면 검증과 확정을 통해 합송하여 결집을 하였다.

결집은 '합송(合誦)'이란 의미를 지닌 상기띠(saṃgīti)를 번역한 말이다. 제자들은 가타(gāthā)라고 하는 운율을 맞춘 시 형식으로 부처님의 가르침을 정리하고, 다 같이 모여 사실 여부를 확인한 뒤 낭송하였다. 이것이 제1차 결집의 모습이다. 제1차 결집은 부처님의 반열반 직후 대가섭이 주재하에 500명의 아라한이 마가다국의 수도인 왕사성 근처의 칠엽굴(七葉窟)에 모여 개최하였다. 이때 경장과 율장이 결집되었다.

부처님 열반 후 100년 경이 지나서 제2차 결집이 웨살리에서 이루어지게 된다. 이때는 율장만이 결집되었다. 율에 대한 해석 차이가 문제가 되어 700명의 장로들이 모여 결집을 했기에 700결집이라고도 한다.

제3차 결집은 마우리아왕조의 아쇼까(BC 269~BC 232)왕 재위 시에 수도인 빠딸리뿟따에서 개최되었다. 이때 승가 내부에 이익과 공경을 탐낸 외도들이 승가의 일원으로 몰래 숨어들어 문제가 되자 이를 해결하기 위해 결집이 이루어지게 된다. 1,000명의 비구를 소집하여 9개월 동안 결집을 행하고, 이설(異說)을 타파한 후 논장의 일부인 『논사』(論事)를 편찬했다. 하지만 그 이전에도 부파분열 후 논장이 만들어져 삼장이 성립되었을 것으로 추정된다.

1차와 2차 결집이 범불교 결집이라면, 3차 결집은 상좌부만의 결집이다. 이후 4차 결집은 쿠샨제국 까니쉬까왕 재위 시에 이루어진다. 이때 설일체유부 소속의 아라한 500명이 모여 삼장을 결집한다. 3차 이후의 결집은 일부 부파의 결집으로 진행되었으며, 범불교적 결집은 이루어지지 않았다. 이를 통해 알 수 있는 것은 대부분의 부파들이 독자적인 삼장을 갖추고 있었을 것이라는 점이다.

이렇듯 불교의 경장을 포함한 주요문헌인 삼장은 주로 결집이란 형식을 통해 편찬되었다. 경장은 '초기경전'과 '대승경전'으로 구분되는데, 초기경전으로는 빨리(Pāli)어로 기록된 5부 니까야(Nikāya)와 한역으로 번역되어 전해지는 4부 아함경(阿含經)이 있다. 오늘날 삼장을 말할 때는 경장으로는 5부 니까야를, 율장으로는 경분별(經分別, suttavibhaṅga), 건도부(犍度部, khandhaka), 부수(附隨, parivāra)를 말한다. 이것은 상좌부가 전하는 경장과 율장으로, 오늘날까지 가장 완벽한 형태로 전승되는 거의 유일한 것이다. 그리고 논장은 부파분열 이후 각 부파가 자기 부파의 정통성을 드러내기 위해서 부처님의 가르침을 정리·해설한 것을 말한다.

한편 대승불교가 등장하면서 다양한 대승의 경전들이 편찬된다. 대표적인 대승경전으로 『반야경』, 『유마경』, 『화엄경』, 『법화경』 등이 있다. 대승불교의 율은 '보살계'가 대표적인데, 구족계를 받을 때는 부파의 사분율을 주로 받기 때문에 율장이 크게 확대되지는 않는다. 다만 논장은 중관, 유식 등의 대승에서 저술된 논서들이 많이 등장하면서 크게 확대되었다.

삼장의 구조와 내용

대승의 경전이나 논장은 매우 방대하여 모두 열거하지 않고 통상적으로 5부 니까야와 4아함을 경장으로, 그리고 부파의 율장과 논장을 중심으로 하여 그 내용을 소개하겠다. 경장은 5부(部) 니까야를 말한다. 니까야는 본래 바구니라는 말로, 바구니에 물건을 모아 담듯이 경전을 특정한 방식으로 모음, 즉 법에 의거하여 분류한 것을 의미한다. 니까야에는 『디가 니까야』(Dīgha-nikāya, 長部), 『맛지마 니까야』(Majjhima-nikāya, 中部), 『상윳따 니까야』(Saṃyutta-nikāya, 相應部), 『앙굿따라 니까야』(Aṅguttara-nikāya, 增支部), 『쿳다까 니까야』(Khuddaka-nikāya, 小部)가 있다.

경전의 길이를 중심으로 분류할 때 긴 경전들은 『디가 니까야』(34경)로, 중간 길이의 경전은 『맛지마 니까야』(152경)로 분류된다. 이에 반해 『상윳따 니까야』는 경전을 주제별로 묶어서 분류한 것이다. 『앙굿따라 니까야』는 법수(法數)를 주제로 하여 경을 편집한다. 여기에는 1부터 11까지의 법수에 따라 작은 경전들이 나열되어 있는데 대부분이 아주 짧은 경전들이다.

『쿳다까 니까야』는 19종의 경을 모아놓은 것이다. 이 중 널리 알려진 것으로 『담마빠다』(Dhammapada, 법구경), 『우다나』(Udāna, 자설경), 『이띠웃따까』(Itivuttaka, 여시어경), 『숫타니파타』(Suttanipāta, 경집), 『테라가타』(Theragāthā, 장로게), 『테리가타』(Therīgāthā, 장로니게), 『자따까』(Jātaka, 본생담), 『밀린다팡하』(Milindapañha, 나선비구경) 등이 있다. 이 5종의 니까야는 빨리어로 전승되어 오늘날 초기불교를 연구하는 핵심 경전군이 된다.

한편 5부 니까야에 해당되는 초기 한역 불전들이 있다. 이를 '전승되어 내려온 가르침'이라는 의미에서 '아함(阿含, Āgama)'이라고 한다. 디가 니까야는 『장아함』, 맛지마 니까야는 『중아함』, 상윳따 니까야는 『잡아함』, 앙굿따라 니까야는 『증일아함』에 각각 해당된다. 아함계 경전은 니까야와 달리 각 아함의 전승부파가 다르다. 『장아함』은 법장부, 『중아함』은 설일체유부, 『잡아함』은 근본설일체유부, 『증일아함』은 대중부계의 한 부파의 소전(所傳)으로 알려져 있다.

율장은 크게 경분별, 건도부, 부수로 구분된다. 경분별은 비구, 비구니가 개인적으로 지켜야 하는 조문을 모아놓은 바라제목차(婆羅提木叉)라고 하는 조문집에 대한 주석을 말한다. 건도부는 승가의 행사와 관련하여 적극적으로 실행해야 할 규칙들을 담고 있다. 부수는 이 두 부분에 나오는 핵심 내용을 외우기 쉽도록 정리한 것이다. 이러한 율장은 각 부파마다 있었다.

논장 역시 각 부파마다 존재했기에 그 문헌이 매우 방대하다. 이 중에서 『아비달마대비바사론』(阿毘達磨大毘婆沙論, Abhidharma-mahāvibhāṣa-śāstra)이 유명하다. 이 『아비달마대비바사론』은 아비달마의 백과사전이라고 불릴만큼 불교사상사에서 중요한 문헌이다. 그 외 『아비담심론』, 『구사론』, 『아비달마순정리론』과 『아비달마장현

불교개론

종론』 등이 전하고 있다. 대승불교의 대표적인 논장으로 『중론』, 『유가사지론』 등이 있다.

2. 초기불교의 주요 사상

1) 중도 – 양극단을 떠나는 수행과 지혜

실천적 중도

부처님 당시의 인도의 종교 및 사상계는 법에 대해 서로 다른 이해와 실천으로 삶의 목표를 성취하고자 했다. 인도종교를 대표하는 바라문교에서는 아트만[我]과 브라만[梵]이 합일함으로써 생·사를 넘어선 불사(不死)의 존재에 도달한다고 한다. 반면에 유물론자들은 내생을 부정하고 현생의 쾌락을 삶의 유일한 목표로 내세운다. 유물론의 입장에서 브라만의 존재나 내생은 있을 수 없고, 현생의 유일한 가치는 쾌락이었다. 자이나교는 엄격한 고행을 추구한다. 자이나교는 전생의 쾌락과 죄로부터 지은 업이 고통스러운 현생을 발생시킨다고 보기 때문에, 고행을 통해 업을 소멸시켜 순수한 영혼에 도달할 수 있다고 보았다.

부처님은 이러한 삶의 태도를 매우 우려했다. 선정주의(禪定主義), 쾌락주의, 고행주의 등은 법에 관한 잘못된 이해에 기반을 둔 것으로, 고통에서 벗어날 수 없는 한계를 지니기 때문이다. 그 내용을 차례대로 살펴보자.

먼저, 바라문교의 선정주의는 세속적인 욕망보다 높은 수준의 희열, 즐거움, 적정 등의 정신적 만족을 목표로 한다. 부처님 역시 깨닿기 이전에 알라라 까라마(Āḷāra Kālāma), 웃다까 라마뿟따(Udaka Rāmaputta)로부터 높은 선정 단계인 무소유처, 비상비비상처 등을 경험하셨다.

> "비구들이여, 그때 나는 얼마 지니지 않아 바로 [무소유처인] 그 법을 스스로 통찰하고 실현하며 구족하여 머물렀다. … 비구들이여, 그때 나에게 이런 생각이 들었다. '이 법은 … 무소유처에 도달하게 할 뿐 열반으로 인도하지 못한다'라고. 비구들이여, 그때 나는 그 법에 만족하지 않고 그 법으로부터 염리(厭離)하여 떠났다."
> ─『맛지마 니까야』「성스러운 구함경」

여기서 부처님은 선정에 머무는 것이 곧 열반이 아님을 자각하신다. 선정은 집중을 통해 내면의 순수한 의식 상태에 도달하여 머무는 것이다. 그러나 아무리 높은 수준의 선정이라 할지라도 그 상태를 영원히 지속시킬 수는 없다. 원기를 회복하기 위해 일상으로 돌아와야 하기 때문이다. 순수한 의식 상태를 유지하려면 다시 선정으로 들어가야 하는데, 이 경우 수단으로 선택한 선정이 오히려 목표로 전도되는 상황이 발생한다. 물론 선정이 외부의 자극으로부터 내면을 안정시켜 심리적 장애를 해소하는 장점은 있을지라도, 선정 이전과 이후에 일상적인 문제 상황은 여전히 해소되지 않는다.

그러면 세속에서 쾌락을 추구하여 머무는 것은 어떠한가? 사람은 고통을 싫어하고 쾌락을 좋아한다. 누구나 고통의 상황에 직면하면 쾌락으로 향하여 문제 상황을 비켜 가고자 하는 마음이 있다. 하지만 쾌락에 대한 추구는 그 쾌락이 유지되지 못했을 때 고통을 겪고[괴고壞苦], 그것을 얻지 못할 경우에도 고통[구부득고求不得苦]에 직면하게 된다.

또한 쾌락은 그것을 얻은 후에도 문제점이 있다. 깨닫기 이전의 부처님은 고통스런 상황에 직면할 때마다 더 높은 수준으로 오욕락을 만족하는 경험을 갖는다. 하지만 부처님은 반복되는 이 과정에서 욕구가 충족된 상태는 변하는 성질을 가지고, 그로 인해 변화된 상태는 더이상 즐거움이 아니라는 사실을 아시게 된다. 쾌락이 없는 것은 아니지만, 변화하기 때문에 고통이 되는 이러한 성질을 괴고성(壞苦性)이라 한다. 쾌락주의는 그것이 어떤 것이든 최종적으로 유지될 수 없는 한계상황에 직면한다. 더욱이 이러한 사실을 알지 못한 상태에서 그것을 얻고자 한다면 더 큰 고통으로 빠지기 때문에, 쾌락주의는 고통의 문제에 관한 근본적인 해법이 아니다.

그렇다면 자이나교 방식의 고행을 통해 엄격한 삶을 사는 것으로 행복에 도달할 수 있을까? 사문 고따마는 선정의 한계를 극복하기 위한 수단으로 6년 동안 엄격한 고행을 했지만, 고행으로는 열반에 도달할 수 없음을 자각한다. 부처님은 업의 양을 측정할 수 없기에 얼마만큼 고행을 해야 하는지 알 수 없으며, 고행이 아닌 순간에 쌓이는 업을 해소할 수 없다고 비판한다. 결국 부처님은 쾌락주의와 고행주의를 버리고 중도의 수행법을 발견하신다.

> "비구들이여, 이 두 극단은 출가자에 의해 수행되어서는 안
> 된다. 어떤 것이 두 가지인가? 각각 모든 감각적 욕망들에
> 몰두하여 결박되는 이것은 저열하고 세속적이고 범부에 속
> 한 것이다. … 지나친 고행에 빠져 결박되는 이것은 고통이

불교개론

고 성자의 것이 아니며 의(義)에 상응하는 것이 아니다. 비구들이여, 이것과 저것, 양극단을 벗어나서 여래는 중도(中道, majjhimā paṭipadā)를 깨달았다. 중도는 통찰력을 주며, 지혜를 주며, 평화를 주며, 깨달음으로 이끌고, 열반으로 이끈다." - 『상윳따 니까야』「초전법륜 경」

부처님은 쾌락주의와 고행주의를 벗어나 고통을 완전히 제거하기 위한 수행도를 탐색하신다. 쾌락주의는 지속될 수 없는 욕망을 갈망하는 상태를 벗어나지 못한다. 고행주의는 순수 영혼과 같이 만들어진 개념을 자아로 간주하고자 하는 것이다. 부처님은 그것이 잘못되었음을 간파하여 기존의 모든 견해와 수행도를 버리고, 어린 시절 자신이 경험했던 특별한 순간에서 고통을 소멸할 실마리를 발견하신다.

부처님은 바라문이나 자이나교도, 쾌락주의자들의 수행법이 자신의 생각과 다르다고 배척하는 것이 아니라, 그 한계와 위험을 경험한 뒤 부정하고 있기 때문에 중도의 발견은 매우 중요하다. 중도에 대한 단초는 어린 시절 농경제에서 홀로 경험한 '사띠에 따른 마음 상태'라는 표현에서 발견할 수 있다.

"나는 부왕이 석가족의 농경제 의식을 거행할 때 시원한 잠부나무 그늘에 앉아 욕망들로부터 분리되고 불선법으로부터 분리되어, 심사·숙고와 함께 하는 희열·즐거움의 초선(初禪)에 도달하여 머물렀다는 것을 통찰했다. 이것이 깨달음을 위한 길일까? 악기웻사나여, 그때 나에게 '사띠[念]에 따른 마음상태'가 있었다. 이것은 깨달음을 위한 길이다."
  -『맛지마 니까야』「마하삿짜까경」

  부처님은 예전에 선정에 들어가 마음이 그 선정 상태에 결속되어 머무는 상태를 경험하셨다. 하지만 아무리 높은 수준의 선정이라 할지라도 지속될 수 없는 한계가 있었다. 부처님은 영속성을 궁극의 행복으로 간주하고, 자아로 간주하려는 태도를 반성적으로 검토하신다. 쾌락주의는 오감의 즐거움을, 선정주의는 집중을 통해 의식의 즐거움을 지속시키고자 한다. 즐거움을 추구한다는 의미에서 선정주의 또한 쾌락주의의 범주에 들어간다. 하지만 이 둘은 모두 변화에서 오는 괴로움을 피할 수 없다.

  부처님은 변화해가는 자신의 경험을 다만 관찰하면서 그것을 자아로 간주하지 않음으로써 그 상태에 결합하지 않는 방식, 즉 사띠에 따른 마음 상태를 발견하신다. 사띠(sati, 念)는 '기억, 마음챙김, 알아차림, 수동적 주의집중, 마음새김' 등에 해당되는 용어이다. 사띠의 핵심적인 기능은 경험이나 현재 마음에서 일어나는 현상에 주의를 두어 관찰하는 것이다. 부처님은 '느낌이 일어날 때 느낌이 일어난다고 자각'하는 방식으로 '사띠에 따른 식(識)', 즉 현재 마음 상태를 자각하는 수행도를 발견하신다. 이 자각의 경험은 선정 상황일지라도 그 상태에 결속되지 않으며 자신의 상태를 관찰하는 것이다.

  사띠에 따른 마음 상태는 중도로서 팔정도(八正道)의 수행법과 연관된다. 팔정도는 고통을 일으키는 현재 마음을 관찰하여 이를 멈추게 한다. 팔정도는 중도 수행으로 선정 상태에 있든 일상 생활에서든 '지금 있는 그대로'의 삶에서 쾌락과 고행을 벗어나, 번뇌를 없애고 해탈에 이르는 수행체계인 것이다.

사상적 중도

실천은 사상을 통해 그 내면의 깊이를 더한다. 중도를 보는 정견은 사상적 중도로, 이론적 중도라고도 한다. 사상적 중도는 유무중도(有無中道), 단상중도(斷常中道), 일이중도(一異中道) 등을 말하는데 이는 양극단의 삿된 견해나 고통에 관한 무지의 분별심을 버린 길로 확대된다. 이것이 삶과 세계에 대한 중도적 조망이다.

우리는 세상은 영원한가, 영원하지 않은가? 삶과 죽음은 같은가, 다른가? 영혼은 영원한가, 그렇지 않은가? 등등의 존재론적 질문을 던진다. 이에 대해 불교는 어떻게 답하는가?

> "깟짜야나여, '모든 것은 존재한다[유有].'고 하는 것은 하나의 극단이다. '모든 것은 존재하지 않는다[무無].'고 하는 것도 또 하나의 극단이다. 깟짜야나여, 여래는 그러한 양극단을 떠나 중도로 가르침을 설한다."
> ─『쌍윳따 니까야』「가전연경」

여기에서 유는 영원히 변하지 않는 고정 불변하는 존재를 일컬으며, 무는 아무런 근거도 없는 존재의 철저한 부재를 말한다. 이 두 가지 관점은 양극단이다. 유는 영원성의 상주론(常住論)이고, 무는 허무론적인 단멸론(斷滅論)이다. 영원성과 단멸성의 양극단에 머무른다면 거기에는 어떠한 생성이나 변화의 움직임을 찾을 수 없다. 생성이나 변화가 없다면 우리가 올바른 선택을 하고 그 과보를 받는 것은 불가능해진다. 때문에 불교는 영원불변의 절대적 존재나 아무 것도 없다는 허무적 단멸을 부정한다. 중요한 것은 고통이 발생하는 조건들을 통찰하고 그 고통의 구조로부터 벗어나는 것이다. 이러한 사상적 중도는 연기법과 연결된다.

중도의 현대적 의의

중도는 세상을 편견 없이 바라보는 지혜로운 눈이자 이분법의 분별을 떠난 실천행이다. 부처님은 이 중도의 가르침을 통해 우리에게 전대미문의 새로운 길을 열어주셨다. 중도는 한가운데 길을 의미하지 않는다. 선과 악의 중도라 할 때 반은 선이고 반은 악인 이중적 모습은 중도에 대한 바른 설명은 아닌 것이다. 또한 그것은 어정쩡한 정치적 절충주의도 아니다. 유교에서 말하는 중용과도 결이 좀 다르다. 치우치거나 모자람이 없는 상태, 그 절제의 미덕도 중도를 다 담아내지 못하기 때문이다. 그것은 조화로운 길일 수 있지만 조화만으로 중도를 단정 짓기에는 그 의미의 폭이 좁다.

양극단적인 견해와 분별심은 사람들의 사고를 고정화시킨다. 선과 악도, 적과 친구도 마찬가지다. 그것은 동전의 양면과 같다. 한 면을 버리면 나머지 한 면도 버려진다. 따라서 이 양극에 대한 집착을 떠나서 서로 상대를 인정하고 선에서 악을, 적에서 친구의 모습을 볼 때 그 모두를 살리는 길이 나온다. 바로 버리면서 살리는 것이다.

분별심을 버리면 나와 상대를 있는 그대로 인정하며 서로의 차이를 긍정하게 된다. 그것은 차이와의 동거로 유와 무, 생과 사 등이 혼연히 어우러져 대립의 일치를 보이는 절대 융합의 경지이다. 생과 사가 어우러지고 열반과 세속이 소통한다. 중도는 행복과 불행의 단순한 이중주를 넘어서 다면적 깊이에서 차이를 인정하고, 그 차이의 다양한 변주를 통해 삶의 폭을 넓히고 동일성의 깊이를 더해가는 길이다.

2) 사성제, 팔정도, 삼학 − 불교의 종합적인 수행체계

사성제, 부처님 가르침의 총론

부처님 가르침의 핵심은 '고통의 완전한 해결'에 있다. 부처님께서는 "나는 오직 고통과 고통의 소멸에 대해서만 가르친다."라고 말씀하셨다. 대승의 『유마경』에 나오는 "중생이 아프기에 내가 아프다."라는 말은 이러한 부처님 가르침에 대한 또 다른 표현이다.

초전법륜에서 부처님이 설하신 내용이 바로 '사성제'였다는 것에 주목해야 한다. 사성제는 부처님 가르침의 총론이라고 할 수 있다. 부처님은 "착하고 건전한 원리(kusalā dhammā)라면 어떠한 것이든 모두 사성제에 포섭된다."(『맛지마 니까야』 「코끼리 발자취 비유의 큰 경」)라고 말씀하셨다. '착하고 건전한 원리'를 한역으로 '선법(善法)'이라고 한다. 이는 사성제가 핵심적 가르침이자 총론이라는 선언과 다름 없다.

사성제(四聖諦, ⓟcattāri-ariya-saccāni)는 '성스러운 진리'라는 뜻으로, 고성제(苦聖蹄), 고집성제(苦集聖諦), 고멸성제(苦滅聖諦), 고멸도성제(苦滅道聖諦)를 말한다. 여기에서 공통된 표현이 '고(苦)'라는 것인데, 이 '고'는 일반적으로 고통, 괴로움으로 많이 번역되지만 실은 그 의미가 훨씬 넓은 개념이다. 한자 '고'에는 '괴로움, 고통'뿐만 아니라

'(맛이) 쓰다'라는 의미를 갖는다. 원어 둑카(ⓅOdukkha, Ⓢduḥkha)는 여러 의미로 해석되지만, '불만족'이 그 적절한 번역어로 제안되기도 한다. 따라서 둑카는 심리적, 신체적인 고통뿐만 아니라 만족하지 못하는 일체의 생각이나 느낌 등을 모두 포함하는 개념으로 이해할 수 있다. 다만 여기서는 편의상, '괴로움, 고통'이라고 하겠다.

고성제란 우리의 삶이 고통으로 점철되어 있음을 바르게 아는 것을 말한다. 이 고성제에 대해 부처님께서는 다음과 같이 말씀하신다.

> "성스러운 괴로움의 진리로서 괴로움은 이렇다. 태어나는 것도 괴로움이고, 늙는 것도 괴로움이며, 병이 드는 것도 괴로움이며, 죽는 것도 괴로움이다. 슬픔, 비탄, 고통, 근심, 번민도 괴로움이다. 미워하는 사람과 만나는 것도 괴로움[원증회고怨憎會苦]이고, 사랑하는 사람과 헤어지는 것도 괴로움[애별리고愛別離苦]이며, 원하는 것을 구하지 못하는 것도 괴로움[구부득고求不得苦]이다. 요약해서 말하자면 오온에 집착하며 살아가는 삶 그 자체가 모두 괴로움[오취온고(五取蘊苦)]이다." -『상윳따 니까야』「초전법륜경」

생로병사를 비롯한 이러한 고통이 경험되는 이유가 오온을 자아라고 집착하는 것, 즉 오취온(五取蘊)때문이다. 자아 관념에 집착하여 살아가는 뿌리깊은 경향성을 지닌 인간 존재 자체가 고통이라는 의미이다. 따라서 고성제는 인간 삶의 현상을 있는 그대로 보는 것에 대한 가르침이다. 고통에 대해 바르게 보고 바르게 알아야 고통을 해결할 수 있는 바른 길을 모색할 수 있다.

고집성제는 고통이 발생하게 되는 원인을 탐색하는 과정이다. 고집(苦集)은 고통의 발생 혹은 고통의 원인이란 의미이다. 부처님은 고통이 발생하는 원인을 갈애(渴愛, Ⓟtaṇhā, Ⓢtṛṣṇā)라고 밝히신다.

> "쾌락과 탐욕을 갖추고 여기저기에 환희하며 미래의 존재를 일으키는 갈애이다. 곧 감각적 쾌락의 욕망에 대한 갈애, 존재에 대한 갈애, 비존재에 대한 갈애이다."
> ─『율장』「대품」

갈애는 미래의 존재를 일으키는 원인이기도 하다. 미래의 존재를 일으킨다는 것을 윤회라는 재생(再生)의 의미로도 이해할 수 있지만, 이 삶에서 끊임없이 고통이 야기되는 연속성의 의미로도 이해된다.

고멸성제는 고통이 완전히 해결된 상태, 즉 고통의 뿌리인 갈애가 제거된 상태이다. 이를 열반, 해탈이라고 한다.『상윳따 니까야』「열반의 경」에 "열반이란 탐·진·치의 소멸"이라고 명확하게 정의되어 있듯이, 고멸성제는 갈애로 대표되는 일체의 번뇌가 소멸된 상태이다.

고멸도성제는 고통의 원인을 제거하는 구체적인 수행방법에 대한 내용이다. 그래서 이를 "고통의 소멸로 이끄는 방법의 거룩한 진리"라고 한다. 고멸도성제의 구체적인 내용이 팔정도(八正道)이다. 팔정도는 정견(正見, 바른 견해), 정사유(正思惟, 바른 사유), 정어(正語, 바른 말), 정업(正業, 바른 행위), 정명(正命, 바른 생계), 정정진(正精進, 바른 정진), 정념(正念, 바른 알아차림), 정정(正定, 바른 선정)을 말한다.

사성제는 해탈의 길이다

사성제의 내용을 특성에 따라 간단하게 요약한 가르침이 있다. 먼저 고성제는 '철저하게 알아야 하는 진리[지知]'이고, 고집성제는 '버려야할 진리[단斷]', 고멸성제는 '실현해야 할 진리[증證]', 고멸도성제는 '닦아야 할 진리[수修]'이다. 이것은 사성제를 삼전(三轉) 십이행상(十二行相)으로 이해하는 방식이기도 하다. 삼전이란 사성제를 3번 굴린다는 것이고, 십이행상은 이것에 대한 12가지 양상을 나타낸 말이다. 이를 간단하게 표로 나타내면 다음과 같다.

	1전(轉)	2전(轉)	3전(轉)	
고성제	이것이 고성제이다	고성제는 상세히 알려져야 한다	고성제가 상세히 알려졌다	지 (知)
고집성제	이것이 고집성제이다	고집성제는 제거되어야 한다	고집성제는 제거되었다	단 (斷)
고멸성제	이것이 고멸성제이다	고멸성제는 실현되어야 한다	고멸성제는 실현되었다	증 (證)
고멸도성제	이것이 고멸도성제이다	고멸도성제는 닦여져야 한다	고멸도성제는 닦여졌다	수 (修)

*출처 : (『율장』「대품」)

부처님은 이렇게 사성제를 삼전십이행상으로 있는 그대로 완전히 알아 청정을 획득하고 깨달음을 얻을 수 있으셨다. 그리고 "나는 흔들림 없는 마음에 의한 해탈을 이루었다. 이것이 최후의 태어남이며, 이제 다시 태어남은 없다."라는 선언을 하신다. 사성제야말로 불교의 핵심이며, 깨달음으로 가는 해탈도(解脫道)인 것이다.

불교개론

팔정도와 계·정·혜, 해탈·열반에 이르게 하는 종합적인 수행체계

사성제 가운데 가장 중요한 것은 첫 번째 진리인 고성제이다. 이 것을 철저하게 알지 못하면 고통에 빠져 허우적대며 괴로워하면서 도 왜 괴로움을 겪는지 알지도 못한 채 죽음을 맞이하게 될 것이다. 그렇기에 먼저 고통을 철저하게 알아야 한다. 다음으로 네 번째 진 리인 고멸도성제로, 팔정도의 실천을 말한다. 팔정도의 수행이 없이 는 갈애를 비롯한 번뇌의 제거가 불가능하기 때문이다. 번뇌가 제거 됨과 동시에 해탈·열반이 실현된다.

팔정도는 번뇌를 제거하는 구체적인 방법론이자 수행론이며 중도 를 실천하는 길이다. 『상윳따 니까야』 「분석의 경」에 팔정도 각 항목 에 대한 구체적인 내용이 설해져 있다. 팔정도는 정견으로 시작해서 정정을 계발하는 방식으로 이해되기도 하지만, 계(戒)·정(定)·혜(慧) 삼학(三學)으로 더 많이 알려져 있다. 이러한 내용을 간략하게 표로 정리하면 다음과 같다.

항목	내용	삼학
정견	사성제 : 고통의 원인과 소멸을 봄, 인과와 중도의 견해	혜
정사유	탐욕 없는 사유, 악의 없는 사유, 해침 없는 사유	
정어	거짓말, 이간질, 험담, 꾸민 말을 삼가함	계
정업	오계(五戒) : 생명을 해치지 않음, 훔치지 않음, 음행하지 않음, 거짓말하지 않음, 술을 마시지 않음	
정명	잘못된 생활을 버리고 바른 생활로 생계를 유지하는 것	
정정진	사정근(四精勤) : 불선법은 없애고 선법을 생기도록 하는 네 가지 정근	정
정념	사념처(四念處) : 마음, 느낌, 몸, 법에 대한 알아차림	
정정	사선정(四禪定) : 제1선부터 제4선까지 네 가지 선정에 듦	

팔정도에서 정정진은 팔정도를 끊어짐 없이 지속시킨다. 정념은 정견을 기억하며 현재 마음을 자각하게 한다. 정견, 정정진, 정념의 세 가지 법은 함께 움직이며 우리의 생각, 말, 행위를 정사유, 정어, 정업의 바른 활동으로 이끌고, 바른 생업의 정명을 유지하게 한다. 정념의 상태에서 정정은 선정에서 현재 마음을 관찰한다. 이렇게 팔정도의 법들은 개별적이거나 순차적으로 수행되는 것이 아니라 한 몸처럼 활동한다.

팔정도는 계율을 기본으로 사성제, 사정근, 사념처, 사선정 등 불교의 핵심 수행 덕목이 망라되어 있는 종합적 수행체계이다. 이것은 사념처(四念處), 사정근(四正勤), 사여의족(四如意足), 오근(五根), 오력(五力), 칠각지(七覺支), 팔정도(八正道)의 37조도품(三十七助道品)의 수행방법으로 구체화된다. 팔정도는 직선적 수행체계가 아니다. 일 순간의 정정의 성취가 목적이 아니라 그것을 통해 지혜를 계발하고 계율을 지키며, 번뇌를 제거하고 해탈·열반을 이루는 수행체계인 것이다. 이를 잘 보여주는 것이 계·정·혜 삼학으로 이해하는 팔정도이다.

사성제의 가르침에서 팔정도로 제거되는 번뇌는 '갈애'이다. 하지만 경전에서 언급하듯이, 사성제를 모르는 것이 '무명'이기에, 사성제의 수행을 통해 '갈애'와 '무명'이라는 두 번뇌가 제거된다. 갈애와 무명은 생로병사를 비롯한 근본적인 고통의 원인이다. 즉 팔정도는 고통의 근본 원인을 제거하여 고통을 완전하게 해결하는 수행체계이다. 그리고 고통으로부터의 완전한 벗어남이 해탈이고 열반이며, 이에 대한 완전한 앎이 곧 깨달음이다.

3) 연기 – 법을 보는 자는 연기를 본다

법계에 항상 머무는 진리로서 연기법

연기(緣起, ⓟpaṭicca-samuppāda, ⓢpratītya-samutpāda)는 모든 현상의 발생과 소멸, 모든 존재의 고통과 해탈을 설명하는 부처님의 대표적인 가르침이다. 그런 의미에서 연기는 중도와 더불어 창조론과 유물론의 한계를 극복하고 독단을 떠나 보편적 진리의 문을 연다. 그래서 부처님께서는 "연기를 보는 자는 법을 보고 법을 보는 자는 연기를 본다."(『중아함경』)라고 말씀하셨다.

연기(緣起)란 조건[연緣]으로 말미암아 발생한다[기起]는 뜻으로, 조건으로 말미암아 사라진다는 의미 또한 지닌다. 조건이 변하면 관계도 변하고 관계가 변하면 존재 자체가 변한다. 연기적 관계망 속에서 모든 것이 생겨나고 사라진다.

> "이것이 있기 때문에 저것이 있고, 이것이 생김으로써 저것이 생긴다.
> 이것이 없기 때문에 저것이 없고, 이것이 사라짐으로써 저것이 사라진다." – 『잡아함경』 「무명증경」

연기의 또 다른 의미는 모든 것이 서로 의존하여 발생한다는 상호의존적 관계로, 이를 상의상관성(相依相關性)이라고 한다. 모든 것은 서로 의존하는 다면적 관계의 조건 속에서 생겨나고 사라진다. 가령 배추씨라는 원인을 심었더라도 햇빛, 토양, 물, 정성이라는 조건이 무르익지 않으면 알찬 배추로 자라나지 못한다. 주된 조건과 주변 조건들이 모여 서로 화합할 때 한 송이 꽃도 피는 것이요, 어떠한 사건이 형성되는 것이다. 오직 단 한 번 뿐인 영원한 원인이나 조건은 없으며, 아무런 조건 없이 생겨나는 현상 세계나 존재는 없다. 이러한 연기법은 부처님이 출현하든 출현하지 않든 그와 관계없이 언제나 법계에 머물러 있는 진리이다. 이 법은 부처님이나 다른 누군가가 만들거나 창조한 것이 아니다. 부처님은 다만 그것을 드러내어 우리들에게 환하게 보여주셨을 뿐이다.

십이연기 – 존재와 고의 발생과 소멸의 법칙

연기를 구성하는 법은 무명(無明), 행(行), 식(識), 명색(名色), 육처(六處), 촉(觸), 수(受), 갈애(渴愛), 취(取), 유(有), 생(生), 노사(老死)의 십이연기법이다. 부처님은 늙고 죽음이라는 노사(老死)의 문제를 해결하기 위해 출가하셨기 때문에 노사는 연기의 출발점이다. 부처님은 "무엇이 있을 때 노사가 있을까?, 무엇을 연하여 노사가 있을까?"라고 사유하여 노사의 조건이 되는 법을 역(逆)방향으로 "노사는 생을 연하여 있다."라고 추적하고, 순(順)방향으로 "생이 있을 때 노사가 있다. 생을 연하여 노사가 있다."로 통찰하여 십이연기 각각의 법을 발견한다. 전자를 역관(逆觀), 후자를 순관(順觀)이라고 부른다. 나아가 무명으로부터 고통의 발생까지 정처 없이 흘러가는 유전문(流轉門)과 무명을 사라져 고통의 소멸에 이르는 환멸문(還滅門)의 두 측면에서 관찰한다. 십이연기법 하나하나를 살펴보자.

① **무명**(無明) : 사성제와 무아에 대한 무지, 자아가 있다는 맹목적 믿음, 캄캄한 어둠과 혼돈.

불교개론

② **행**(行) : 무지로 인한 맹목적 충동력, 내 것으로 만들려는 무의식적 형성력, 강한 의욕작용. 마음과 업의 자기 구성 활동으로 전개되어 나아간다.

③ **식**(識) : 대상을 분별해서 아는 식별작용. 이러한 식이 아주 미세하게 흐르게 된다.

④ **명색**(名色) : 인식의 대상, 명은 정신적인 작용, 색은 물질적인 모습. 식의 미세한 흐름을 조건으로 주관과 객관, 명과 색이 나타난다.

⑤ **육처**(六處) : 여섯 가지 감각기관. 육처는 눈·귀·코·혀·몸·마음의 내입처(內入處)로 감각 대상인 색·소리·냄새·맛·촉감·개념의 외입처(外入處)를 인지하는 의식영역이다. 명색을 조건으로 육처가 나타난다.

⑥ **촉**(觸) : 내입처와 외입처가 접촉하는 상태. 이 접촉으로 느낌인 수가 일어난다.

⑦ **수**(受) : 느낌, 감정. 수에는 괴로운 느낌[苦], 즐거운 느낌[樂], 괴롭지도 않고 즐겁지도 않은 느낌[捨]이 있다. 괴로운 느낌은 피하려고 하고 즐거운 느낌은 계속되기를 바라는 마음인 애가 일어난다.

⑧ **애**(愛) : 애착, 갈애(渴愛). 감각적 쾌락을 지속하는 욕애(欲愛), 존재를 지속하고자 하는 유애(有愛), 존재를 소멸시키고자 하는 무유애(無有愛)의 3가지가 있다. 이러한 갈애로 인해 원하는 것을 내 것으로 만들려고 집착한다.

⑨ **취**(取) : 집착. 욕망에 대한 집착인 욕취(欲取), 특정한 견해가 옳다고 집착하는 견취(見取) 등 자아에 대한 집착도 강하게 작용한다.

⑩ **유**(有) : 존재 혹은 존재 방식, 존재 양태. 삶이라는 현실(生)을 만들어 내는 원인(業有)으로서의 존재. 이 유에 의해 중생 세계가

전개된다.

⑪ **생**(生) : 태어남. 존재로 말미암아 나라고 불리는 오온이 생겨나고, 나를 둘러싼 환경인 세계(世界) 등이 생겨난다.

⑫ **노사**(老死) : 태어남이 있기에 늙고 병들어 죽게 된다.

이러한 연기 설명은 너무 단순하고 분명해 보이기도 하지만 부처님은 이 연기법이 매우 심오하다고 말씀하신다. 그동안 불교 교리사에서 연기법을 잘못 이해하여 큰 오해와 다양한 해석들을 불러일으켰다.

> "아난다여, 이 연기는 심오하고, 심오하게 보이는 것이다. 아난다여, 이 법을 깨닫지 못하고 꿰뚫지 못하기 때문에 중생들은 실타래처럼 뒤얽혀 태어나 … 윤회를 벗어나지 못하는 것이다." – 『디가 니까야』 「대인연경」

일반 사람들은 눈앞에 있는 사물들이나 어떤 현상을 고정된 관점, 정지된 관점으로 받아들인다. 이에 반해 연기법은 그 사물이나 현상을 인식하는 인간의 의식과 경험을 대상으로 한다. 부처님은 십이연기를 통해 고통의 구조에 묶여 있는 범부의 마음과 경험의 구조를 설명하시는데, 범부인 우리는 연기를 다시 눈앞에 놓인 고정된 사물이나 존재의 원리로 이해하는 경향이 있다. 변하지 않는 어떤 존재가 원인이 되어 모든 것을 만들어 낸다는 실체론적[존재론적] 사고에 물들어 있는 탓이다. 연기로 볼 때 존재는 다만 취[집착]를 조건으로 발생할 뿐이다.

불교개론

연기는 고통이 발생하는 구조와 그 출리(出離)를 설명한다. 예를 들어 소유를 최고의 행복이라 생각하는 사람이 있다고 하자. 그러나 부처님은 소유가 지닌 고통의 특성을 통찰하신다.

> "아들이 있는 사람은 아들로 슬퍼하고 외양간 주인은 소 때 문에 슬퍼하듯이, 사람의 슬픔은 소유에서 생겨나니 소유 하지 않는 자는 슬퍼할 것도 없다네!"
> ─『상윳따 니까야』「기뻐함 경」

소유를 추구하는 사람은 고정된 존재가 있고 그것을 얻어야만 자신이 만족할 수 있다[유 → 취]고 믿는다. 소유로부터 일순간의 만족 감이 없는 것은 아니지만, 변화하여 유지될 수 없을 때 그 상태는 고통으로 변한다. 또한 소유욕은 다른 사람들과의 분쟁과 다툼을 발생시킨다. 모든 것이 무너지고 사라진다는 법칙을 모르고 소유적 관점을 계속 추구한다면, 그는 얻을 수 없는 것을 구하기에 고통에서 벗어날 수 없게 된다. 그 사람은 소유를 행복으로 여기는 자신의 관점 때문에 고통을 겪는 것이다.

유전연기 관점에서 그 사람에게 선행하는 요인은 취착이고 "취를 연하여 유[존재]가 있다."는 방식에서 소유의 관점이 나타난다. 그 사람이 고통에서 벗어나고자 한다면 자신의 취를 문제 삼고, 그 멸을 얻는 경우에만 자신의 소유욕으로부터 벗어날 수 있다. 즉 현재 마음에서 "취를 연하여 유가 있다."는 연기의 이치를 이해하고 관찰해야만 고통의 구조에서 벗어날 수 있는 것이다.

또 다른 예를 들어보자. 우리들은 보통 즐겁고 괴로운 느낌에 휘

말린다. 즐거운 느낌을 받으면 그것을 향하여 전력 질주하여 집착한다. 괴로운 느낌이 들면 그것을 증오하고 뿌리치려 한다. 나아가 그 느낌의 대상을 애착하거나 배척하면서 그것을 고정된 존재로 실체화한다. 그러나 연기의 가르침은 고정된 느낌에 얽매이지 않고, 모든 것이 조건에 따라 시시각각 생겨났다 사라진다는 사실을 알아차리고 그러한 느낌에서 벗어나는 데 있다. "수[느낌]를 연하여 애착이 있다."는 이치를 관찰하면 고통에서 벗어난다. 그것은 바로 수에 대한 집착을 떠나는 것이다.

이와 같이 연기법은 끊임없이 변화하는 신체와 의식의 흐름 속에서 우리가 어떤 방식으로 고통의 장벽을 만드는지, 왜 이 고통의 구조에서 벗어나지 못하는지를 설명하고, 범부의 전도된 망상 구조를 정확하게 밝혀 고통에서 벗어날 수 있는 길을 보여준다. 연기법을 믿고 실천할 때 우리는 자신의 견해를 떠나 과거에 얽매이지 않고, 미래를 두려워하지 않으며 열반에 들어선다.

연기는 법계에 상주한다

"여래가 세상에 출현하든 출현하지 않든, 그 법계(法界)는 법주성(法住性), 법정성(法定性), 차연성(此緣性)으로 상주한다." - 『앙굿따라 니까야』「조건 경」

부처님은 연기법이 상주하는 진리라고 설명하신다. 연기에서 각각의 법들은 원인과 결과의 필연적인 인과관계를 형성하고, 그 인과관계의 관계성은 변하지 않는 성질을 갖는다. 이를 각각 연기의 차연성, 법정성, 법주성이라고 부른다.

불교개론

차연성이란 법은 조건에 의지하여 발생한다는 것이다. 가령 "무명을 조건으로 하여 행이 있다."는 의미이다. 법정성은 그 조건으로부터 법이 결정된다는 것이다. 이는 그만큼 조건이 중요하다는 사실을 알려준다. 법주성은 이러한 연기의 특성이 법계로 확립되어 있다는 것이다. 연기법은 이 우주 법계에 이미 존재하고 있는 법으로 변치 않는 진리라는 의미이다. 그 법은 전도되지 않은 삶과 세계의 실상이다. 육근과 육식이 분별을 떠나 청정하게 작용하면 열반의 세계다.

4) 삼법인 ─ 불교에서 말하는 진리의 세 가지 특징

삼법인은 왜 진리인가

종교마다 진리를 말한다. 진리라고 하지만 그 진리의 내용은 다르다. 그런데 관점에 따라 진리가 달라진다면, 그것을 진리라고 할 수 있을까? 무엇보다 진리는 주장과는 명백하게 다른 것이다. 진리란 누가 만들어 낸 것도 아니다. 예를 들어 '만물은 원자로 구성되어 있다.'는 것은 주장이 아니다. 그렇다고 누군가가 그것을 진리로 만든 것도, 규정한 것도 아니다. 이것은 관찰 결과 알려진 물리학적 진리이다. 관찰을 통해 알기 전에도 그러했고, 지구 안이나 밖이나 모든 물질은 그러하다.

그렇다면 불교에서 말하는 진리란 무엇일까? 이를 한마디로 표현한 것이 바로 '삼법인(三法印, ⑤tri-dharma-mudrā)'이다. 법은 그 의미가 매우 넓은 말로, 삼법인에서의 '법'은 '진리'를 의미한다. '인(印,

mudrā)'은 범어로 '표식'이란 의미이다. 따라서 삼법인은 '세 가지 진리의 표식'이란 의미이다. 이것을 법의 특성이라고 설명하기도 한다. 달리 표현하면, 존재하는 것들은 예외 없이 이 세 가지 특성을 갖는다는 것이다.

후대에는 삼법인이 불교의 특징을 나타내는 대표적인 말로 사용되어, 불교를 다른 종교와 구별짓는 기준이 되었다. 인도의 종교전통 혹은 그 외의 종교전통 어디에서도 삼법인과 같은 가르침을 말하지 않는다. 오히려 삼법인과 반대되는 주장을 한다. 그러므로 삼법인을 진리판별의 기준으로 볼 수 있다.

삼법인은 보통 '무상(無常, anicca), 고(苦, dukkha), 무아(無我, anattā)'를 말하지만, 한역『잡아함경』에서는 '무상, 무아, 열반(涅槃, nibbāna)'으로 제시되고 있다. '무상, 고, 무아, 열반'을 모두 언급하며 '사법인(四法印)'이라고 할 때도 있다.

그런데 초기경전 어디에도 삼법인 혹은 사법인이란 술어는 등장하지 않는다. 다만 증일아함경에 사법본(四法本)이란 용어가 등장한다. 후대 대승불교경전에서 삼법인 혹은 사법인이란 용어로 정립된 것으로 보인다. 초기경전 가운데 삼법인의 내용을 볼 수 있는 전형적인 경전이『담마빠다』이다.

① "모든 조건 지어진 것들은 무상하다."라고 지혜로써 볼 때, 그때 불만족한 상태에 대해 싫어하여 떠나게 된다. 이것이 청정에 이르는 길이다. [제행무상諸行無常]
② "모든 조건 지어진 것들은 고(둑카)이다."라고 지혜로써 볼 때, 그때 불만족한 상태에 대해 싫어하여 떠나게 된다.

이것이 청정에 이르는 길이다. [일체개고一切皆苦]

③ "모든 존재하는 것들은 실체가 없다."라고 지혜로써 볼 때, 그때 불만족한 상태에 대해 싫어하여 떠나게 된다. 이것이 청정에 이르는 길이다. [제법무아諸法無我]

이러한 법이 왜 진리인지에 대해서는 『앙굿따라 니까야』 「출현의 경」에 자세히 나와 있다. 이 경에서는 삼법인이 진리임을 네 가지 방식으로 표명하고 있다.

> "비구들이여, 모든 조건 지어진 것들은 무상하다." … "모든 조건 지어진 것들은 고[둑카]이다." … "모든 존재하는 것들은 실체가 없다."라고 여래가 출현하거나 여래가 출현하지 않거나 그 세계는 정해져 있으며 원리로서 확립되어 있으며 원리로서 결정되어 있으며 구체적인 것을 조건으로 하는 것이다.

초기경전에서는 이렇게 삼법인의 내용이 진리로 선언되고 있다. '여래가 출현하거나 출현하지 않거나'라는 표현은 연기법을 설하는 장면에서도 마치 정형구처럼 등장한다. 따라서 이 표현은 진리를 나타내는 정형구라 할 수 있다. 진리는 누가 정하는 것이 아니고, 누군가가 만든 것도 아니다. 진리는 그 자체로써 이 세상의 원리이다. 이 것을 올바르게 깨달은 자가 바로 '부처님'이다.

삼법인의 구조

흔히 삼법인은 '무상-고-무아'와 같이 일련의 논리적 구조로 설명된다. 이것은 삼법인이 하나하나 독립된 가르침이라기 보다는 이 세 가지 진리가 서로 밀접하게 관련되어 있음을 보여준다. 논리적으로 이를 이해하면, '무상하기 때문에 고'이고, '고이기 때문에 무아이다.'라고 표현할 수 있다. 이러한 논리 구조는 초기경전에서 오온의 가르침을 설할 때 자주 등장한다.

무상, 고, 무아의 세 법인 가운데 '고'의 경우는 무상과 무아와는 의미가 사뭇 다르다. 무상과 무아는 존재하는 것들의 특성이다. 하지만 '고'는 존재의 무상을 통해 인간이 느끼는 감수작용인 수(受)에 해당한다. 이러한 이유로 '일체행무상(一切行無常, 모든 조건지어진 것들은 변한다), 일체법무아(一切法無我, 모든 조건지어진 것들은 실체가 없다), 열반적정(涅槃寂靜, 번뇌가 없는 깨달음의 경지는 고요하고 안온하다)'을 삼법인으로 제시하는 경(『잡아함경』)도 있다.

삼법인이 지닌 의미를 보다 명확히 이해해 보자. 먼저 제행무상은 "삽베 상카라 아닛짜(Sabbe saṅkhārā aniccā)", 일체개고는 "삽베 상카라 둑카(Sabbe saṅkhārā dukkhā)", 제법무아는 "삽베 담마 아낫따(Sabbe dhammā anattā)"라고 한다. 한역에서 보듯이 제행무상은 일체행무상으로도 표현되고, 일체개고는 일체행고로 표현된다. 결국 제행과 일체는 같은 원어임을 알 수 있다. 빨리어에서도 제행과 일체는 "삽베 상카라(sabbe saṅkhārā)"로 동일하다.

여기서 상카라(saṅkhārā)는 모든 존재하는 것으로써 '형성되어진 것', '조건지어진 것'을 의미한다. 이 세상에 존재하는 것은 형태가 있는 것이든 없는 것이든 '형성된 것'이며 '조건지어진 것'이란 의미

불교개론

이다. 이것을 불교에서는 연기적 존재라고 한다. 이렇듯 조건지어진 존재, 연기적 존재는 예외 없이 '변화'하기 마련이다. 이것이 '무상'의 의미이다. 무상, 즉 변화는 건강한 상태를 질병의 상태로, 젊음을 늙음으로, 생명을 죽음으로 만드는 것이며, 무엇보다 이 변화에 내가 의도를 갖고 의지대로 할 수 없다는 점에서 고통으로 명확히 인식된다. 그리고 끊임없이 변화하고 내가 의도대로 할 수 없는 것을 '나'라고 할 수 없다는 것이 '무아'의 의미이다.

제법무아에서 제법은 '이 세상에 존재하는 것들'로, 무아는 그것들의 고유한 실체가 없음'을 의미한다. 어떤 것을 그것이게끔 하는 영원한 본질이 없다는 것이다. 변화한다는 것, 무상하다는 것은 변하지 않는 실체로서의 자아(我, ⓟattā, ⓢātman)의 부정을 이끈다. 무상과 무아는 이렇게 자연스럽게 연결된다. 이것을 오온인 인간 존재에 연결하면 존재가 고통이라는 논리적 구조가 해명된다. 그래서 '일체개고'를 넣어, '무상-고-무아'로 인간 존재의 특성을 드러낸 것이다.

우리가 주목해야 할 점은 늙고 죽어가는 무상한 존재이기에 고통이긴 하지만, 무상을 무상으로 직시하지 못하고 그것을 고정된 모습으로 여기기 때문에 더 큰 고통이 발생한다는 사실이다. 늙어감보다 더 심한 고통은 나를 언제나 영원한 젊은이로 생각하는 집요한 집착에 균열을 내는 늙음과 죽음이다. 그래서 무상과 무아를 직시하는 것이 중요하다.

현대 사상, 무아를 말하다

현대철학이나 심리학계에서도 자아나 자아의식은 지어낸 것이고 허상에 불과하다고 한다. 자아 중심성은 자신의 몸은 물론 공동체를 파괴한다고 생물학에서도 말한다. 자아는 상상속의 허구적 산물이다. 자아는 부모님이나, 친구, 사회나 문화 풍조 등등 타자의 욕망이 만들어 놓은 이미지를 '나'로 여기는 것이다. 나는 어머니의 시선에 따라 잘난 놈, 못난 놈, 모범생, 공주나 왕자로 자라난다. 그러한 타자의 시선으로 가득 찬 허구적 산물을 '나'라거나 '나의 것'으로 믿는다. 그것에 나도 모르게 고착되어 자아도취에 빠진다.

프로이트나 라캉도 말했듯이 본래 나의 신체는 전체화할 수 없는 조각난 신체로써 부분 대상이며 부분 충동이다. 그렇게 조각난 신체를 타자가 만들어 놓은 이미지나 시선을 통해 전체화하여 하나의 '나', 즉 '자아'로 고정시킨다. 그러나 이러한 자아는 오인이고 소외이며 전도된 이미지에 불과할 뿐이다. 그에 따라 집착과 갈등이 일어날 수밖에 없다.

실제로는 집착할 나 자신도 없고 나의 것도 없다. 모든 것은 일시적으로 흘러갈 뿐이다. 무엇에 대해 분노하고 두려워할 것인가? 고정화된 나를 떠날 때 우리는 무아로서 창조적인 주체가 된다.

5) 오온 – 불교의 인간관

오온의 일시적인 결합으로 형성된 경험적 나

인간을 어떤 존재라고 이해하고 정의하느냐에 따라 우리 삶의 의미와 가치 기준이 달라진다. 인간을 정신적 존재로만 이해하여 자아나 세계가 영속한다고 여긴다면, 도덕이나 질서 체계 등에 따라 삶의 안정을 유지하지만, 맹목적인 신념 아래에서 개인의 자유의지와 책임 의식을 갖기 어려운 점이 있다.

인간을 숙명론적 존재로 바라보면 과거에 지은 행동에 따라 모든 것이 결정되기에, 의지를 지닌 자율적인 인간으로서의 주체적인 삶의 가치를 제시하지 못한다. 인간을 물질적 존재로만 이해하면 기계의 부품처럼 여겨져 인간의 존엄성과 인간성이 훼손될 수 있다. 인간에 관한 이해는 우리 삶의 의미와 가치 선택에 큰 영향을 미치는 것이다.

부처님은 세 가지 외도설(外道說) 비판을 통해 이러한 견해들을 논박하신다. 그 첫째가 존우화작인설(尊祐化作因說)로 신이 모든 것을 좌우한다는 내용이다. 둘째는 숙작인설(宿作因說)로 운명론적 세계관이며, 셋째는 무인무연설(無因無緣說)로 모든 것이 물질적인 결합에 불과할 따름이라는 우연론적 세계관이다.

> "[삼종외도설三種外道說 비판] 비구들이여 이 세 가지 외도의 근거들은 전생의 업, 창조신의 창조, 무인무연(無因無緣)이다. 하지만 만약 그렇다면 그들은 그 전생의 업 [창조신의 창조, 무인무연] 때문에 살인자, 도둑, 음행자, 거짓말하는 자, 욕하는 자, 중상모략하는 자, 사기꾼, 탐욕스런 자, 악의 있는 자, 사견을 지닌 자들이 될 것이다. 비구들이여, 진실로 전생의 업 [창조신의 창조, 무인무연] 을 행위 기준으로 의지하는 사람에게 의욕 혹은 정진, 혹은 이것은 해야 한다 혹은 이것은 하지 말아야 한다는 [기준이] 없다."
> - 『앙굿따라 니까야』「외도의 주장 경」

이러한 영속불변하는 존재에 기반을 둔 인간관은 현실 상황에 대해 인간의 가치와 행위를 반영하지 않은 채, 자신들이 설정한 존재론으로 돌아가 문제를 해결하려 했다. 그러나 부처님은 그러한 인간관은 집착에 따라 삶과 존재를 고정화시키는 것으로, 고통의 원인이 될 뿐 고통의 소멸에 도달할 수 없다고 보셨다.

부처님은 인간을 경험의 과정이나 형성물로 설명하신다. 변하지 않는 존재가 행위를 하게 만들거나 결정짓는 것이 아니라, 경험이라는 변화의 흐름 속에서 여러 요소의 관계가 나를 형성하고 행위를 결정짓는다는 것이다. 이를 오온 무아(五蘊 無我)라고 한다. 오온은 색(色), 수(受), 상(想), 행(行), 식(識)의 다섯 가지 모임이다. 온의 원어인 스칸다(ⓟkhanda, ⓢskandha)는 일반적으로 '모임, 무더기'로 번역되는데, '줄기'의 의미로도 해석된다. 이 경우 오온은 욕구에 뿌리를 둔 다섯 가지 줄기로 비유할 수 있다.

색은 우리의 신체를 포함한 일체를 이루는 물질적 요소이다. 수는 느낌으로 감수작용이다. 수에는 즐거운 느낌, 괴로운 느낌, 즐겁지도 괴롭지도 않은 느낌이 있다. 상은 개념화하는 인지작용이다. 세 가지 느낌을 바탕으로 그 느낌을 주는 대상에 대해 어떤 모양이나 성질 등을 종합하여, 이전에 알고 있던 자신의 생각으로 개념화하여 인식한다. 행은 의도작용 혹은 형성력이라 한다. 대상에 대한 생각에 따라 그것을 향한 의도적인 행위를 일으킨다. 예를 들어 꽃을 보고 좋은 느낌이 들면 꽃에 대한 좋은 심상(心象)을 갖게 되고, 꽃으로 향하는 의도가 일어나는 의지적 행위를 형성한다. 이에 따라 꽃은 좋은 것, 향기로운 것 등등의 꽃에 대한 정의 내지 판단이 생겨난다. 이러한 판단을 하는 식별작용이 식이요, 의식이다.

불교개론

자신의 경험 상태에 따라 오온의 작용은 달라진다. 예컨대 사과를 맛본다고 해보자. 일단 눈과 사과[색]가 접촉한다. 우리의 오관이 작용하여 느낌[수]이 일어난다. 그 느낌을 내 경험의 틀에 맞추어 아주 달콤한 사과라는 생각[상]이 든다. 그 달콤한 사과를 먹고자 하는 의도작용[행]이 일어난다. 이런 개념작용과 의도에 따라 이 사과는 아주 맛있는 사과라고 판단[식]한다. 나아가 사과라는 색온도 우리와 분리되어 외부에 독립적으로 있는 물질이 아니라, 식에 의해 발견되는 시각작용이라는 의미를 담고 있다.

이처럼 부처님은 오온을 경험의 과정이자 산물로 정의하신다. 경험은 자신과 세계의 끊임없는 대화이다. 경험 현상으로서의 오온은 지각과 의식을 바탕으로 한 물질, 느낌, 인지, 의도(형성력), 의식으로 규정되는 것이다. 더 중요한 것은 이러한 오온은 고정된 실체로 머물러 있지 않고, 항상 경험과 과정 속에서 변한다는 점이다.

오취온, 나에 집착하는 인간

우리는 다음과 같이 반문할 수 있다. 범부의 입장에서 자아와 세계가 존재한다고 받아들이는 것이 당연한 것 아닌가? 자아와 세계가 끊임없이 변화한다고 하지만, 그 현상을 경험하는 나는 변함없이 존재하고 있는 것이 아닌가? 내부의 불변하고 동일한 자아가 외부의 고정된 사물을 인식한다고 말하는 것이 더 쉬운 설명이 아닌가? 부처님은 이러한 질문과 그에 대한 답은 고통의 문제를 해결하지 못하며, 오히려 고통에 매이는 입장이라고 본다.

무명은 고통과 그 일련의 조건들에 관한 무지로 범부의 인식을 말한다. 범부는 자신의 내부에 동일성을 지닌 자아가 있어서 외부의 세계를 지각하고 의식한다고 믿는다. 부처님은 이러한 무명과 갈애에 묶인 상태를 오취온으로 부른다. 오취온은 "취를 연하여 유가 있다."는 연기의 구조에서 오온을 갈애 혹은 욕탐의 조건으로 취착한 상태이다.

> "존자여, 그 취가 오취온입니까? 아니면 오취온을 제외한 취가 있습니까? 취가 오취온인 것도 아니고, 오취온을 제외한 취가 있는 것도 아니다. 거기에 욕탐이 있으면 취가 된다." - 『상윳따 니까야』 「보름밤 경」

실제 경험 속에서 나와 세계는 분리되어 있거나 따로 존재하지 않지만, 우리 범부들은 나와 세계를 분리하여 자기 중심적으로 사고하고 소유의 관점을 갖는다. 그래서 자신에게 이익이 되고 좋아하는 것은 가지려 하고 손해가 되고 싫어하는 것은 버리려고 한다.

예를 들어 범부는 자신의 몸이라고 할지라도 건강하고 보기 좋으면 자신의 몸으로 유지하려고 하지만, 아프거나 보기 싫으면 없애고자 한다. 존재는 본래적으로 이미 있는 것처럼 보이지만 사실상 갈애, 욕탐에 기반을 두어 그때그때의 이익과 손해를 정하고 취하거나 없애기를 반복하는 것이다. 존재는 끊임없이 변화하는 오온의 경험에 대해 갈애, 취착으로 이루어지는 것일 뿐이며 거기에는 어떠한 불변하는 고정된 존재는 없다. 즉 제법무아(諸法無我), 혹은 오온무아이다.

오온 무아

오온의 체계에서 삼법인이 적용되는 구체적인 내용을 살펴보자. 『율장』「대품」에 보면 초전법륜에서 다섯 비구들이 법안(法眼)을 얻었을 때 "생겨나는 것은 무엇이든 그 모든 것은 소멸한다."라는 앎이 생겼다. 이 앎 이후 다섯 비구는 차례대로 부처님에 귀의하여 구족계를 받고 출가했다. 출가한 다섯 비구들에게 마지막 가르침이 전해지니 바로 '오온 무아'에 대한 가르침이다. 오온 무아의 가르침 중 한 예로 『율장』「대품」에 '전법륜의 이야기'가 있다.

"[문] 비구들이여, 어떻게 생각하는가? 색(rūpa)은 영원한가, 무상한가?
[답] 세존이시여, 무상합니다.
[문] 그러면 무상한 것은 괴로운 것인가, 즐거운 것인가?
[답] 세존이시여, 괴로운 것입니다.
[문] 무상하고 괴롭고 변화하는 것을 두고 '이것은 나의 것이고, 이것은 나이고, 이것은 나의 자아이다.'라고 여기는 것은 옳은 것인가?
[답] 세존이시여, 그렇지 않습니다.
(동일한 내용이 『상윳따 니까야』에도 나온다.)

수·상·행·식에 대해서도 동일한 문답이 나온다. 이는 자아에 대한 환상에서 벗어나게 하는 가르침이다. 우리는 육체를 자아라고 생각하거나, 의식을 자아라고 고집한다. 그러나 그러한 자아가 사실은 존재하지 않음을 삼법인의 가르침으로 설하고 있는 것이다. 따라서

삼법인은 인간의 자의식을 타파하는 가르침이고, 존재하는 것들의
존재방식을 있는 그대로 보여주는 가르침이다.

6) 십이처, 십팔계 – 세상은 어떻게 구성되고 움직이는가

불교는 깨달음을 얻으면 우리의 삶이 곧 열반이라고 가르친다. 이
가르침은 여타 종교관과 분명한 차이가 있다. 대다수의 종교에서는
현실과 초월 세계를 구분하고, 최고 신이 인간과 세계를 주재한다고
본다. 그러나 불교는 현실 외에 따로 초월적 세계 같은 것은 없으며,
절대 신과 같은 영원한 존재도 없다고 여긴다. 열반은 초월적인 세
계가 아니라 현실에서 수행을 통해 증득할 수 있는 것이며, 윤회는
중생이 고통을 반복할 수밖에 없는 중생의 한계를 보여준다. 탐(貪)·
진(瞋)·치(癡)나 분별심을 가지면 중생의 세계가 전개되고, 지혜와
자비를 갖추면 열반의 세계가 열린다. 불교에서는 중생의 세계와 열
반의 세계를 다른 것이 아니라고 말한다. 십이처(十二處)·십팔계
(十八界)는 이러한 불교의 세계관을 잘 설명하고 있다.

십이처, 12가지 법의 장소가 서로 어우러짐

부처님은 인간을 비롯한 존재와 세계 등 일체가 십이처(十二處) 혹
은 십이입처(十二入處)에 근거를 두어 나타난 것이라고 말한다. 십이
입처는 안(眼)·이(耳)·비(鼻)·설(舌)·신(身)·의(意)의 육내입처(六內
入處)와 색(色)·성(聲)·향(香)·미(味)·촉(觸)·법(法)의 육외입처(六外

入處)이다. 처(處, āyatana)는 들어가 머무는 장소나 근거를 의미한다. 이것을 다음의 표와 함께 하나하나 살펴보자.

식(識)		근(根) 내입처(內入處)	경(境) 외입처(外入處)
전오식 (前五識)	안식(眼識) : 시각작용	안근(眼根) : 눈	색(色) : 물질
	이식(耳識) : 청각작용	이근(耳根) : 귀	성(聲) : 소리
	비식(鼻識) : 후각작용	비근(鼻根) : 코	향(香) : 냄새
	설식(舌識) : 미각작용	설근(舌根) : 혀	미(味) : 맛
	신식(身識) : 촉각작용	신근(身根) : 몸	촉(觸) : 촉감
제육식 (第六識)	의식(意識) : 분별작용	의근(意根) : 마음	법(法) : 개념
		십이입처(十二入處)	
십팔계(十八界)			

근(根)은 우리가 어떤 대상을 알게 되는 인식기능, 혹은 어떤 대상을 알게 하는 인식기관을 뜻한다. 경(境)은 우리의 인식기관을 통해 들어오는 인식대상을 말한다. 근은 우리의 신체 안에 들어 있으므로 내입처(內入處)라 하고, 경은 우리 신체 밖의 세계에 있으므로 외입처(外入處)라고 한다. 이들 인식기능이 6개이므로 육근(六根)이라 하고, 인식 대상도 6개이므로 육경(六境)이라 한다. 이들을 합하면 모두 십이처가 된다.

안근은 사물을 보는 기능을 하는 눈이라는 인식기관이며 색경은 눈에 보이는 사물의 모양이나 색깔로 안근의 인식대상이다. 이와 마찬가지로 귀와 소리, 코와 냄새, 혀와 맛, 몸과 촉감이 각각의 인식기관과 인식대상으로 어우러진다. 해와 달, 나무와 새의 소리, 너와 나의 관계나 인식 등 이 세상의 모든 것은 십이처의 범주에 들어간다. 이는 불교의 세계관이 우리가 보고 느끼는 경험세계를 중심으로 전개되고 있다는 사실을 잘 보여준다. 육근과 육경이 만남을 조건으로 해서 앎이나 인식이 형성된다. 내 안에 불변의 자아나 어떤 실체가 있어서 인식이 형성되는 것이 결코 아니다.

그런데 눈이 어떤 대상을 있는 그대로 보는 것이 아니라 의근이라는 마음에 근거해서 바라본다. 마음은 사고와 추리, 판단을 하는 종합적인 인식기관이다. 이러한 사고와 추리, 판단의 대상이 법경이다. 예를 들어 하늘에서 눈이 내린다고 해보자. 이때 '하늘에서 물이 얼어서 내리는 하얀 물질'은 색경이고, 이 색경은 안근의 대상이다. 안근은 이것이 '눈[雪]'이라거나 '비'로 받아들이지 못한다. 의근[마음]이 사유를 통해 이것을 다른 것들과의 차이를 구별하여 '눈'이라고 판단하고, 눈이라고 인식한다. 이때 '눈'이라는 대상이 바로 법경이다.

눈[雪]이 있다고 해서 모두가 그 대상을 눈으로 아는 것은 아니다. 의식에서 눈에 대한 사전적인 이해가 없다면, 눈이 있어도 눈이라는 앎은 발생하지 않기 때문이다. 눈을 직접 보거나 사진으로나 그림으로도 보지 못한 원시 아프리카인들이 눈을 처음 본다고 했을 때, 이들은 눈에 대한 이전의 이해가 전혀 없기 때문에 눈을 보고서도 이것이 무엇인지 알지 못한다. 이처럼 대상은 의식과 별도로 외부에 객관적으로 존재하는 것이 아니라, 인간의 의식에 근거하여 알려지는 것임을 알 수 있다. 십이입처는 이렇게 자기 이해에 기반을 두어 인식이 이루어지기 때문에 의식 영역과 연결된다.

중생의 세계와 열반의 세계가 다르지 않다는 불교의 세계관도 바

불교개론

로 이 십이처에 근거를 둔다. 십이처는 중생의 허망분별의 근거이기도 하지만, 거기에 결박되거나 탐착하지 않으면 열반의 세계로 전개된다. 육근과 육식이 분별을 떠나 청정하게 작용하면 열반의 세계다.

십팔계, 열여덟 가지 법의 영역이 서로 어우러짐

십이처에서 여섯 가지 인식작용이 첨가되면 십팔계가 된다. 여섯 가지 앎의 작용인 육식은 육근과 육경을 의존해서 이루어지는 것이다. 이들을 모두 합하면 십팔계가 된다. 계(界, dhātu)란 영역 및 종류를 의미한다. 이렇게 세계를 열여덟 가지 영역으로 분석한 것은 세계와 우리들의 삶이 의식에 바탕을 두고 이루어지며, 열여덟 가지 다양한 요소들이 서로 만나서 영향을 주고받는 가운데 결정되는 모습을 보여준다. 십팔계는 신이나 자아 없이도 이 세계와 우리의 삶과 인생이 어떻게 돌아가는지 잘 보여준다.

> "존자여, '세계(loka), 세간'이라고 불립니다. 존자여, 어떤 방식으로 세계 혹은 세간의 시설이 있습니까? 싸밋디여, 안이 있다. 색이 있다. 안식이 있다. 안식에 의해 알려질 법이 있다. 거기에 세간 혹은 세계의 시설이 있다. [나머지 내입처, 외입처, 식도 마찬가지]" – 『상윳따 니까야』「위빳시경」

우리가 무엇을 보고, '눈이 내린다'고 판단하는 것은 안근과 색경 그리고 안식이 서로 만나서 지각작용이 이루어지는 경우다. 근(根)·경(境)·식(識) 세 가지 계가 서로 인연이 되어 화합해야 인식이 성립한다. 그런데 이러한 인식작용은 마음 구조나 성향에 따라 달리 나타난다. 눈으로 시각작용을 하는 안식에는 각자의 의식이 들어가 있다는 것이다. 사람마다 보는 눈이 다르고, 시선의 방향이 다르다. 그 시선의 대상 또한 의식의 지향성으로 채색되어 있다. 한편 의식은 시각작용을 비롯하여 신체의 촉각작용까지의 전오식을 종합, 분석하고 추론하며, 도덕적 의지, 선악의 판단, 삶의 지향 등을 기획한다.

　십이처와 십팔계, 이 두 가지 세계관은 모든 것이 인연화합으로 나타났다가 사라지고 있다는 사실을 잘 보여준다. 기분 나쁜 소리를 듣고 짜증이 났다고 해보자. 그러나 그 기분 나쁜 소리의 실체는 없다. 그 소리에 탐착하면 중생의 모습으로 떨어지지만, 탐착하지 않으면 그곳은 해탈의 세계다. 마음에 따라 세상을 달리 보고 달리 들으며, 달리 느끼고 행동한다. 이 마음을 비운다면 집착하지 않고 자유롭게 보고 느끼고 행위하게 된다. 열반은 저 먼 세상에 있는 것이 아니다.

7) 업과 인과 – 의도적 행위의 중요성과 나를 바꾸는 삶

숙명적인 업과 불교의 업

　불교의 대표적인 교설하면 떠올리는 것 가운데 하나가 업(業, ⓟ kamma, ⓢkarma)이다. 우리말에서 업은 일상 언어에서 흔히 사용되는 말 가운데 하나이다. 업은 현재 내가 처한, 혹은 감당해야 할 '숙명, 운명'을 뜻하거나 과거의 '나쁜 행위에 상응하는 결과'를 의미하기도 하고, 때로는 '좋거나 좋지 않은 결과를 초래하는 원인으로의 행위'나 과거의 선·악 행위에 대한 '결과 그 자체'를 의미하기도 한다. 이렇듯 업은 다양한 해석이 가능한 개념으로, 그 안에는 운명론이나 숙명론적 내용이, 그 배경에는 윤리적 내용이 함축되어 있다.

업을 뜻하는 범어 까르마(karma)는 동사 어근 끄리(√kṛ)에서 온 명사이다. 끄리란 '하다, 행하다'의 의미로, 기본 의미는 '인간 삶의 전반에서 이루어지는 모든 행위나 행동'을 말한다. 따라서 업에는 앞에서 언급한 숙명론이나 윤리적 입장 이외에 일상적인 직업을 나타내는 용법도 있다.

인도 전통에서 업은 '현재의 행위는 그 이전에 행해진 행위의 결과이자 미래 행위의 원인'이며, 또한 '과거·현재·미래를 잇는 잠재적이며 초월적인 실재'로 이해된다. 인도의 대서사시 『마하바라타』에서는 "그것은 어떤 사람도 피할 수가 없으며 그림자가 형체를 따르듯이 업은 서 있는 자의 곁에 서 있고, 가는 자의 뒤를 따라가며, 행위하는 자에게 작용을 미친다."라고 설명하고 있다. 업에 대한 이러한 관점에는 숙명론적이고 결정론적인 이해가 강하게 나타난다.

이러한 업 이해는 윤리적 행위를 고양시키는 것으로 이해될 수 있으나, 반대로 윤리적 행위에 대한 부정적 인식을 내포한다. 따라서 그러한 업 이해는 몇 가지 비판적 요소를 지니고 있다.

그 비판적 내용은 이렇다. 첫째, 운명론적이다. 둘째, 곤경에 처한 인간에 대한 무관심을 보여준다. 그 이유는 곤경에 처한 것은 전생이나 과거의 업 때문이라고 생각하기 때문이다. 그 결과 다른 사람의 고통에 무감각하며, 너무나 많은 책임을 개인에게 돌리고 있다. 셋째, 이기주의적 경향이 강하다. 자기 삶의 향상과 궁극적 해탈 이

외에는 관심을 갖지 않도록 한다. 넷째, 업이론에는 비사실적이며 증명되지 않은 점들이 남겨져 있다. 전생이나 운명은 증명되지 않기 때문이다. 결과적으로 이 이론은 오직 신이나 운명을 들먹임으로써 사태를 설명하고자 하는 것과 유사하다.

그래서 부처님께서는 이에 대한 비판으로 다음과 같이 말씀하신다.

> "태생에 의해 바라문이 되는 것도 아니고 태생에 의해 바라문이 안되는 것도 아니다. 업에 의해 바라문이 되고 업에 의해 바라문이 안되기도 한다. 업에 의해 농부가 되고 업에 의해 기술자가 되며, 업에 의해 상인이 되고 업에 의해 하인이 된다. 업에 의해 도둑이 되고 업에 의해 군인이 된다. 업에 의해 사제가 되고 업에 의해 왕이 된다. 연기를 보고 업을 보는 현자는 이와 같이 그대로 업을 본다."
> – 『숫타니파타』「와셋타의 경」

초기불교의 업이론은 인과응보사상을 받아들이면서, 숙명론적인 업이론을 극복한다. 나아가 부처님은 한 줌의 소금이 작은 종지에 들어가느냐, 갠지스 강물에 녹느냐에 따라 염도의 차이가 확연하게 달리 나타나듯 업의 결과 또한 그 사람의 역량, 주변 환경이나 조건, 기타 다양한 인연으로 다르게 나타날 수 있음을 강조한다. 이렇게 부처님은 기존 업이론의 기계론적 이해를 수정하고 극복하는 방향으로 발전시킨다.

업에는 의도가 중요하다

　기존의 업이론은 운명론적 행위이론으로 이해될 수 있다. 하지만 불교는 기존의 업 이해에 의도(cetanā)를 핵심으로 놓음으로써 업 개념을 수정한다. 이는 신체[身]·언어[口]·정신적 행위[意]에서 정신적 행위인 '의도'를 중시함으로써 업을 자율적이고 미래지향적으로 전환한 것이다. 둘째로는 선업의 축적을 보다 나은 미래의 삶을 보장해주는 내용에서 '깨달음'의 원인으로 확대 해석한다. 이로써 불교는 다른 인도 전통의 업 이해와는 전혀 다른 지평을 열고 있다.

　불교에서 업의 본질을 의도에서 찾고 있다는 경전적 근거는『앙굿따라 니까야』및 니까야에 상응하는 한역『중아함경』「달범행경」과 안세고역『루분포경』등에서 볼 수 있다.

> "비구들이여, 나는 의도가 행위라고 말한다. 의도하고 나서 신체적으로, 언어적으로, 정신적으로 행위한다."
> -『앙굿따라 니까야』「꿰뚫음 경」

　업의 본질을 '의도'에서 찾는다는 것은 실제 이루어지는 신체·언어·정신적 행위는 모두 '의도'에서 비롯된다고 보는 것이다. 의도가 개입되지 않은 행위를 업으로 인정하지 않는 것은 바로 이 때문이다. 그리고 유사한 의도로 인해 반복적으로 이루어지는 신체·언어·정신적 행위는 습관력 혹은 경향성을 형성하여, 개인의 인격을 형성하게 된다. 따라서 실제 행동의 교정을 통해 인격의 변화를 기대하기 위해서는 '의도'에 대한 통제가 선행되어야 한다. 그리고 이 '의도'는 탐·진·치 등 번뇌의 문제와 연관된다.

한편 의도된 업에 의해 선택된 행위들은 결과를 산출하게 되는데 이것을 과(果, phala) 혹은 이숙(異熟)이라고 한다. 이숙이란 '다르게 익는다'는 의미로 선한 행위가 원인이 되어 '즐거움[락樂]'의 결과를 산출하고, 악한 행위가 원인이 되어 '괴로움[고苦]'의 결과를 산출하는 것을 말한다. 의도를 통해 이루어진 선행이나 악행은 씨앗이 되어 가깝거나 먼 미래에 '락' 혹은 '고'의 열매를 맺게 된다는 것이다. 그렇지만 누구나 다 똑같은 열매를 맺는 것은 아니다. 그 사람의 역량, 그 행동의 조건, 시기에 따른 익음의 정도에 따라 업의 결과는 다르게 나타난다.

이렇게 불교는 의도를 갖는 업만이 과보를 산출한다고 봄으로써 개인의 자유의지를 통한 삶의 자기 결정을 지지한다. 이것은 업에 의해 삶의 내용이 결정된다는 결정론적이고 운명론적인 업 이해를 전면적으로 비판하는 것이기도 하다.

열린 구조로써의 인과관계

또한 업이 모든 삶의 내용을 결정하는 것에 대해서도 부처님은 명확하게 비판한다. 예를 들어 길을 걷다 넘어져서 다리를 다쳤다고 했을 때, 이것은 과거에 지은 업 때문이 아니라 전적으로 부주의함과 기타 다른 여러 원인들 때문일 수 있다. 마찬가지로 개인의 삶에서 어떤 일이 벌어질지 혹은 벌어지고 있는 일에 대해서 어떻게 반응할지를 업이 결정하는 것도 아니다. 이에 대해서 부처님께서는 "비구들이여, 전생의 행위가 결정적인 것이라고 고집한다면, 그들에게는 이것은 해야 하고 이것은 하지 말아야 한다는 의도나 정진이 없는 것과 같다."(『앙굿따라 니까야』「외도의 주장 경」)라고 말씀하셨다.

부처님은 우리 삶의 원인을 모두 과거에서 찾는 방식인 결정론적 인과론을 비판한다. 불교는 이렇게 업을 설명함으로써 과거의 조건에 대해서 원한다면 저항할 수 있으며, 자신의 업을 변화시킬 수 있음을 보여준다.

불교 이외의 종교나 사상에서는 업의 방점이 과거에 놓여 있어 그 인과관계가 결정적으로 닫힌 구조라면, 불교에서는 업의 방점이 '지금 여기'에 놓여 있어 그 인과관계가 결정적이지 않으며 열린 구조로 되어 있다. 개인의 삶의 내용을 결정짓는 것은 과거가 아닌 '지금 여기'라는 것이 불교 업의 내용이다.

이러한 이유로 불교의 업이론은 오계 혹은 십계와 같은 도덕원리와 깊은 관련 속에서 이해된다. 최상의 동기를 갖고 행동한다고 해도 원치 않는 결과로 나타나기도 한다. 이는 선한 의도가 악으로 나타날 수도 있다는 것이다. 그래서 선한[좋은] 의도는 반드시 도덕원리에 부합되어야 한다. 팔정도의 정어, 정업, 정명이 수행도인 이유가 여기에 있다. 팔정도의 수행을 통해 업을 변화시켜 깨달음으로 나아갈 수 있다.

8) 윤회 – 마음이 윤회한다

왜 윤회하며 그 윤회의 의미는 무엇인가

윤회(輪廻, ⓟ, Ⓢsaṃsāra)는 현생에 지은 업에 따라 다음 생이 결정되어 삶과 죽음이 반복되어 돌고 도는 생명의 흐름이다. 윤회사상은 자기가 지은 업의 결과에 따라 새로운 생을 받는다는 믿음에서 권선 징악의 도덕 법칙을 제공한다. 선한 업을 지으면 다음 생에 천상이나 좋은 집안에 태어나고, 악한 업을 지으면 다음 생에 저열한 곳이나 좋지 않은 집안에 태어나기 때문에, 현생에서 선한 업을 지어야 한다는 것이다.

그러나 윤회사상은 경우에 따라 일종의 숙명론으로 받아들여져 부당한 현실에 복종하게끔 만들거나 개인의 자유의지와 책임 의식을 저해하기도 한다. 예를 들어 노예계급인 수드라로 태어나거나 재난을 당하는 것이 전생에 지은 잘못 때문이니 노예로서의 운명을 받아들이고 살라는 것이다. 윤회사상을 잘못 이해하면 운명에 체념하거나 권력이나 차별의 합리화에 동조하는 수동적 태도를 가질 수도 있다. 때문에 부처님의 윤회설을 정확하게 이해해야 한다.

부처님 당시 대부분의 인도 사상들은 윤회설을 받아들였다. 부처님 역시 윤회를 말하고 윤회로부터 해탈을 강조하셨다. 그러나 여타 인도사상과 불교의 윤회관은 용어는 같으나 그 의미와 내용은 큰 차이가 있다. 바라문과 자이나교는 현생을 윤회의 고통으로 보고 초월적 세계를 지향한다.

바라문은 윤회를 공간적으로 설명한다. 바라문은 땅[지계地界]에서 사람이 죽으면 공간[공계空界]을 통해 하늘[천계天界]에 머물다 비와 함께 내려, 곡물로 사람에게 흡수되어 정자의 형태로 모태에 다시 태어난다고 한다. 사자(死者)를 화장하는 인도의 풍습은 이 믿음에서 비롯된 것이다. 자이나교의 윤회는 시간적 세계관으로 설명된다. 자이나교는 전생에 지은 쾌락과 죄의 업이 물질 형태의 업으로되어, 순수한 영혼을 속박함으로써 현생이 있다고 본다. 바라문과 자이나교는 시·공간의 세계에 기반을 두어 윤회를 실재적인 것으로 이해한다.

그에 비해 불교의 윤회는 의식 세계에 초점을 둔다. 부처님은 윤회가 욕계(欲界), 색계(色界), 무색계(無色界)의 삼계에서 이루어진다고 설명한다. 욕계는 오욕락(五欲樂)에 기반을 둔 욕망의 영역으로 탐욕[탐貪], 성냄[진瞋], 어리석음[치痴]의 세계이다. 눈은 보기 좋은 형상을, 귀는 듣기 좋은 소리를, 코는 좋은 냄새를, 혀는 맛난 음식을, 몸은 부드럽고 포근한 감촉을 끊임없이 좇아 탐욕에 빠진다. 반면에 즐겁지 않은 괴로운 느낌을 받으면 그것을 밀쳐내려고 한다. 이 탐욕과 성냄의 중심에는 어리석음이 자리잡고 있다. 어리석음은 불변하는 자아가 있다고 믿음으로써 나와 내 것에 집착하여 자아와 소유의 관점에서 욕망에 따른 존재를 실현하고자 한다. 이렇게 욕계에서의 모든 활동은 대상에 대한 욕망을 실현시키는 활동이라고 할 수 있다.

색계·무색계는 집중을 통한 선정 영역이다. 색계는 대상[색色]에 대한 집중을 통해 욕계를 떠남으로써 경험되는 선정 영역이다. 색계의 4단계에서 의식은 집중의 정도에 따라 대상을 떠올리고, 그 대상에 대한 집중 상태를 지속함으로써 희열, 즐거움, 평온을 단계적으로 경험하게 된다. 무색계는 대상이 아닌[무색無色] 의식 세계에 집중하는 선정 영역이다. 무색계는 이전 단계의 선정보다 더 높은 단계를 추구한다.

예를 들어 색계 선정이 대상에 관한 집중을 통해 증득되는 것이라면, 공처(空處)는 대상보다 공간을 더 근원적인 것으로 간주하며 명상한다. 식처(識處)는 공간 역시 단독으로 존재하는 것이 아니라 의식에 기반을 두어 나타난 것이라고 보고, 무한한 의식을 명상 주제로 한다. 무소유처(無所有處)는 식처가 여전히 존재에 의지하고 있다고 보고 존재가 없는 상태를 명상 주제로 삼는다. 비상비비상처(非想非非想處)는 무소유처가 유·무의 구조에서 이루어진 것이라고 보고 그 한계를 비유·비무로 극복하고자 한다.

욕계는 다시 신, 아수라, 인간, 축생, 아귀, 지옥의 육도(六道)로 분류된다. 육도윤회는 자신이 지은 선·악의 업에 따라 내생에 악처에 태어나거나 선처에 태어난다는 것을 보여준다. 이상의 내용을 경전에 근거하여 정리하면 다음과 같다.

삼 계	명 칭	마음의 주요 특징
무색계	비상비비상처(非想非非想處)	비상비비상처상
	무소유처(無所有處)	무소유처상
	식처(識處)	식처상
	공처(空處)	공처상
색 계	4선	평온에 의해 생긴 념(念, sati)의 청정
	3선	즐거움, 평온
	2선	희열, 즐거움, 평온
	1선	심사·숙고, 희열, 즐거움, 평온
욕 계	신(神)	오욕락의 충족
	아수라(阿修羅)	성냄
	인간(人間)	분별심, 욕구
	축생(畜生)	어리석음
	아귀(餓鬼)	탐욕
	지옥(地獄)	고통

불교의 윤회는 삼계 영역에서 이루어진다. 이 삼계는 시·공간적으로 실재하는 세계가 아니라 인간의 경험과 의식, 즉 마음 상태들을 분류해 놓은 것이다. 그것은 다음과 같이 설한 부처님 말씀에서 잘 드러난다.

> "이 세계(loka)가 도달되어 생겨진다. 노쇠해진다. 죽어진다. 사라진다. 발생되어진다." -『상윳따 니까야』「위빳시경」

이 구절은 범부중생이 윤회하는 삼계는 곧 경험의 현상이라는 것을 보여준다. 인간의 마음, 말, 행위의 업은 스스로를 삼계 중의 어느 한 세계로 이끈다. 육도 또한 마음의 상태로 그것이 투영된 세계이다. 내가 분노하거나 화를 내는 순간 내 마음에는 지옥이 펼쳐진다. 분노와 화의 불길에 타는 지옥의 고통이 화탕지옥이다. 내가 어떤 것을 갖고 싶어 하는 순간 내 마음은 아귀가 되고, 그것을 갖기까지 안달하고 조바심을 내는 만큼의 아귀 세계에 있는 것이다. 반면에 선정을 통해 이러한 불선법을 벗어나면 희열, 즐거움, 평온의 상태인 천상 세계를 경험하게 된다.

부처님은 '현재' 혹은 '지금 여기에서' 알 수 있고 볼 수 있는 법을 설하셨다. 그런 의미에서 윤회설은 시·공간의 실재에 관계된 것이 아니라, 현재의 고통과 그 고통에서 벗어나는 길을 보여주는 가르침이다. 그렇다면 사후에 전개되는 윤회의 세계는 어떻게 설명할 것인가? 이 역시 찰나찰나 마음에서 마음으로 이어지는 윤회가 사후의 또 다른 생명의 윤회로 확장된 것이다.

우리는 자신의 업에 따른 과보로서의 세계를 경험한다. 이는 외부적 요인이 아니라 마음 속에서 이루어지는 결과이다. 경전에서는 "의도하고 업을 짓는다."고 설명한다. 통상 우리는 나쁜 마음을 먹더라도 실행에 옮기지 않으면 윤리·도덕적으로 책임이 없다고 생각한다. 하지만 삼계의 업보론에서는 스스로 나쁜 마음을 먹는 순간 나쁜 마음의 과보를 받게 된다. 나쁜 마음이 이따금 좋은 결과를 얻는 것처럼 보일지라도, 자신의 마음으로 지은 불선업에서 벗어날 수 없기 때문에 결국 불선업의 과보를 받게 되는 것이다.

더욱이 반복된 업은 습관, 관성으로 고착되기 때문에 나쁜 마음이나 행위는 불선업을 낳게 되고, 결국 고통에서 벗어날 수 없게 된다. 삼계의 세계관은 외부의 원리가 아니라 스스로의 경험에 근거를 두고, 해야 할 것과 하지 말아야 할 것의 기준을 보여준다. 그러나 삼계의 영역 내에서는 고통의 근본 원인이 사라지는 것은 아니다. 사성제와 팔정도, 계·정·혜 등의 이해와 실천은 우리를 고통으로부터 벗어나는 출세간으로 안내한다. 따라서 부처님이 윤회와 해탈을 설한 이유는 자신의 마음속에서 윤회하는 마음을 멈추고, 수행의 업에 의해 현재, 지금 여기에서 고의 소멸을 증득할 수 있음을 전하기 위한 것이다.

9) 해탈과 깨달음 – 불교의 궁극적 지향

깨달음과 보리

불교는 부처님의 깨달음에서 시작한다. 불교라는 말은 깨달은 자의 가르침이란 의미이다. 부처님의 본디 말인 붓다(Buddha)가 '깨달은 자'이기 때문이다. 이 말은 보통명사이다. 누구나 깨달으면 '붓다'가 되는 것이다. 불교는 모든 이들의 깨달음을 추구한다. 그래서 불교를 '깨달음의 종교'라고 한다.

초기불교경전 속에 나타나는 깨달음의 표현은 다양하다. 일반적으로 보디(bodhi, 菩提), 삼보디(saṃbodhi, 三菩提), 아눗따라 삼마 삼보디(anuttarā sammā saṃbodhi, 無上正等覺)가 이에 해당하는 단어로 제시될 수 있다.

보디는 보통 '부처님이 소유한 앎', '최고의 또는 무한한 앎', '전지(全知)', '깨달음' 등으로 정의된다. 이러한 사전적 정의를 토대로 보디란 말을 이해하면 '좁게는 부처님의 지혜 혹은 앎으로, 넓게는 번뇌의 속박으로부터 벗어난 깨어있음'이라고 할 수 있다. 보리(菩提)는 이것을 소리 번역한 말이다.

깨달음에 대한 부처님의 기본 입장은 한 맛[일미一味]이다. 따라서 깨달음을 나타내는 표현은 다양할 수 있지만, 깨달음의 내용이 다를 수는 없다. 그리고 단계적 관점에서 본다면 궁극적 깨달음과 그 깨달음에 이르는 과정에서의 깨달음을 말할 수 있을 것이다. 그렇다면 그 깨달음의 내용이란 무엇인가? '해탈', '열반', '불사', '번뇌의 완전한 소멸', '재생이 없다' 등의 깨달음과 관련된 용어와 그 의미가 드러나야 깨달음이 무엇인지 그 내용 전반을 이해할 수 있을 것이다.

깨달음의 과정을 초기불교에서는 성자의 계위를 나타내는 사향사과(四向四果)에서 자세히 설명하고 있다. 이는 유학(有學)에서 무학(無學)으로 가는 과정으로, 번뇌 소멸의 관점에서 깨달음을 나타낸 것이다. 유학은 말 그대로 배우는 과정에 있는 학인을 말한다. 수행의 완성, 깨달음을 향해 나아가는 자인 것이다. 이에 반해 무학은 더이상 배워야 할 것이 없는, 수행이 완성되어 깨달음을 성취한 자를 일컫는다. 초기불교의 성자의 계위를 이에 배대해서 보면, 예류(預流), 일래(一來), 불환(不還)은 유학에 해당하고 아라한은 무학에 해당한다.

그런데 이들 성자의 계위는 어떤 깨달음을 얻었는가에 대한 내용보다는 번뇌를 얼마만큼 끊었는가에 따라 결정된다. 이때 번뇌를 십결(十結)이라고 한다. 결(結)이란 족쇄, 속박이란 의미로 번뇌를 의미하는 또 다른 표현이다. 이들 열 가지 번뇌의 소멸과 성자의 계위를 우선 간단하게 표로 정리해 본다.

번뇌		제거 상태	성자
오하분결 (五下分結) : 인간을 욕계에 묶어두는 다섯 가지 번뇌, 근본번뇌, 오개(五蓋)	유신견(有身見) : 자아가 있다는 견해	완전 제거	예류
	의심(疑) : 가르침에 대한 의심		
	계금취견(戒禁取見) : 속설로 전하는 금기시된 규칙을 맹신하는 견해 → 종교적 신념이나 계율에 대한 잘못된 신념과 집착		
	욕탐(欲貪) : 욕계에 대한 탐욕 진에(瞋恚) : 분노	탐욕과 분노가 옅어지면	일래
		탐욕과 분노가 제거되면	불환

오상분결 (五上分結) : 인간을 색계와 무색계에 묶어 두는 다섯 가지 번뇌	색탐(色貪) : 색계에 대한 탐욕	완전제거	아라한
	무색탐(無色貪) : 무색계에 대한 탐욕		
	만(慢) : 남과 비교하는 마음		
	도거(掉擧) : 정신적인 흥분		
	무명(無明)		

[10결의 내용 및 성자의 계위]

이른바 유신견, 의심, 계금취견을 끊으면 진리의 흐름에 들어간 예류성자(sotāpanna)가 되고, 욕탐과 분노를 엷게 하면 욕계(欲界, 탐욕의 세계)에 한 번만 오는 일래성자(sakadāgāmin)가 된다. 이 욕탐과 분노를 완전히 제거하면 다시 욕계로 돌아오지 않는 불환성자(anāgāmin)가 된다. 아라한(arhat)은 색계(色界, 청정한 형상의 세계)와 무색계(無色界, 형상을 떠난 세계)에 대한 탐욕을 모두 버렸기에 삼계(三界)를 벗어난 존재, 즉 윤회의 속박을 완전히 끊어버린 존재가 되는 것이다. 그런데 이것이 가능하기 위해서는 무명(avijjā)이란 번뇌가 또한 완전히 제거되어야 한다.

그렇다면 무명이란 무엇일까? 여러 경전에서 말하는 무명에 대한 설명을 살펴보면 이렇다. 첫째, 무명이란 오온 각각의 발생과 소멸에 대해 분명히 알지 못하고, 소멸로 이끄는 방법에 대해 알지 못하는 것이다. 둘째, 사성제에 대해 알지 못하는 것이 무명이며, 팔정도는 무명을 제거하는 것이다. 셋째, 육근·육경·육식을 각각 무상하다고 알고 보면 무명이 제거되고 명지(明智, vijjā)가 일어난다.

그렇다면 그 무명을 버리는 구체적인 수행방법은 무엇일까? 『앙굿따라 니까야』「어리석은 자의 품」에서는 "사마타를 수행하면 마음이 닦아지고, 마음을 닦으면 탐욕이 버려지고, 위빠사나를 수행하면 지혜가 닦아지고, 지혜가 닦아지면 무명이 버려진다."는 내용이 나온다. 즉 무명을 버리는 방법으로 사마타와 위빠사나가 제시되고 있는 것이다.

이러한 무명을 다른 말로 어리석음이라고도 한다. 따라서 아라한이 되기 위해서는 어리석음인 무명을 밝혀 명지로 전환시켜야 하는 것이 관건이 된다. 무명이 명지로 전환되는 순간이 깨달음인 것이다. 이상의 내용을 표로 정리해 보면 다음과 같다.

무명의 내용	무명의 제거 방법
오온의 발생과 소멸을 알지 못하는 것	■ 자아관념의 완전한 해체 ■ 사성제에 대한 바른 앎 ■ 팔정도의 수행 ■ 위빠사나의 수행을 통한 지혜의 계발 ■ 무상관의 수행
무아를 체득하지 못하는 것	
사성제를 알지 못하는 것	
육근·육경·육식을 무상하다고 알지 못하는 것	

[무명의 내용 및 제거 방법]

깨달음은 지혜를 개발하여 무명을 소멸시키는 것이다. 따라서 깨달음이란 무아의 체득과 번뇌를 완전히 소멸한 것에 대한 직접적인 앎으로 정의할 수 있다. 깨달음과 관련하여 무학은 말 그대로 더이상 닦아야 할 것이 없는 수행의 완성을 의미한다. 무학에 도달한 이는 미세한 자아관념을 이루는 만과 도거, 욕탐과 색탐과 무색탐을 완전히 제거한 자이며, 무명을 밝혀 알아야 할 바를 모두 안 자라고 할 수 있다. 그래서 무학인 아라한과를 성취한 수행자는 재생의 파괴와 완전한 해탈을 선언하게 된다.

불교개론

"태어남은 파괴되었고, 범행은 완성되었으며, 해야 할 바를
마쳤으며, 더 이상 이러한 상태로 이끌리지 않는다."
– 『율장』「대품」

해탈과 깨달음

해탈(解脫, ⓟvimutti, ⓢvimukti)이란 벗어남이다. 모든 속박에서 벗어
나 완전히 자유로운 상태이다. 무엇으로부터 벗어남인가? 번뇌와 윤
회의 속박, 온갖 장애나 탐착의 대상으로부터 벗어남이다. 해탈하게
되면 마음에서 무거운 짐을 내려놓았기에 어떤 상황에 직면해도 걸
림이 없으며 흔들리지 않는다. 그 흔들리지 않음이란 확고부동한 마
음이다. 감각적 쾌락이나 오염원이 그 해탈한 사람을 흔들 수 없다.

"번뇌를 멸하고, 이미 수행을 완성하고, 해야 할 바를 마쳤
으며, 무거운 짐을 내려놓고, 자신의 목적을 달성하고, 헤매
는 생존의 속박을 끊어, 완전지에 의해 해탈되었다."
– 『디가 니까야』「기세인본경」

"나에게는 지(智)와 견(見)이 생겼다. 내 마음의 해탈은 부
동이고, 이것은 최후의 태어남이며, 이제 재생은 없다."
– 『상윳따 니까야』「유혹에 대한 탐구경」

위 구절은 해탈한 상태를 말하고 있지만 깨달음에 대한 또 다른
표현이기도 하다. 결국 깨달음의 또 다른 표현이란 태어남의 파괴,
범행의 완성, 해야 할 바를 마침, 번뇌의 소멸, 완전지에 의한 해탈,

확고부동한 마음의 해탈, 재생이 없음 등이라고 할 수 있다.

해탈에는 심해탈(心解脫)과 혜해탈(慧解脫)이 있다. 심해탈이란 선정 삼매로 욕망과 분노 등의 정서적인 번뇌로부터 벗어난 해탈이고, 혜해탈은 지혜로 무상, 고, 무아의 도리를 통찰하여 지적인 번뇌로부터 벗어난 해탈이다. 이 두 가지 해탈이 함께 일어나기도 하고 각각 달리 일어나기도 한다. 그리고 이에 따른 수행으로 사마타와 위빠사나를 하는 경우가 많지만, 지적인 분석에 따른 지혜의 통찰로써의 해탈도 배제하지 않는다. 그밖에 해탈의 종류로 자애를 통한 마음의 해탈과 특정한 관념에 머무르지 않는 해탈 등이 있다. 해탈한 사람은 어떤 특정한 견해에 묶이지 않아 다른 사람과 견해에 대한 충돌이 일어나지 않는다.

"생각을 떠난 사람에게 결박은 없다. 지혜로 해탈한 사람에게 미혹(迷惑)은 없다. 생각과 견해를 고집한 사람들은 남과 충돌하면서 세상에서 방황한다."
- 『숫타니파타』「마간디야의 경」

열반

해탈은 열반의 실현을 뜻한다. 열반(涅槃, ⓟnibbāna, ⓢnirvāṇa)이란 번뇌의 불꽃이 완전히 꺼진 상태를 뜻한다. 그래서 나 자신도 그 누구도 불태우지 않는다. 그것은 일체의 탐욕과 탐욕에 대한 생각과 탐욕에 대한 갈망이 사라진 적멸(寂滅)을 말한다. 그래서 고요하고 평화롭다. 이 고요한 열반의 세계는 세속적 행복을 뛰어넘는 최고의 행복이다. 세속적 행복이 손실과 이익에 따른 새는 행복이라면 열반은 손익을 떠난 새지 않는 행복이다.

　초기불교에서는 이러한 열반의 실현을 위해 연기와 사성제에 대한 통찰, 팔정도의 실현, 사마타나 위빠사나 수행 등을 행한다. 넓게 보자면 부처님의 전법행도 열반의 실현이다. 대승불교에서는 열반의 실현을 위해 보살의 길을 간다.

3. 대승불교의 주요 사상

1) 중관사상 – 공의 지평을 열다

(1) 공

대승불교의 흥기

석가모니불이 열반하시고 약 500년이 지나자, 인도 각지에서는 새로운 불교운동이 일어난다. 새로운 불교운동을 주도한 이들은 기존 불교 교단이 지나치게 세속화한 것을 비판하고, 초기불교의 수행정신으로 돌아갈 것을 주장하였다. 아쇼카왕 이후 인도 사회에 안착한 불교 교단은 한편으로는 정교한 아비달마 교학을 발전시켰지만, 다른 한편으로는 세속화의 길을 걸었다.

새로운 불교 운동을 주도한 이들은 이러한 전통교단을 비판하고, 자신을 석가모니불의 전생을 가리키는 이름인 보살로 자칭하며, 부처님과 같은 깨달음을 추구하였다. 그들은 『팔천송반야』를 비롯한 『십지경』, 『법화경』, 『열반경』 등의 대승경전을 불설로 받아들이며 숭배하였다. 또한 공사상, 육바라밀사상, 십지사상 등 새로운 사상을 널리 떨쳤다.

대승불교가 선양한 여러 사상 가운데서도 공사상이 가장 근본적이고 가장 큰 영향을 끼쳤다. 공사상은 거의 모든 대승불교사상의 밑바탕에 흐르고 있다. 그렇다면 공(空, śūnya)이란 무엇인가? 공은 대승불교의 인간상인 보살의 정신과 어떤 관계를 이루고 있는가?

먼저 '공'이라는 말의 일상적인 용법과 의미를 살펴보자. 초기경전에서 '공'이란 말은 일상적으로는 '공한 집', '공한 강당', '공한 궁전' 등으로 사용된다. 여기서 공은 비어 있는 어떤 장소를 가리킨다. 이때 없는 것은 장소 안에 있어야 할 어떤 것, 곧 사물이지 장소 그 자체가 아니다. 장소는 사물이 없더라도 존재하는 것이다. '공한 강당'이라고 했을 때, 없는 것은 그 강당에서 설법을 듣는 스님들이지 강당 자체가 아니다.

만약 어떤 '장소'에 어떤 '사물'이 없다는 것을 표현할 경우는 '어떤 장소가 어떤 사물에 대해 공하다.'라고 한다. 예를 들어 초기경전인 『소공경』에서 '녹모 강당이 비구에 대해 공하다.'고 할 경우, '녹모 강당'이 공하다고 표현하지만, 실제로 장소인 녹모 강당은 있는 것이고, 없는 것은 사물인 '비구'이다. 따라서 이 말은 '녹모 강당에 비구가 없다.'고 바꾸어 말할 수 있다.

① 있는 것 : 장소 ⟹ 공(空)
　　없는 것 : 사물

공이라는 말의 이런 일상적 용법은 초기불교사상에서는 무아설과 결합하면서 교리 용어로 거듭난다. 가장 오래된 경전으로 간주되는

『숫타니파타』 제5장의 한 게송에는 "세간 사람을 공이라고 관찰하라. 자아가 있다는 견해를 파괴하고…."라는 교설이 나온다. 이 교설은 니까야에서는 종종 "세간 사람은 자아나 자아에 속한 것에 대해 공하다."라는 표현으로 나타난다. 이것은 세간 사람이 공하다고 표현하지만, 세간 사람이 없다는 말이 아니다. 없는 것은 자아나 자아에 속한 것이다. 이 표현은 일상적 용법에서 장소와 사물의 관계를 나타내던 공의 용법을 오온과 그 현상 안에 있는 실체적 자아의 관계에 적용시킨 것이다.

> ② 있는 것 : 세간 사람 = 오온 ⇒ 공(空)
> 없는 것 : 자아, 자아에 속한 것

이 교설은 오온이 무상하므로 고통스럽고, 고통스러우므로 자아가 아니라고 하는, 분석적이고 논리적인 관찰 방식과는 궤를 달리한다. 무상·고·무아의 관계에서, 무상은 고통의 이유가 되고, 고통은 무아의 이유가 된다. 이러한 논리적인 관계는 단순히 직관적 인식만으로는 이해하기 힘들다. 아름다움의 경험일 수도 있는 무상이라는 현상이 왜 고통이어야 하는 것인지, 경험적으로는 고통을 느끼는 것에 익숙한 자아가 왜 무아로 규정되는지는 쉽게 납득하기 힘들기 때문이다. 여기에는 자아는 상주하고 즐거운 것이라는 당시 인도사상계의 자아 관념이 숨어 있다. 이러한 사상적 배경에 대한 이해와 논리적 분석 과정을 요구하는 것이 무상·고·무아의 이해 방식이다.

이에 비해 '세간 사람에게 자아나 자아에 속한 것이 없다.'는 것은 삼매 속에서 직관된 것이다. 초기 경전은 이러한 직관이 일어나는

불교개론

삼매를 공을 대상으로 하는 삼매라는 의미에서 '공삼매'라고 부른다. 공사상은 최초기 불교부터 깊은 삼매에 들어 무아를 직관하는 수행법에서 출발한 것이다.

반야경의 공사상

반야경의 정수를 담고 있는 『반야심경』 첫머리에는 "오온이 공한 것을 비추어 본다."는 구절이 나온다. 위에서 보았듯이, 초기경전에서 오온이 공하다고 하면 오온에 자아가 없다는 것을 의미한다. 하지만 반야경의 공사상은 단순히 오온에 자아나 자아에 속한 것이 없다는 것을 말하고자 하는 것이 아니라, 자아를 구성하는 오온도 실체(=자성)가 없다는 사상이다. 초기경전과 반야경의 공에 대한 의미의 차이를 정리하면 다음과 같다.

	오온 (장소/현상)	자아/자아에 속한 것 (사물/실체)	자성 (실체적 본질)
초기불교	있음 → 공	없음	
반야경	있음 → 공	없음	없음

이와 같이 오온에 실체가 없다는 것을 표현하기 위해 반야경은 초기경전과는 다른 표현법을 사용한다. 곧 "오온이 '자성에 대해' 공하다."고 하는 것이다. 이 말은 '오온'에 '자성'이 없다는 것을 의미한다. 자성이란 어떤 사물이 다른 것과 구별되는 자기 자신일 수 있게끔 하는 고유한 본질을 말한다. 따라서 "오온이 자성에 대해 공하다."는 것은 오온이라는 현상에 그것을 오온이게끔 하는 고유한 본질, 즉 실체가 없다는 의미가 된다.

이 표현은 초기경전의 '공'이라는 말의 일상적 용법에서 두 요소를 이루는 장소와 사물을 현상과 본질의 관계로 바꾸어 이해하는 것이다. 여기서 비로소 '자성공(自性空)'이라는 말과 사상이 탄생한다. 자성공이란 '어떤 현상이 자성에 대해 공하다' 곧 '어떤 현상에 자성이 없다'는 것을 의미하고, 결국 어떤 현상에 그것을 그것이게끔 하는 실체적 본질이 없다는 것을 나타내게 된다. 이와 같이 현상에 실체적 본질이 없는 상태를 '공성(空性, śūnyatā)'이라고 한다.

공삼매와 반야바라밀

이와 같이 모든 현상에 본질, 곧 자성이 없다는 사실 또한 깊은 삼매에서 직관된 것이다. 초기경전은 자아나 자아에 속한 것이 없는 것을 대상으로 하는 삼매를 공삼매라 하였지만, 반야경은 모든 현상에 자성이 없는 상태, 즉 공성을 대상으로 하는 삼매를 공삼매라고 한다. 이 공삼매는 반야경을 대표하는 삼매로써 반야바라밀(般若波羅蜜)과 동일시된다. 반야경에서 반야(prajñā)란 공삼매에서 모든 현상에 고유한 본질이 없는 것을 직관하는 지혜이다. 그리고 이러한 직관적 인식을, 분석력이나 판단력을 의미했던 초기와 부파불교 시대의 반야와 구별하여, 반야의 완성 곧 반야바라밀이라고 한 것이다.

예를 들어 책상이 있을 때, 초기와 부파불교의 반야는 책상의 구성 요소를 분석하는 방식으로 책상의 실체가 없음을 탐구한다. 물질적으로는 상판과 다리 등으로 분해하고, 다시 그 상판이나 다리 등을 원자 수준까지 분해한다. 혹은 인식론적으로 모양과 색깔로 분석한다. 모양은 장단방원(長短方圓), 색깔은 청황적백(淸黃赤白)이라는 더 이상 분해되지 않는 단계까지 분해한다. 그리고 그 결과 책상에는 실체가 없다고 결론 내리는 것이다. 이에 비해 반야바라밀은 이러한 분석을 필요로 하지 않는다. 반야바라밀은 공삼매에 들어 책상의 무실체성을 직관하는 것이다.

무자성·공성의 가치

모든 현상에 자성이 없다[무자성無自性]는 의미에서 공성이란 어떤 의미를 가지는가? 그것을 직관하는 지혜인 반야바라밀은 또한 어떤 의미를 가지는가? 일상생활에서 우리는 어떤 것에는 그것을 그것이게끔 하는 고유한 본질이 있다는 막연한 전제 아래 말하고 행동한다. 우리는 의자와 책상을 구분하며, 책과 볼펜을 구분한다. 학교는 학교대로, 컴퓨터는 컴퓨터대로, 자동차는 자동차대로, 군대는 군대대로, 숲은 숲대로 각자 다른 것과 구별되는 어떤 본질이 있는 것처럼 간주하고 행동한다.

어떤 것이 다른 것과 구별되고 각자 고유한 본질을 갖고 있다고 하는 사고방식을 '분별(分別)'이라고 한다. 이 분별적 사고방식은 매우 유용한 것이다. 만약 분별이 없었더라면 우리 사회의 질서는 유지되지 않을 것이고 인류 문명은 발달하지 않았을 것이기 때문이다.

그러나 이를 조금만 깊이 생각해 보면 실상은 전혀 그렇지 않다는 것이 금방 드러난다. 도대체 숲이란 게 어디 있을까? 거기에 있는 것은 나무들의 모임일 뿐이지 숲이라는 실체가 나무들의 모임과 별도로 있는 것은 아니다. 자동차나 컴퓨터를 아무리 분해해도 자동차나 컴퓨터라는 말이 가리키는 어떤 본질적인 것이 나오지는 않는다. 거기에는 전체를 구성하는 부분들만 있을 뿐이다. 학교는 존재하지 않는다. 실제로 있는 것은 학생과 선생 그리고 건물이다. 학교가 그들의 집합과 별도로 존재하는 것은 아니다.

이와 같이 모든 현상은 그 실체가 존재하지 않는 것이다. 우리가 실체라고 생각하고 분별하고 집착하고 있는 것은 우리의 언어와 그에 기반한 다양한 개념적 사고를 실체화한 것에 지나지 않는다. 자아뿐 아니라 집, 학교, 기업, 정부, 민족, 국가 등 모든 사물과 현상이 그러하다. 다양한 개념적 사고는 분별을 낳고, 분별은 업과 번뇌를 낳는다. 업과 번뇌는 결국 고통스러운 우리의 삶을 낳는다. 이렇게 고통을 일으키는 원인인 분별과 그 분별된 것에 집착하여 없는 것을 실체화 하는 개념적 사고를 불교에서는 희론(戱論)이라고 한다. 공성에 대한 바른 이해는 우리가 존재한다고 생각하는 모든 것이 사실은 존재하지 않음을, 꿈과 같고 마술과 같은 것이라고 보게 하는 것이다.

우리가 꿈에서 재산을 많이 모았다고 해서 꿈을 깨고 나서도 그 재산에 집착하여 그것을 지키기 위해 노력할까? 그렇지 않을 것이다. 꿈에서 모은 재산은 실재하지 않는다는 것을 알기 때문이다. 만약 우리가 현실에 있는 모든 집착의 대상 또한 꿈 속의 그것과 같다는 것을 알게되면, 즉시 모든 집착으로부터 벗어날 수 있을 것이다. 공에 대한 바른 이해는 이러한 무집착을 낳는다. 공성에 대한 이해가 업과 번뇌의 뿌리가 되는 분별과 희론을 소멸시키고 해탈로 이끈다.

불교개론

(2) 중관

용수보살의 『중론』

중관(中觀)사상은 반야경의 공사상을 이론화하고, 이를 바탕으로 당시의 모든 외도와 전통 불교도들이 갖고 있던 실체론을 논파한 『중론』과 그 주석서에 나타난 사상 전반을 가리킨다.『중론』의 저자 용수(龍樹, 150년~250년 경)보살은 남인도 출신이다. 용수보살은 『중론』이외에 『회쟁론』, 『광파론』 등을 지었다고 알려져 있다.

『중론』은 「관인연품」을 시작으로 전체 27장으로 모든 구절이 게송으로 이루어져 있다. '중관'이란 말은 동아시아에서 『중론』이 『중관론』이라고도 불렸던 것에서 유래한다. 이는 중도에 대한 바른 이해[中]가 비판적 고찰[觀]을 낳기 때문에 이렇게 불린 것이다. 중도란 『초전법륜경』에 나타나는 비고비락(非苦非樂)의 실천적 중도부터 『가전연경』의 비유비무(非有非無)의 사상적 중도에 이르는 양극단에서 벗어난 바른 견해와 실천을 의미한다. 양극단을 벗어난 바른 견해에 의지해 비판적으로 실체론을 관찰하므로 중관이라 한 것이다. 이 중도의 관점은 연기와 동일시된다. 이는 『중론』의 귀경게에 압축적으로 표현되어 있다.

> "희론이 그치고 청량한 [열반을 얻기 위해, 법은] 소멸하지도 않고 발생하지도 않으며, 끊어지지도 않고 영원하지도 않으며, 단일하지도 않고 다양하지도 않으며, 오는 것도 아니며 가는 것도 아니라고 하는 [중도라는 의미의] 연기를 설하신 최고의 설법자인 정등각자에게 예배합니다." -『중론』

『중론』의 각 품에서는 인과관계, 운동, 작용, 오온, 십이처, 십팔계, 유위법, 업, 윤회, 사성제, 열반 등 거의 모든 전통 교리를 비판적으로 논하고 있다.

설일체유부로 대표되는 아비달마 불교는 인간과 세계를 구성요소로 분석하는 방식으로 사상을 발전시켰다. 그 결과 그들은 인간과 세계를 물질, 마음, 심리현상, 마음과 결합하지 않는 현상, 무위라는 다섯 카테고리로 나누고, 다시 그것을 75개의 구성요소로 세분하여 5위75법(五位七十五法)을 주장한다. 이들 75개의 구성요소는 과거·현재·미래라는 삼세에 실체적으로 존재한다. 이를 삼세실유(三世實有)라 한다.

이들 75개의 구성요소에 자아는 존재하지 않는다. 5위75법설은 무아를 입증하기 위해 만들어진 사상인 것이다. 그러나 설일체유부는 5위75법을 이루는 하나하나의 법은 자성을 가진 실체적 존재로 간주하였다. 용수보살이 문제로 삼은 것은 바로 이 구성요소의 실체성이다.

용수보살은 반야경의 공사상을 바탕으로, 예리한 언어 분석을 통해 사구분별 등의 논법을 자유자재로 활용하며, 이를 통해 설일체유부의 실체론적 관점을 종횡무진 비판하고 있다. 다양한 비판을 꿰뚫는 핵심 사상은, 실체적 존재를 상정하면 인과관계를 비롯한 위의 모든 범주가 성립하지 않는다는 것에 있다. 바꾸어 말하면 공성을 인정해야 그 모든 것이 성립한다는 것이다. 이와 같은 관점은 「관인연품」의 첫 게송부터 나타난다.

"사물은 어떤 것이든 어디서든 결코 그 자신으로부터, 다른 것으로부터, 자타의 둘로부터, 또한 원인 없이 발생하는 것이 아니다." -『중론』

　이 게송은 사구분별을 활용하여 인과관계를 비판하고 있는 것이다. 사구분별이란 A, B, A이자 B, A도 아니고 B도 아닌 네 가지 경우를 상정하여, 각각의 경우가 모두 성립하지 않는다고 비판하는 방법이다.

　위 게송에서 A에 해당하는 것은 그 자신으로부터 발생한다는 것이다. 예를 들어 책상이 책상으로부터 발생한다는 것이다. B에 해당하는 것은 다른 것으로부터 발생한다는 것이다. 이것은 책상이 완전히 다른 것, 곧 컴퓨터로부터 발생한다는 말이다. 이 두 경우는 원인과 결과가 완전히 동일하거나 완전히 다른 것을 의미한다. 만약 원인과 결과가 실체라면 원인과 결과는 완전히 동일하거나 완전히 다른 것이어야 한다. 책상은 책상으로부터 계속 발생하여 영원히 존재하거나, 책상이 컴퓨터가 되거나 그 반대가 되어야 할 것이다. 그러나 현실에서 그런 일은 일어나지 않는다. 그것은 책상이든 컴퓨터든 실체적으로 존재하는 것이 아니기 때문이다.

　A이자 B에 해당하는 것은 둘로부터 발생한다는 것이다. 이것은 책상과 컴퓨터 둘 다로부터 책상이 발생한다는 말이다. 이 세 번째 경우는 그 자신으로 발생하는 것과 다른 것으로부터 발생하는 것, 둘 다의 오류를 가진다. A도 아니고 B도 아닌 것에 해당하는 것은 원인이 없이 발생한다는 것이다. 이는 우연히 발생한다는 의미와 같다. 인과관계를 논하는데 원인이 없이 발생한다는 주장은 의미가 없다.

이와 같이 실체적 존재를 인정하면 인과관계가 오히려 성립하지 않고, 실체를 부정해야만 인과관계가 성립한다는 것이 용수보살의 주장이다.

다음 품인 「관거래품」은 언어분석을 통해 실체론을 비판한 좋은 예이다. 널리 알려진 「관거래품」의 첫 번째 게송을 보자.

> "이미 지나간 길을 지금 갈 수는 없다. 아직 가지 않은 길을
> 지금 갈 수는 없다. 이미 지나간 길과 아직 가지 않은 길과
> 별개인 지금 지나가고 있는 길을 지금 지나갈 수는 없다."
> - 『중론』

이 게송은 '가는 자는 가지 않는다.'고 하는 의미로 이해되어, 언뜻 보면 모순이나 역설처럼 보이는 난해한 게송으로 유명하지만, 실제 논의는 매우 간단하다. 이미 지나간 길은 과거다. 따라서 과거에 속하는 길을 현재 가고 있을 수는 없다. 아직 가지 않은 길은 미래다. 마찬가지로 미래에 있는 길을 현재 가고 있다는 것도 있을 수 없다. 한편 과거도 아니고 미래도 아닌 지금 지나가고 있는 길을 갈 수도 없다. 이 경우는 '간다'는 작용이 두 개가 있게 되기 때문이다.

이러한 모순이 발생하는 것도 주체와 대상 그리고 작용을 나타내는 언어를 실체화했기 때문이다. 이것은 문장에 표현된 시제를 문제로 삼아, 언어분석 방법을 통해 실체론을 비판한 것이다. 용수보살이 비판한 것은 아비달마 자체가 아니라 그것이 가지고 있는 실체성일 뿐이다. 용수보살은 아비달마를 부정한 것은 아니며, 공사상으로 아비달마를 재해석해야 한다고 주장하고 있는 것이다.

불교개론

반야·중관의 공사상은 무아사상을 모든 현상으로 확대하여 적용한 사상이다. 이는 자아에 대한 집착뿐 아니라, 모든 현상에 대한 집착에 그 근거가 없다는 것을 밝혀 준다. 심지어 열반에 대한 집착조차 부정된다. 열반에 대한 집착조차 부정될 때 열반과 윤회는 둘이 아니게 된다. 열반과 윤회가 둘이 아니게 될 때, 보살은 윤회 안에 들어와 중생 구제를 위해 이타행을 행한다. 공성에 대한 철저한 이해는 자비를 실천하는 바탕이 된다.

2) 유식사상 – 모든 것은 마음이 만든 세계

유식사상과 유가행파

유식학파는 무착(無著, 395~470)보살과 세친(世親, 400~480)보살 형제가 초석을 놓은 또 다른 대승의 학파이다. 두 형제 모두 처음에는 부파교단에 출가했지만, 형인 무착보살이 먼저 대승으로 전향하고, 형의 권유를 받은 세친보살이 나중에 대승으로 전향하여 유식학파를 창시하였다.

이 학파의 사상은 크게는 삼성설, 유식설, 알라야식설 등 각각 기원을 달리하는 세 가지 학설로 구성되어 있다. 현대에서는 학파명으로 유가행파(瑜伽行派)라고 부르는 것이 일반적이다. 유가행(瑜伽行)이라고 한 것에서 유가란 요가(yoga)를 소리 번역한 것이다. 인도에서 요가란 수행 일반을 의미한다. 불교에서 유가 곧 요가라는 말을 사용할 때는 초기불교 이래의 전통적인 수행법인 지관(止觀) 수행을 뜻한다. 지관에서 지(止)란 하나의 대상에 마음을 집중하는 것을 말하고, 관(觀)이란 지를 기반으로 대상을 관찰하는 것을 가리킨다. 유가행이라는 말에는 지관 수행을 생활방식으로 삼는 수행자[유가행자瑜伽行者 = 유가사瑜伽師]라는 의미도 있다. 학파명에서도 보듯, 이들은 실천 수행을 중시한 전문 수행집단에서 발전한 학파다.

유가행파의 근본경전인 『해심밀경』은 부처님의 가르침을 크게 세 단계로 분류한다[삼시전법륜三時轉法輪]. 첫 번째 단계는 오직 성문승에 나아가는 수행자를 위해 설한 사성제의 가르침이다. 이 단계는 초기·부파불교를 가리킨다.

두 번째 단계는 대승을 닦는 자를 위해 설한 것으로, 모든 현상에 자성이 없고 무생이자 무멸이며 본래 적정하고 본질적으로 열반이라는 것에 대한 은밀한 가르침이다. 여기서 '은밀'이란 경전의 교설 내용이 글자 그대로 이해해야 하는 것이 아닌 숨겨진 의미를 담고 있다는 뜻이다. 이 단계는 반야경을 비롯한 초기 대승불교를 가리킨다.

세 번째 단계는 일체승(一切乘)으로 나아가는 자를 위해 설한 것으로, 두 번째 가르침을 분명하게 드러내는 가르침이다. 분명하게 드러내는 것이란 더 이상 해석의 여지가 없이 글자 그대로 이해해야 한다는 의미다. '해심밀경(解深密經)'이라는 경전 제목 자체가 깊이 숨겨진 의미를 풀어서 분명히 드러낸다는 세 번째 가르침의 취지를 잘 보여주고 있다. 이 단계는 바로 유가행파 자신을 가리키며, 『해심밀경』을 비롯한 유가행파의 가르침이 가장 뛰어나다는 자기 인식을 잘 보여준다.

불교개론

선취공과 악취공

반야경에서 선양되기 시작한 공사상은 중관사상뿐 아니라 유가행파의 사상에도 큰 영향을 미쳤다. 그러나 유가행파는 반야경의 공사상을 중관학파와는 다르게 해석하였다. 두 학파의 공사상에 대한 해석의 차이는 미묘하며, 바른 이해를 필요로 한다.

우선, 유가행파는 잘못 이해한 공성[악취공惡取空]과 잘 이해한 공성[선취공善取空]을 구분한다. 악취공이란 어떤 장소에 어떤 사물이 없을 때, 사물이 없다고 부정할 뿐 아니라 장소도 없다고 부정하는 것이다. 악취공자들은 모든 것의 존재를 부정하는 허무론자들이다. 유가행파의 악취공 비판은 사실상 중관학파를 비판한 것이다.

이에 비해 선취공이란 어떤 장소에 어떤 사물이 없을 때, 사물은 없다고 부정하지만 장소는 있다고 인정하고, 나아가 그 장소에 '남아 있는 것'이 있을 때 그 남아있는 것 또한 인정하는 것이다. 선취공은 장소와 사물이라는 두 요소만 인정하는 것에서 한발 더 나아가 '남아 있는 것'이라는 세 번째 요소를 포함한다. 이때 없는 것은 '사물'이고, 있는 것은 '장소'와 '남아 있는 것'이다.

	장소(현상)	사물(본질)	남아 있는 것
악취공	없음	없음	
선취공	있음	없음	있음

예를 들어 여기에 사과가 있다고 하자. 사과에는 그것을 사과이게 끔 하는 본질이 존재하는 것은 아니다. 그러나 사과라는 현상이 있는 것을 부정할 수는 없다. 악취공자는 사과의 본질을 부정하는데

그치지 않고, 사과라는 현상을 부정함으로써 모든 것이 존재하지 않는다는 허무론에 빠지고 만다. 이에 대해 선취공자는 사과의 실체적 본질만 부정할 뿐, 사과라는 현상까지 부정하지는 않는다. 나아가 사과에 남아 있는 것 또한 인정한다. 이때 남아 있는 것이란, 단순히 사과의 본질이 없다는 것이 아니라, '사과의 본질이 없는 것이 있는 상태'를 말한다. 다시 말해 남아 있는 것이란 사과라는 '본질의 비존재의 존재성', 곧 '사과의 공성'이다.

삼성설

이와 같은 선취공의 세 요소가 삼성설(三性說)로 발전한다. 삼성설이란 전혀 존재하지 않는다는 의미에서의 공성인 변계소집성(遍計所執性), 연기적 형태로 다른 것에 의존하여 발생한다는 의미에서의 공성인 의타기성(依他起性), 승의적인 의미에서의 공성으로 이미 완성되어 있는 성품인 원성실성(圓成實性)을 말한다.

변계소집성이란 언어가 실체시되거나 실재하지 않는 대상이 실재하는 것처럼 나타나는 것을 말한다. 토끼의 뿔이나 거북이의 털 등과 같이 결코 존재하지 않는 것을 말한다. 의타기성이란 다른 것에 의존하여 발생하는 것으로, 실체적 존재가 아닌 연기적 존재를 가리킨다. 원성실성은 공성 혹은 진여를 가리킨다. 공성 혹은 진여는 미완성 상태였다가 어느 시점에서 완성되는 것이 아니라, 이미 완성되어 존재하는 것이므로 원성실성이라 한다.

이를 사과에 적용하면, 사과를 사과이게끔 하는 사과의 고유한 본질이 있다고 착각하는 것이 변계소집성이다. 사과나무와 햇빛, 물 등의 여러 원인과 조건들에 의해 연기적 형태로 생겨난 사과라는 현상이 의타기성이며, 사과에는 고유한 본질이 없다는 공성이 원성실성에 해당한다. 유가행파의 경론에서는 이 삼성설을 다양한 비유를 들어 설명하고 있다.

예를 들어 어두울 무렵 숲속을 지날 때, 갑자기 뱀이 나무 위에서 떨어져 혼비백산하여 뒷걸음 친다. 그러다 멀리 떨어진 후 다시 뱀을 보니 실은 뱀이 아니라 나무 위에 걸쳐 있던 새끼줄이 떨어진 것이었다. 다가가 새끼줄을 자세히 보니 마로 만들어진 것이었다. 여기서 실제로는 없는 뱀이 변계소집성, 뱀과 새끼줄의 색과 모양이 서로 비슷하기 때문에 뱀으로 보인 새끼줄이 의타기성, 그리고 새끼줄의 본질인 마가 원성실성에 해당된다.

이와 같이 삼성설은 반야경의 공사상과 마찬가지로, 자아나 자아에 속한 것뿐 아니라, 모든 사물과 대상에 대한 완전한 무집착을 선양하는 사상이다. 우리 주변에서 우리가 늘 대하는 모든 것이 사실은 없는 것이지만, 마치 있는 것처럼 나타난 변계소집성이기 때문이다. 이 점에서 삼성설은 유식설과 결합할 때 그 의미가 완성된다.

유식설

유식(唯識)이란, 말 그대로 대상은 존재하지 않고 '오직 식만 존재한다.'는 사상이다. 공사상과 마찬가지로 유식설 또한 그 기원에서는 깊은 삼매 수행과 밀접히 관련되어 나타난다. 지관 수행을 다루는 『해심밀경』「분별유가품」에서는 다음과 같은 문답이 보인다. "세존이시여, 관찰하는 삼매의 대상인 영상은 어떤 것입니까? 그 마음과 다른 것이라고 해야 합니까, 다르지 않다고 해야 합니까?", "미륵이여, 다르지 않다고 해야 한다. 왜 다르지 않은가? 그 영상은 식일 뿐이기 때문이다. 미륵이여, '인식은 식일 뿐인 것으로 특징 지워진 인식대상을 가진다[식소현유식소현識所緣唯識所顯]'고 나는 설했다." 이 문답은 유식설을 최초로 선언한 구절로 간주된다.

예를 들어 신체나 시체의 더러움을 관찰하는 부정관을 수습한다고 해 보자. 수행자는 무덤에서 직접 시신이 썩어가는 모습을 관찰한 후 기억하거나, 혹은 경전에 설해진 그 모습을 학습한 후 기억한다. 그 후 수행자는 삼매에 들어 시신이 썩어가는 모습을 상상한다. 수행자는 영상을 점점 선명하게 만들어 마치 실제의 모습처럼 만든후, 그것을 관찰하는 것이다. 미륵보살의 질문은 이러한 수행을 배경으로 하고 있다. 그렇게 떠올린 시신의 영상이 과연 마음과 같은것인가, 다른 것인가? 여기에서 마음이 만들어낸 마음속 영상이 마음과 다르지 않다는 것에는 의문의 여지가 없다. 놀라운 것은 이어지는 문장이다. 미륵보살은 마음속 영상뿐 아니라 외부의 대상 또한 마음과 같은지 다른지를 묻고, 세존은 그 또한 마음과 다르지 않다고 대답한다. 외부의 대상 또한 부정되는 것이다.

앞에서 학교나 자동차 등 우리가 있다고 생각하는 것은 우리의 언어를 실체시한 것에 불과하다는 것을 보았다. 그렇다면 그러한 것을 이루는 구성 부분들은 실재하는 것이 아닌가? 사과에 사과의 본질은 없지만, 군침을 돌게 하는 빨간 색과 둥근 모양, 달콤한 향과 시큼한 맛도 없다고 할 수 있는가?

빨간색을 예로 들어 보자. 색의 인지 과정을 현대 과학으로 살펴보면 색이 객관적으로 존재하는 것이 아니라는 것이 금방 드러난다. 빨간색으로 보이는 사과의 표면은 대략 700나노미터의 파장을 가진 빛을 반사하고 있을 뿐이다. 파장이나 주파수가 빨간색을 띠고 있을리는 없다. 그 빛은 우리의 망막에서 다시 전기 신호로 바뀐다. 전기 신호에 빨간색이 있을까? 없다. 망막에서 신경계를 지나 뇌로 전달된 전기 신호는 뇌 뒤쪽에 있는 후두엽을 자극한다. 그렇게 자극된 후두엽에도 빨간색이 존재하는 것은 아니다. 뇌세포에 있는 색은 회백색뿐이다. 빨간색은 이렇게 자극된 뇌세포를 통해 마음이 발생할 때 비로소 마음 안에서 만들어내는 것이다. 색은 존재하지 않고 마음이 화가처럼 만들어내는 것일 뿐이다.

그리고 이러한 사실은 모양과 향, 그리고 맛에도 모두 적용된다. 사과라는 전체뿐 아니라, 사과를 구성하는 구성 요소조차 마음이 만들어내는 것이다. 우리가 경험하는 세계는 마음이 만들어내는 세계일 뿐이다. 그리고 우리가 어떤 세계를 만들어낼 것인가는 우리 자신에게 달려 있다. 우리의 행위와 번뇌가 저장된 심층의 마음이 세계를 만들어 내고 있기 때문이다.

유가행파의 경론은 이를 유명한 일수사견(一水四見)의 비유를 들어 설명한다. 사람들이 물이라고 인식하는 것을 아귀들은 피고름으로, 물고기는 집으로, 천신들은 보석으로 본다. 사람들이 더럽고 구역질 난다고 인식하는 것을 동물들은 군침 도는 맛난 음식이라고 인식한다. 아귀와 동물들은 깨끗하다고 인식하는 것을 사람들은 더럽다고 인식하며, 사람들은 맛난 음식으로 인식하는 것을 천신들은 더럽다고 인식하는 것 등이다.

현대의 관점에서는 아귀나 천신 등의 존재를 인정할 수 없을 것이다. 하지만 짐승이나 곤충이 사람과는 다른 방식으로 색을 인식하는 것은 잘 알려져 있다. 예를 들어 개는 적록색맹인 사람처럼 색을 인식한다. 만약 경론에 나오는 천신 대신 외계인을 생각한다면, 우리는 그들이 어떻게 색을 파악하는지 알 수 없다. 대신 우리는 그들에게 700나노미터의 파장을 가진 전자파를 내는 구체라고 사과를 설명해야 할 것이다.

삼성설과 마찬가지로 유식설 또한 집착의 대상이 되는 사물이 사실은 존재하지 않음을 깊이 인식하여, 그에 대한 집착으로부터 벗어날 것을 우리에게 가르친다. 밤에 마셨던 갈증을 가라앉히는 맑고 시원한 물이, 다음 날 아침에 보니 사실은 해골에 담긴 썩은 물이라는 것을 알 때, 우리는 그 물을 더이상 마실 수는 없을 것이다. 그러나 일수사견의 비유에서도 보았듯이 맑은 물과 더러운 물이 사실상 없음을 알 때, 단지 우리의 분별이 만들어내는 허상임을 깨달을 때, 우리는 집착과 얽매임, 혐오와 분노로부터 벗어나 완전한 자유와 평안을 얻을 수 있을 것이다.

알라야식

전통적으로 식온에 포함되는 식의 종류는 안식에서 의식까지 여섯 가지이다. 이에 대해 유가행파는 잠재적인 식인 알라야식(阿賴耶識, ālaya-vijñāna)을 도입하고, 곧 이어서 역시 잠재적 자아의식인 말나식(末那識, manas)을 설정하여, 모두 여덟 가지 식의 존재를 주장한다. 육식은 그 작용을 우리가 알 수 있는 겉으로 드러난 의식으로 표층(表層)의식이라 하고, 말나식과 알라야식은 그 작용을 인식할 수 없이 깊이 잠재되어 있는 의식으로 심층(深層)의식이라 한다.

알라야식의 '알라야'는 '창고', '저장소' 등을 의미하는 말로 흔히 '장식(藏識)'으로 한역된다. 이 식은 일생 동안 지은 업과 번뇌를 종자 형태로 보관[능장能藏]하고, 다음 생으로 넘겨주는 역할을 한다.

불교개론

인간이 태어나 자라고 늙어 죽는 순간까지 지은 모든 행위가 씨앗[종자]으로 알라야식에 저장된다. 그리고 씨앗이 발아할 조건이 맞는 환경에서 싹이 트듯, 전생에 지은 업에 따라 그 조건에 맞는 환경에 태어나는 것이다.

또한 알라야는 '집착' 혹은 '집착의 대상'이라는 의미도 가진다. 이때 알라야식은 자아의식인 말나식이 자아로 잘못 집착[집장執藏]하는 대상이 되는 식을 의미한다. 말나식으로 인해 우리는 자아가 있다고 믿지만, 실제로는 말나식이 알라야식을 자아로 오인한 것일 뿐이다. 유식설과 결합했을 때, 알라야식이 가진 종자로부터 염오된 세계가 나타난다고도 설한다. 이때 알라야식은 원인으로, 알라야식으로부터 나타난 세계에 내재한다[소장所藏].

알라야식은 모든 생명이 개별적으로 가진 생명의 기본 구성 요소이자 마음 작용의 밑바탕이다. 나아가 유식설과 결합한 알라야식은 세계의 근본 구성 요소라고도 간주된다. 알라야식은 종자를 포함한 신체와 환경세계를 전체로 인식하는 식이다. 그러나 6식이 구체적 대상을 명료하게 인식하는데 반해, 알라야식은 세계 전체를 흐릿하게 인식하는 것에 머문다. 마치 해가 떠 있을 때 비록 반딧불이가 빛을 내고는 있더라도 빛나지는 않는 것과 같다.

알라야식은 모든 마음 상태와 결합하는 다섯 가지 보편적인 심리현상, 곧 접촉[촉觸], 주의력[작의作意], 느낌[수受], 인지[상想], 의도[사思]와 결합한다. 이 다섯 가지는 어떤 마음이 일어날 때 항상 함께 작용하기 때문에 변행심소(遍行心所)라고 한다. 알라야식의 잠재성 때문에 이들 심리현상도 잠재적으로만 작용한다.

이들 다섯 가지 보편적인 심리현상을 표층의식의 작용과정에서 살펴보자. 예를 들어 아침에 샤워를 하는 장면을 상상해 보자. 물을 끼얹은 후, 눈을 감고 비누를 찾기 위해 손을 뻗는다. 이때 그의 손에 뭔가 미끈거리는 물체가 닿는 것을 느낀다. 접촉[촉]이란 손과 미끈거리는 물체가 닿아 뭔가 있다는 인식이 발생하는 상태를 가리킨다. 감관과 대상, 식이 모여있는 것이 접촉이다. 이러한 인식이 발생하기 위해서는 주의력[작의]이 필요하다. 손에 주의를 기울여야 하기 때문이다. 같은 시간에 등줄기를 타고 흐르는 물의 감촉을 느끼지 못하는 것은 주의력이 손에 가 있기 때문이다. 미끈거리는 감촉을 느끼는 것이 느낌[수]이다. 자신이 원하는 것을 찾은 것이기 때문에 이 느낌은 좋은 느낌이다. 그 후 그는 이 미끈거리는 물체가 비누라고 생각한다. 이와 같이 대상을 개념과 연결시켜 인식하는 것을 인지[상]라고 한다. 그는 이제 그 비누를 잡으려 한다. 의도[사]가 발생하는 것이다.

비록 알라야식에도 이러한 다섯 가지 보편적인 심소가 있지만, 알라야식 차원에서는 이들의 작용은 명료하지 않다. 알라야식은 아라한이 되기 전에는 소멸하지 않고, 모든 윤회의 과정에서 언제나 존재한다.

말나식

말나식의 완전한 명칭은 '말나(末那)라고 불리는 식(mano nāma vijñāna)'이다. 말나식은 알라야식을 인식대상으로 하여 그것을 자아라고 생각하고 집착하는 식이다. 그러나 알라야식은 자아가 아니다. 전생에 지은 업과 번뇌의 종자를 담은 채 끊임없이 변하는 식일 뿐, 변하지 않는 고정된 실체가 아니다. 세친보살은 『유식삼십송』에서 아뢰야식(=알라야식)은 "항상 폭류처럼 발생한다[항전여폭류恒轉如瀑流]."고 하였다. 폭류의 흐름이 앞뒤가 끊임이 없이 발생하는 것처럼 알라야식은 원인과 결과가 끊임없이 이어지며 발생하는 것일 뿐이다. 거기에는 어떤 고정불변의 실체인 자아는 없다.

말나식은 자아에 대한 무지[아치我癡], 자아가 있다는 관념[아견我見], 자아 정체성[아만我慢], 자아에 대한 애착[아애我愛]이라는 네 가지 근본번뇌와 항상 결합한다. 말나식은 이러한 자아관념으로 표층의식을 항상 물들이므로 염오의(染汚意)라고도 부른다. 예를 들어 보시를 하는 선한 마음이 발생할 때도 '내가 보시를 하였다.'라는 생각이 항상 따르는 것은 말나식이 늘 잠재적으로 존재하면서 표층의식을 물들이기 때문이다. 이 경우 '나'라는 존재가 없는데도 '나'라는 관념이 발생하는 것이 아치이다. 이와 같이 발생한 관념 때문에 '나'라는 것이 있다고 생각하는 것이 아견이다. '보시를 하는 나'와 같이 자기 자신에 대한 정체성을 인식하는 것이 아만이다. 보시하는 행위는 선한 행위이고 자기 자신을 이렇게 선한 사람으로 생각하고, 만족하고 자랑스러워하는 것을 아애라 한다. 그리고 이것은 표면적인 의식에서 작용하는 것이 아니라 말나식 차원에서 잠재적으로 작용한다.

어떤 행위를 하더라도 이와 같은 자아의식이 항상 표층의식을 물들인다. 말나식은 아라한이 되면 완전히 소멸한다. 또한 아라한 단계 이전에도 모든 마음이 사라진 선정[멸진정滅盡定]과 출세간의 수행도에서 잠시 소멸한다.

알라야식과 인지과학, 뇌과학

알라야식과 말나식의 도입은 심층의식 혹은 잠재의식의 발견이라는 점에서 큰 의미를 가진다. 현대의 인지과학이나 뇌과학에서도 인간의 판단과 행동은 표층의식의 작용뿐 아니라, 심층의식의 작용에 의한 무의식적 과정이 훨씬 더 큰 영향을 미친다는 사실이 속속 알려지고 있다.

가령 어떤 결정을 해야 할 경우, 구체적으로 어떤 물건을 살 경우나 외식을 할 때 품목을 선택하는 경우를 생각해 보자. 많은 사람은 자신이 합리적이고 이성적이어서 많은 정보를 수집하고 신중하게 결정했다고 생각한다. 여러 웹사이트를 검색하고 물건을 선택하거나 가게를 선택한다. 하지만 실제로 물건을 사거나 메뉴를 선택할 때 대부분은 순간의 감정이나, 기존의 습관에 따라 결정하는 경우가 많다. 김치찌개를 시킬지, 된장찌개를 시킬지 많은 경우 우리는 신중히 고민하고 선택하지 않는다. 어떤 인지심리학자는 인간 행동의 95%를 무의식이 관장한다고도 주장한다.

이러한 현대 심리학의 성과에 비추어 보더라도 현대 심리학의 무의식 혹은 잠재의식에 해당하는 알라야식의 의의가 드러난다. 위의 인지심리학자의 말을 빌리면, 인간 행동의 95%를 알라야식이 결정하기 때문이다. 알라야식이 표면적인 인간의 인식이나 행동에 영향을 줄 수 있는 것은 이전의 인식이나 행동을 종자의 형태로 보관하고 있기 때문이다. 이 경우 종자란 현대 심리학에서 말하는 타고난 성향이나 습관에 해당할 것이다. 결국 이전의 행위와 생각, 번뇌가 새로운 행위와 생각, 번뇌를 낳은 가장 직접적인 원인이 된다.

알라야식은 일생의 모든 행위와 번뇌를 저장함으로써 새로운 인격 탄생의 원천이 된다. 선한 행위의 종자는 알라야식에 저장되어 선한 인격을 낳는다. 악한 행위의 종자는 악한 인격을 낳는다. 교법을 들어서 기억하고, 그것을 습관화한 수행의 종자는 수행자를 해탈과 열반으로 이끈다. 알라야식의 발견은 이와 같이 윤회의 과정뿐아니라 해탈의 길까지 밝혀준다.

3) 여래장·불성사상 ─ 누구나 본래 부처님의 성품을 지니고 있다

고통스러운 현실, 번뇌에 속박되어 헤어나지 못하고 있는 중생에게 누구나 다 부처가 될 존재라는 것을 부처님 관점에서 해명하고있는 가르침을 여래장(如來藏)사상 혹은 불성(佛性)사상이라고 부른다. 기원후 2세기 무렵 '원시 열반경'을 비롯한 몇몇 경전에서 여래장 혹은 불성이라는 개념이 처음 나타난 것으로 추정되며, 3세기 중반 이후부터 대승경전의 다양한 사상을 흡수하면서 일련의 체계를 갖춘 경전들이 등장하게 되었다.

『열반경』, 『여래장경』, 『승만경』, 『부증불감경』 등이 여래장과 불성을 설하는 대표적인 경전들이며, 『보성론』은 그 사상구조를 체계적으로 정리하고 있다. 그러나 한국불교를 비롯한 동아시아 불교도들에게는 『보성론』보다는 『대승기신론』이 여래장사상을 설하는 논서로 훨씬 더 친숙하다.

인도 대승불교에서 중관사상과 유식사상이 학파를 형성했던 것과 달리, 여래장사상 혹은 불성사상은 독립된 학파를 형성하지는 못하였다. 하지만 동아시아 한자문화권의 불교와 티베트 불교에서 여래장·불성은 불교사상의 체계를 구축하는 중요한 토대가 되었다.

모든 중생은 항상 여래를 본성으로 가진다

여래장·불성사상을 이야기할 때 가장 널리 언급되는 문구가 바로 '일체중생실유불성(一切衆生悉有佛性)' 혹은 '일체중생개유여래장(一切衆生皆有如來藏)'이라는 경전 구절이다. '중생이라면 누구나 다 불성[혹은 여래장]을 가지고 있다.'는 것이다. 여기에서 불성 혹은 여래장을 어떻게 해석하는지가 여래장사상을 이해하는 핵심 관건이다. 흔히 불성은 '부처가 될 가능성'으로만, 여래장은 '여래의 태아'로 오해된다. 보통은 이 문구에 한정하여 여래장·불성사상 전반이 이해된 것으로 생각하기 쉽다. 하지만 이 문구의 정확한 의미를 이해하기 위해서는 이것이 설해진 맥락을 알아야 한다.

> "선남자여! 여래·응공·정등각은 부처님 자신의 지혜 광명의 눈으로 모든 유정의 탐욕과 성냄·어리석음·탐냄·무명·번뇌를 본다. 저 선남자와 선여인은 번뇌에 빠졌으나, 태장(胎藏) 속의 한량없는 수의 부처님이 모두 다 나와 같이 여래 지혜의 눈으로 그들에게 부처님의 법체(法體)가 있는 것을 관찰하고, 결가부좌하여 고요히 동요하지 않는 것이다. 모든 번뇌로 물든 가운데에서도 여래의 법장(法藏)은 본래 동요함이 없으니, 윤회하는 존재들[유취有趣]의 견해로는 더럽힐 수 없다. 그러므로 내가 지금 '그들 모두가 여래이니, 나와 다름이 없다.'고 말하였다. 선남자야, 이와 같이 여래는 부처님의 지혜로운 눈으로 모든 유정이 여래장(如來藏)임을 본다. …… 선남자여! 여래가 부처님의 눈으로 모든 유정이 여래장임을 관찰하고, 유정들로 하여금 욕

불교개론

심·성냄·어리석음·탐냄·무명·번뇌장을 모두 없애도록 하기 위해 그들을 위하여 법을 설하는 것이다. 법을 들었기 때문에 바르게 수행하면 곧 청정한 여래의 실체를 얻게 된다."

– 『여래장경』 '연꽃 안의 여래' 비유

『여래장경』의 이 비유는 일체중생이 여래장임을 선언하는 부분이다. 다만 '중생에게 있는 일체의 여래가 나와 다름이 없음'과 '모든 유정(有情)이 여래장'이라는 것은 여래·응공·정등각이 '부처님의 눈'에 의해서만 관찰되고, 그러한 사실은 부처님 교설에 의해서만 알려지고 선언된다.

연꽃 안의 여래들이 번뇌에 물들지 않는 것과 같이, 중생은 자신 안에 온전한 여래를 갖추고 있다고 부처님은 설하신다. 부처님의 눈으로 본 진실을 설하는 이유는 유정들로 하여금 갖가지의 번뇌를 끊도록 하기 위해서이며, 그러한 법을 들었기 때문에 중생은 바르게 수행하여 청정한 여래의 법체를 얻게 된다.

이것이 여래장을 설하는 기본적인 구조이다. 다만 '모든 중생이 여래를 본성으로 가지고 있다'고 하는 것은 『승만경』 「여래장장」에서 선언하듯이 오직 여래만의 경지일 뿐이며, 현실의 중생은 알 수 없고 받아들일 수 없는 지점이다. 중생은 그 선언에 대해 불지견(佛知見)에 의지하여 믿음을 일으킬 뿐이다.

이때 여래장 혹은 불성은 깨달음을 성취했을 때 드러나는 것이지, 중생의 현실태를 규정하는 개념은 아니다. 불성 혹은 여래장을 상(常)·락(樂)·아(我)·정(淨)으로 정의한다고 해서 일원적인 실체론이라고 하는 견해가 있다. 하지만 이것은 불지견(佛知見)에 의해 설해졌기 때문에 깨달아야만 성취할 수 있는 경지인 불성과 여래장을 중생의 현실태를 규정하는 존재의 원인으로 본데서 비롯된 오해이다. 그래서 『승만경』이나 『대승기신론』은 여래장이 생사의 의지(依持)이기는 하지만, 생사조작의 원인은 아니라고 반복해서 강조한다.

자성은 본래 청정하나 번뇌로 오염되어 있을 뿐

깨달음을 성취한 부처님의 안목에 의거하여 '중생은 여래장'이라고 한다. 이때의 여래장 혹은 불성은 '여래로 성장할 가능성을 가진 태아' 혹은 '부처님이 될 가능성으로서의 성품'을 의미하지 않는다. 이것은 '이미 온전한 여래'이며, '이미 온전한 부처님의 본성[불성]'이다. 이미 온전한 여래이고, 이미 온전한 부처님의 본성을 갖추었기 때문에 거기에 번뇌는 전혀 존재하지 않는다. 이를 '자성청정심(自性淸淨心)'이라고 한다.

그런데 중생은 자성청정심을 가지고 있으면서도 번뇌에 뒤덮여서 그 사실을 알지 못한다. 이때의 중생은 번뇌를 자신의 성품으로 착각하고 있기에, 자신의 본래 성품이 여래이며 불성임을 깨닫지 못한 상태에 있게 된다. 이를 객진번뇌염(客塵煩惱染), 곧 '손님에 불과한 번뇌에 의해서 오염되었다.'고 말한다.

자성청정심은 중생의 본성이 여래와 다르지 않다는 것을 강조하고, 객진번뇌염은 자성청정심을 가린 번뇌 때문에 중생이 여래와 다른 상태에 있음을 지적한다. 중생은 여래와 다르지 않은 본성을 가지고서도 손님에 불과한 번뇌에 휘둘려 고통을 받는다. 자성청정심이 주인임을 자각하기만 하면 괴로움에서 벗어날 수 있음에도 말이다. 부처님의 교설은 이 선언에 대한 믿음을 일으키기만 해도 괴로움은 사라지기 시작한다는 전제에서 주어진다.

믿음 그리고 여래장사상

여래장·불성사상의 구조는 매우 간단하다. 부처님은 중생 안에 자신과 동일한 부처님이 있음을 꿰뚫어 보고, 그것을 중생에게 선언적으로 전하셨다. 이 선언에 의해 모든 중생에게는 부처님과 조금도 다르지 않은 지혜가 존재한다는 것이 알려진다. 부처님의 깨달음으로부터 말미암은 선언적 교설이기 때문에, 중생은 그것을 믿음으로써 수용한다.

이는 중생 누구나 괴로움의 속박에서 완전히 벗어난 부처님이 될 수 있다는 구원의 메시지이다. 또 이 교설은 먼저 진리를 성취하고 번뇌의 속박으로부터 벗어나 열반을 성취한 석가모니불에 대한 믿음이기도 하다. 깨달음을 통해 모든 생명이 생명을 지닌 사실 그 자체로 존중받아야 한다는 진실에 도달한 부처님 가르침에 대한 확신을 요구하는 믿음이다. 불교도에게 가장 소중한 존재는 부처님이다. 그 부처님에 의해서 생명을 가진 것들은 생명이라는 그 자체로 부처님과 조금도 다르지 않다고 선언되었을 때, 생명을 지닌 모든 존재들이 부처님만큼 소중해진다. 그 소중함을 온전히 받아들이는 그 자리에서 새로운 부처님이 출현하게 되며, 그 새로운 부처님은 이전의 부처님과 조금도 다르지 않을 것이라는 강렬한 믿음의 결과물이 여래장·불성사상이다.

이렇게 보면 여래장·불성사상은 일체 생명을 지닌 존재들에게 성불의 당위성을 일깨울 뿐만 아니라, 무엇보다도 생명이 있는 것이라면 모두가 생명을 가졌다는 그 자체로 소중하고 고귀하다는 평등의 메시지를 전달한다.

4) 천태사상 – 고해의 현실에서 부처님 세계를 여는 길

일승과 방편을 설하는 경전, 『법화경』

초기 대승경전군에 속하는 『법화경』은 이론 체계를 추구한다기보다는, 하나의 거대한 서사시를 보는 듯한 경전이다. 경전은 크게 세 부분으로 구성되어 있다. 첫째는 서품에서 제9의 「수학무학인기품」까지, 둘째는 「법사품」부터 제22 「촉루품」까지, 그리고 셋째는 「약왕본사품」 이하의 부분이다. 첫째 부분을 원형으로 하여 둘째 부분이, 다시 셋째 부분이 차례로 부가되어 『법화경』이 완성된 것으로 본다.

첫째 부분의 주요 주제는 보살만이 아니라 성문·연각으로 대표되는 소승의 가르침도 결국은 성불에 이르는 하나의 과정이라는 것을 밝히는 것이다. 부처님에게는 성문이든 연각이든 모든 중생이 구제와 성불의 대상이다. 그런데 왜 굳이 성불에 이르는 가르침이 아닌 소승의 가르침을 설했는가? 이는 '방편'이기 때문이다. 반면 궁극적으로 누구에게나 구제와 성불을 보증하는 것은 일불승[일승一乘] 사상이다. 이 부분은 일승사상과 방편사상을 드러내는 것에 초점을 둔다. 이 점에서 불제자들에 대한 수기(授記)를 통한 성불의 기약이 이 단락의 주요 내용을 구성한다.

둘째 부분은 구원불(久遠佛)로서 석가모니불을 묘사하고 있다. 불제자를 대신하여 보살들이 주요 청문자로 등장하여, 경전의 공덕을 강조한다. 특히 다보여래의 출현과 열반이 방편임을 강조함으로써, 영원히 상주하면서 설법하는 부처님으로서 석가모니를 재규정한다.

셋째 부분은 관세음보살·묘음보살·약왕보살 등을 통해 법화경 신앙의 실천을 다양하게 드러내고 있다.

천태의 실천론과 세계관, 삼제원융과 일념삼천

천태 지의(天台 智顗, 538-597)스님은『법화경』을 중국인의 관점에서 새롭게 파악함으로써 천태사상(天台思想)을 체계화한 인물이다. 지의스님이 활동하던 시대에는 축법호와 구마라집의 번역을 통해서 전해진 다양한 대승경전을 체계적으로 이해해야 한다는 고민이 팽배해 있었다. 구마라집이 중심으로 삼았던 반야교학이 대승불교의 기초라는 점에서는 의심의 여지가 없었다. 그러나『화엄경』,『열반경』,『법화경』 중 어느 경전에서 교학사상의 정점을 구해야 하는가에 대해서는 입장이 달랐다. 지의스님은『법화경』을 중심에 두고『화엄경』과『열반경』의 사상을 종합하는 방식을 선택했다. 그리고 이 방식에 의해 인도 대승불교의『법화경』과는 다른 중국적인 관점에서『법화경』의 세계를 재구성한 결과가 일념삼천의 세계관이다.

구마라집이 번역한『묘법연화경』「방편품」에는 십여시(十如是)가 설해져 있다.

> "오직 부처님과 부처님만이 능히 모든 법의 실상을 다 알
> 수 있다. 이른바 여시상(如是相)·여시성(如是性)·여시체(如
> 是體)·여시력(如是力)·여시작(如是作)·여시인(如是因)·여시

연(如是緣)·여시과(如是果)·여시보(如是報)·여시본말구경
(如是本末究竟) 등이다."

모든 것이 이 열 가지 방식으로 존재하고 생기(生起)한다는 것이
바로 십여시이다. 상(相)은 외적인 모습, 성(性)은 내적인 성질, 체
(體)는 외적 모습과 내적 성질을 합친 전체, 력(力)은 잠재적인 능력,
작(作)은 지금 드러나고 있는 작용, 인(因)은 사물이 나타나는 직접
적 원인, 연(緣)은 간접적인 원인, 과(果)는 인연에 의해 생긴 결과,
보(報)는 결과가 외부로 드러나는 것, 본말구경은 첫째부터 아홉째
까지 연관하여 일관되게 존재하는 것을 말한다. 사물과 현상 각각은
이 열 가지의 여시(如是)를 구비하고 있어서 각각의 사물과 현상을
지탱하는 규범이 된다. 이것이 바로 제법의 실상이다.

십여시에는 연기·공의 관점이 일관되게 적용되고 있다. 지의는
이것을 '시상여(是相如)', '여시상(如是相)', '상여시(相如是)'와 같이 순
서를 바꾸어 읽고, 각각 공(空)·가(假)·중(中)의 의미로 읽는다. '시
상여(是相如)'처럼, 같음[여如]에 초점을 두어 읽으면 두 가지 모양이
없으므로 공의 의미가 된다. '여시상(如是相)'처럼 모양[상相]에 초점
을 두어 읽으면 임시적으로 생기한 양상을 의미하므로 가의 의미가
된다. '상여시(相如是)'처럼, 그러함[시是]에 초점을 두어 읽으면 중도
실상의 의미가 된다고 한다.

이것은 하나의 연기된 현실에 대하여 공·가·중이라는 존재의 세
가지 측면에서 관함으로써, 한쪽에 치우친 극단의 관점을 배제해가
는 실천적 관점이다. 이것을 삼제원융(三諦圓融)이라고 한다. 공이라
는 관점에 의해 인간의 집착이 부정되며[공제空諦], 다시 가유(假有)

불교개론

라는 관점에 의해 부정된 것을 긍정함으로써 현실부정의 관점에 떨어지는 것을 배제한다[가제假諦]. 다시 공제와 가제가 상호 부정된 자리에 드러나는 것이 바로 중도의 실상[중제中諦]이며, 이 지점에서 공·가·중의 삼제(三諦)가 원융하게 된다. 이 삼제원융은 철학이라기보다는 중도를 실천해가는 실천의 관점이라고 보아야 한다.

이러한 실천의 관점을 지탱하는 천태의 세계관을 일념삼천(一念三千)이라고 한다. 불교에서는 윤회를 여섯 갈래로 나누어 설명한다. 지옥·아귀·축생·수라·인간·천상 등 안락이 없는 괴로움의 여섯 세계이다. 여기에 다시 괴로움의 여섯 갈래를 벗어나는 세 가지 길이 설해진다. 성문·연각·보살의 길이 그것이다. 천태에서는 여기에 불승(佛乘)이라는 또 하나의 세계를 더해서 열 개의 세계를 구성한다. 가장 열등한 세계로부터 가장 수승한 세계까지, 혹은 극악(極惡)의 세계에서 극선(極善)의 세계까지 열 개의 세계를 순차적으로 배열한 것이다.

지의는 열 개의 세계를 구성하는데 그치지 않고, 열 개의 세계가 다시 각각 열 개의 세계를 갖춘다고 하였다. 그러므로 각각의 세계 안에 지옥세계로부터 불세계(佛世界)까지 갖추어져 있다. 지옥 중생도 불세계의 성품을 가지고 있으며, 부처님 역시 지옥의 성품을 가지고 있다는 의미이다. 쉽게 말하면 아무리 악한 사람이라도 선심을 가지고 있으며, 아무리 선한 사람일지라도 악심을 가지고는 있다는 뜻이다. 가능성으로는 어떤 세계라도 다 갖추고 있으며, 다만 그성품이 행해지고 있느냐 아니냐에 따라 열 개의 세계에 속하게 되는 것이다.

열 개의 세계가 각각 열 개의 세계를 서로 갖추므로, 백 개의 세계가 된다. 그런데 이 백계(百界)의 상태는 제법의 실상을 설명하는 열 가지 존재 방식을 벗어날 수 없다. 백 개의 세계 각각이 독자적인 상(相)과 성(性), 체(體)와 력(力) 등의 십여시를 소유하고 있다. 이렇게 하여 천의 세계가 성립된다. 여기에 다시 삼종의 세간, 곧 오음세간(五陰世間)·중생세간(衆生世間)·국토세간(國土世間)의 세 가지를 곱하여 삼천의 세계가 성립하게 된다.

천태는 한 찰나의 마음속에 이 삼천 세계가 포함되어 있다고 주장한다. 이러한 의미에서 중생은 무한한 가능성과 그 가능성을 선택할 수 있는 자유의지를 가진 존재로 규정된다. 지금 살아가고 있는 현실의 한 찰나 마음이 가지고 있는 가능성이 그렇다는 것이다.

일념삼천과 삼제원융, 절망을 넘어서는 현실적인 가르침

『법화경』은 '중생으로 하여금 부처님의 지견(知見)을 열어 청정케 하려고', '중생에게 부처님의 지견을 보이려고', '중생으로 하여금 부처님의 지견을 깨닫게 하려고', '중생으로 하여금 부처님의 지견의 도에 들어가게 하려고' 부처님이 세상에 출현하셨다고 선언한다.

지의스님이 일념삼천의 세계관을 주장하는 이유는 명백하다. 누구나 지옥에 갈 수도 있고 깨달음을 성취하여 성불할 수도 있다. 하지만 무한한 가능성을 가진 중생은 반드시 불세계로 향하도록 되어 있다. 깨달음을 성취한 부처님이 출현했고, 그 부처님이 영원히 중생을 위하여 『법화경』을 설법하고 있으므로, 그 일대사 인연의 그물망에서 벗어날 수 없기 때문이다. 이것은 무한한 긍정의 가능성에 기반한 생각이다.

여기에는 『법화경』의 일승사상과 '일체중생실유불성'이라는 『열반경』의 사유가 전제되어 있다. 하지만 그렇다고 해도 지옥의 중생은 여전히 지옥에 있다. 그 지옥 중생을 어떻게 불세계로 나아갈 수 있도록 할 것인가? 그 중간 지점에서 헤매고 있는 중생들을 위해서 어떻게 할 것인가?

지의스님은 이를 위해 삼제원융을 설한다. 현실 속 인간의 삶은 절대 긍정의 낙관론에 기반해 있는 것도, 절대부정의 절망에 떨어져 있는 것도 아니다. 늘 그 사이를 오가는 것이 인간의 현실이며, 그 현실을 부처님세계로 이끌기 위해서는 현실부정의 공제와 현실긍정의 가제를 동시에 아울러서 실상의 세계로 나아갈 수 있어야 한다. 이것이 천태에서 일념삼천의 세계관에 의거하여 무한한 가능성을 연 다음에, 다시 삼제원융의 실천론을 설하게 된 이유이다.

이러한 지의스님의 실천론은 지관수행에 바탕을 두고 전개된다. 그는 선과 교, 수행과 교학을 통합하여 새의 두 날개처럼 균형적 발전을 도모한다. 그 수행은 다양한 지관수행법으로 전개된다. 그것이 천태선이다. 이와 관련하여 지의스님은 불교수행의 통일된 이론체계는 물론 수행체계를 정립하기에 이른다.

5) 화엄사상 – 부처님으로 살아가는 길

부처님과 부처님 세계를 설하는 『화엄경』

대부분의 경전은 불제자 혹은 보살이 법을 청하고 그 청법에 답하는 부처님 설법으로 구성된다. 그런데 『화엄경』의 부처님은 법을 설하지 않는다. 보살에 의해 '부처님과 부처님이 성취한 자내증(自內證)의 세계' 그리고 '부처님의 국토[불국토佛國土]'와 '부처님으로 살아가는 길의 성취'가 설명되고, 부처님은 보살이 설한 내용을 삼매와 가피 그리고 수기를 통해 증명할 뿐이다.

『화엄경』은 석가모니불이 부다가야의 보리수 아래에서 성취한 깨달음의 세계를 통해 부처님과 부처님 세계가 어떠한지를 설명한다. 나아가 삼매와 가피를 매개로 부처님의 힘에 의지하여 이타(利他)의 서원을 세우고 깨달음의 세계로 나아가는 보살의 실천행을 보여준다. 이런 점에서 『화엄경』은 이타의 서원에 의지하여 모든 생명과 함께 불국토를 성취하려는 대승불교 정신의 확고한 계승을 보여준다.

『화엄경』은 부다가야·보광법당(2회)·중각강당이라는 지상의 네 개 장소와 도리천·야마천·도솔천·타화자재천이라는 네 개의 천상을 무대로 법회가 펼쳐진다. 하지만 모든 법회는 첫 번째 장소인 부다가야의 적멸도량을 떠나지 않은 상태에서, 부처님 세계와 그곳에 이르는 길을 법회 무대의 이동이라는 특별한 방식으로 보여준다. 이 경을 독송하고 견문(見聞)하는 이들은 그 길을 따라서 자연스럽게 부처님의 세계로 들어가게 되는 구조이다.

첫 번째 법회는 부처님의 정각과 그것에 의해 성취되는 세계의 의미를 드러내는데 초점을 둔다. 두 번째 법회는 부처님의 신·구·의, 삼업을 통해 부처님을 설명하고, 그것을 견문하는 보살들의 발심을 설명한다. 세 번째부터 일곱 번째 법회는 발심에 의해서 정각을 성취한 보살이 부처님 세계를 어떻게 현실에 구현하는지를 보여준다.

마지막 여덟 번째 법회는 선재라는 주인공을 통해 발심 보살이 부처님 세계에 들어가는 과정을 압축하여 이야기하고 있다. 이 마지막 법회에는 보현보살의 행원을 밝힌다. 보현보살의 행원은 『화엄경』 실천의 모델이자 방법이며 목표로 화엄의 부처님 그 자체이기도 하다. 『화엄경』은 어떻게 깨달음을 성취하는지가 아니라 부처님 깨달음의 안목에서 드러나는 세상은 어떤 것인지, 보살은 어떻게 실천해 나가야 하는지를 설명한다. 이 세계를 설명하기 위해서 『화엄경』은 철학적인 것처럼 보이지만, 실은 부처님의 정각으로 성취한 세계와 정각의 관점에서 바라보는 세계의 실상이라는 종교적 체험의 서술이다.

부처님이 바라보는 세계, 상즉상입의 부처님 세계

『화엄경』의 이와 같은 성격 때문인지는 몰라도, 중국에서 등장한 화엄사상(華嚴思想)은 『화엄경』의 세계관을 재구성하려는 어떠한 시도도 하지 않고 있다. 오히려 중국과 한국의 화엄 사상가들은 『화엄경』이 보여주는 부처님과 부처님 세계를 설명하고 이해하는데 주력하는 경향이 강하다. 이러한 태도는 천태종의 지의스님이 『법화경』을 핵심소재로 삼아 새롭게 법화경의 세계관을 재구성했던 것과는 상당히 다른 입장이다. 화엄 사상가들은 『화엄경』이 보여주는 부처님과 부처님이 바라보는 세계를 부연하고, 나아가 체험하는데 주력하였다고 할 수 있다.

『화엄경』은 '존재하는 모든 것은 마음이 드러낸 것'이라고 한다. "마음은, 솜씨 좋은 화가가 여러 가지 만물을 묘사해내는 것과 같이, 일체 세계의 모든 것을 만들어낸다."는 게송과 이어지는 "모든 부처님들은 일체가 마음에서 일어남을 확실히 안다. 만약 이와 같이 이해한다면, 그는 참으로 부처님을 보는 것이다."는 게송은 유심(唯心) 사상을 확연하게 드러낸다.

또한 『화엄경』은 '하나 속에 일체가 있고 일체 속에 하나가 있으며, 하나가 곧 일체요 일체가 곧 하나'이다. 그리고 '한량없는 시간이 일념이며, 일념이 한량없는 시간'이라고 설명한다. 『화엄경』에서 하나의 사물, 한 찰나의 시간은 결코 독립적인 것으로 여기지 않으며, 항상 하나하나의 모든 존재가 나머지 일체 존재와 관련되어 있다고 본다. 일체가 서로 관계 맺고, 서로 작용하며, 서로 포함한다. 화엄철학에서 부처님이 바라보는 세계는 법계연기(法界緣起)라는 세계이다.

또 『화엄경』은 발심만 하면 바로 정각(正覺)을 성취한다고 말한다. 처음 발심한 때가 바로 정각을 성취하는 때이다. 그래서 『화엄경』의 보살행은 깨달음을 이루기 위한 원인이 아니라, 비로자나불의 세계를 구체화시켜 나가는 깨달음이라는 결과로부터 발현되는 부처님의 행이다. 철저하게 깨달음의 결과로 나타나는 '이타의 보살행'을 설하는 것이 『화엄경』의 보살도이다.

이러한 핵심적인 화엄의 세계관에 토대가 되는 것은 '여래출현(如來出現)'이라고 하는 사건이다. 『화엄경』은 정각, 곧 부처님 출현을 경전의 첫머리 곧 출발점에 놓는다. 그리고 이후의 모든 법회는 여래출현의 적멸도량을 떠나지 않은 채 펼쳐진다. 이 구조를 통해서 『화엄경』 전체의 내용을 여래출현이라고 하는 사건으로 귀결시킨다. 따라서 보살도로 펼쳐지는 모든 법회와 무대로 부처님에 의해 구현되는 모든 세계는 '여래출현'이라는 사건의 다른 모습이라고 간주된다.

화엄 사상가들은 일체의 존재를 불보살과 같은 깨달은 존재인 지정각세간(智正覺世間), 아직 깨닫지 못한 존재인 중생세간(衆生世間)과 이 두 세계의 기반이 되는 기세간(器世間)의 셋으로 나눈다. 이 세가지 세간은 부처님의 깨달음에 의해 성취되는 적멸도량의 장엄이며 불국토의 완성이기에, 『화엄경』은 여기에 '세주묘엄(世主妙嚴)'이라고 제목을 붙인다. 세주(世主) 곧 부처님의 출현에 의한 장엄이며 국토이기에, 부처님도 보살도 중생도 기세간에 이르기까지 여래출현의 모습으로 포착하게 된다. 이러한 관점에서 『화엄경』은 "마음과 부처님과 중생은 차별이 없다."고 하며, 또 "하나의 털구멍에 무수한 불국토가 아름답게 장식되어 영원히 존재한다."고 설한다.

보현행, 부처님으로 살아가는 길

그렇다면 왜 『화엄경』과 화엄사상가들은 여래출현에 의해 펼쳐지는 부처님이 바라보는 세계를 강조하였던 것일까?

> "불자여! 여래의 지혜는 모양 없는 지혜, 걸림 없는 지혜로 중생의 몸 안에 갖추어져 있는데, 다만 어리석은 중생들이 전도된 생각에 뒤덮여 알지도 못하고 보지도 못하고 신심을 내지도 않는다. 이때 여래께서 걸림 없는 청정한 천안으로 일체 중생을 관찰하고는 이와 같이 말씀하셨다. "이상하구나, 이상하구나. 여래의 원만한 지혜가 그 몸에 있는데도 알지도 보지도 못하는구나. 나는 마땅히 저 중생들이 거룩한 도를 깨달아 망상과 전도의 속박을 영원히 끊도록 가르쳐서, 여래의 지혜가 그 몸 안에 있어서 부처와 다름이 없음을 보게 하리라." – 『화엄경』 「보왕여래성기품」

이 경문은 여래출현이라는 사건에 의해 중생의 몸 안에 여래의 지혜와 동등한 지혜가 갖추어져 있음을 선언한다. 팔정도에 의해서 중생이 새롭게 여래를 성취하는 것이 아니다. 중생이 본래부터 부처님과 동등한 지혜를 갖춘 부처님이었음을 자각하는 과정이 바로 팔정도를 닦는 것이다. 본래 부처님임을 확신하고 자각하는 과정, 그래서 중생이 아니라 부처님으로 살아야 하는 당위성을 이 경문은 보여준다.

경전이 강조하는 보현행원(普賢行願)의 길은 이타의 관점에서 보면 '본래 부처님임을 자각하게 하는 과정'이며, 자리의 관점에서 보면 본래 부처님이라는 자각을 통해 부처님으로 살아가야 하는 당위성을 드러내는 과정이다. 어느 쪽이든 중생이라고 착각하고 있는 우리에게 본래의 부처님을 드러내어 부처님으로서의 삶을 살도록 촉구하는 것이 '부처님 자내증의 세계와 부처님이 바라보는 세계'를 설명하는 『화엄경』의 본래 의도라 할 수 있다.

6) 정토사상 - 극락정토와 현실정토

정토는 왜 등장했는가

불교의 이론과 수행은 믿음과 이해, 실천과 증득의 과정을 거쳐서 본래 청정한 마음의 실상을 체험하여 안심입명에 도달함을 목적으로 한다. 그것은 열반의 체험이고 깨달음의 자기화이며 정토의 구현이다.

정토(淨土)란 번뇌가 없는 안락하고 청정한 세계를 말한다. 그것은 자기 완성의 세계요, 청정한 대중들이 모여 사는 불보살의 나라, 불국정토이다. 폭넓게 말하자면 모든 불교는 이 정토 건설을 주목적으로 삼는다. 그중에 대표적인 것이 극락정토(極樂淨土)이다. 그곳은 번뇌에 쌓여 아프고 힘들게 살아가는 중생들이 가고자 하는 안락한 대지이다. 극락정토는 열반의 세계를 자신의 한계에 절망하는 중생의 눈높이에 맞추어 구체화한 이상향이다. 그곳에는 낙조의 아름다움과 장엄함, 청량한 숲과 맑은 호수가 있으며, 바람결에 그윽한 음악이 흐른다. 그래서 그곳에 가면 마음이 행복하고 평화롭다. 이렇게 좋은 환경에서 부처님 말씀을 듣고 수행하니 깨달음의 꽃이 금방 피어난다.

세상에는 근기가 뛰어난 사람이 있는가 하면 자신의 힘으로는 헤쳐나갈 수 없는 박약한 사람이 있다. 그런 사람에겐 삶의 파도가 거세 물에 빠져 허우적거릴 뿐 자신이 할 수 있는 일이란 아무것도 없다. 삶의 현장이 너무 척박하고 힘들어 자력으로는 절망에 떨어지고 마는 인간 존재 자체가 지니는 한계 또한 지니고 있다.

이러한 사람들에게 정토세계는 큰 희망이요, 구원으로 다가온다. 그곳이 저 먼 하늘 아래 서쪽나라, 서방정토 극락세계인 것이다. 자력으로 절망하는 사람들은 그 세계에 가서 태어나려는 왕생을 바란다.

이 극락정토는 법장보살의 원력으로 만들어진 곳이다. 『무량수경』에 따르면 법장(法藏)보살은 왕의 자리를 버리고 출가하여 보살의 길을 간다. 그는 5겁 동안 사유하고, 48대원과 육바라밀에 입각하여 헤아릴 수 없는 영겁의 세월 동안 수행한 결과 극락세계를 완성하여, 아미타불이 되고 시방의 모든 중생을 그 세계로 인도하신다. 법장보살의 48대원을 아미타불의 본원(本願)이라고 한다. 이러한 본원 중의 본원이 제18원으로서 염불왕생원이라 한다. 제19원과 제20원도 아미타불의 중요한 본원이다.

"제18원 : 시방의 중생들이 지극한 마음으로 믿고 원해 저의 국토에 태어나고자 저의 이름을 열 번을 불러도 태어날 수 없다면, 저는 결단코 부처님이 되지 않겠습니다.

제19원 : 시방의 중생들이 보리심을 일으켜 갖가지 공덕을 닦고 저의 국토에 태어나고자 온 마음 기울여 발원하였건만, 그들의 임종시에 제가 나타나지 못한다면 저는 결단코 부처님이 되지 않겠습니다.

제20원 : 시방의 중생들이 제 이름을 듣고 저의 국토를 생각하여 헤아릴 수 없는 공덕의 근본을 심고, 지극한 마음으로 회향하여 나의 국토에 태어나려 했건만, 이를 성취하지 못한다면, 저는 부처님이 되지 않겠습니다." - 『무량수경』

시시각각 번뇌가 치성하게 일어나는 중생들은 아미타불의 이러한 중생구제의 본원력에 의지하여 정토세계로 왕생한다. 본원력의 그 배에 올라타면 아무리 무거운 돌도 가라앉지 않듯이, 죄악이 깊은 인간도 부처님의 대자대비한 본원에 의해 쉽게 정토에 이르게 된다.

아미타불, 영원한 생명의 부처님

아미타불은 아미타바 붓다(Amitābha buddha) 혹은 아미타유스 붓다(Amaitāyus buddha)로 불리었다. '아미타'란 헤아릴 수 없는, 측량한 길이 없다는 뜻이다. '아미타바'는 '한량없는 빛'을 의미하기에 무량광불(無量光佛), '아미타유스'는 '한량없는 수명'을 뜻하기에 무량수불(無量壽佛)이라 부른다.

불교개론

"이 부처님을 어떤 연유로 아미타불이라고 부르는가? 사리
불이여! 이 부처님의 광명은 무량하여 시방의 세계를 비추
어도 장애가 없기 때문에 아미타라고 부른다. 또 사리불이
여! 이 부처님의 수명과 그 나라 백성의 수명은 무량무변
아승기겁이기 때문에 아미타라고 부른다." -『아미타경』

여기서 광명은 지혜를, 수명은 자비를 상징하는 것으로 확대되고,
거기에 청정과 다양한 공능이 담겨 있는 것으로 확대되어 그 부처
님은 수많은 무량한 덕성을 지니기에 아미타불로 불리게 된 것이다.
아미타불은 모든 방면에서 헤아릴 수 없는 탁월한 능력을 갖추고 있
으시기에 시방세계의 무량한 부처님을 포괄하고 대표하는 부처님으
로 칭송되기에 이른다. 그렇지만 아미타불의 대표적인 특징을 들자
면 무량한 광명으로 빛나는 지혜의 부처님이요, 한량없는 자비를 지
닌 생명의 부처님이라 할 것이다.

정토왕생과 그 조건

왕생의 삼대 요소는 믿음과 원력 그리고 실천 수행이다.『아미타
경』에서는 이를 신(信), 원(願), 행(行)이라 한다. 신은 극락세계와 아
미타 부처님의 존재를 믿는 것이다. 원이란 자신의 모든 선행을 회
향하여 극락세계에 태어나고자 발원하는 것이며, 행은 아미타불의
명호를 일심불란(一心不亂)하게 부르는 염불이다.

염불(念佛)이란 부처님을 간절히 생각하고 떠올리며 깨어 있는 것
이다. 염불수행의 기본은 칭명염불이다. 아미타불을 깊은 믿음으로
받아들이며 그 명호를 부르는 행위를 '나무아미타불'이라 한다. 이

'나무아미타불' 여섯 글자를 입으로 또박또박 부르고, 마음으로 역력하게 떠올리며, 귀로 또렷하게 들어야 염불은 내 마음과 몸과 하나가 되어 염불삼매에 이르고, 부처님을 친견하여 번뇌를 떨구어내고 마침내 왕생하는 것이다. 부처님을 혼신의 힘으로 계속 부르고 또 불러 생각의 틈이 없어져야 내가 사라지고, 그 자리에 부처님이 오시는 것이다.

『무량수경』과 『관무량수경』에서도 여러 가지 왕생의 조건을 말한다. 중요한 것은 아미타불의 중생 구제를 향한 본원을 믿고 수행하며 선행을 실천하는 것이다. 이와 관련하여 『관무량수경』에서는 다음 세 가지를 왕생의 조건으로 말한다. 첫째는 지성심(至誠心)으로, 과거에 지은 신·구·의 삼업을 진실하고 청정하게 닦는 마음을 말한다. 둘째는 심심(深心)으로, 결정적인 신심이라고도 한다. 이것은 자신이 죄악으로 나고 죽는 범부임을 자각하고, 아미타불의 48원으로 정토에 반드시 왕생하리라는 믿음이다. 셋째는 회향발원심(迴向發願心)으로, 이 세상에서 선행으로 지은 세복(世福), 계행 준수를 통한 계복(戒福) 그리고 염불수행을 통한 행복(行福) 등 모든 선근 공덕을 일체 중생들에게 회향하여 생명들이 빠짐없이 서방극락에 왕생하도록 발원하는 마음이다. 타인에게 보은하고 감사하는 선행의 실천, 계행의 준수, 삼보에 대한 믿음, 송경과 예배 행위, 염불 등의 이러한 수행은 현실 세계를 정토로 바꾸는 요인으로도 작용한다.

고통의 현장을 정토로 바꾸는 길

정토신앙은 죽어서 극락세계에 왕생하는 것이며, 현재 살아가는 공간을 선행의 실천을 통해 정토로 바꾸어 나가는 것이다. 그러기 위해서는 염불과 더불어 온갖 번뇌와 욕망으로 가득 찬 개별적 존재를 고정불변의 자아로 착각하고 집착하는 몸과 마음을 비워 정화하고, 각자 삶의 현장에서 정토를 구현하기 위해 정진해야 한다. 불변하는 자아라는 고정관념을 타파한 자기완성은 연기적 관계 속에 인연따라 나고 사라지는 무상한 존재임을 자각함으로써 새로운 삶의 지평과 세계가 열린다. 마음이 청정하면 국토도 청정하다.

정토신앙에서 중요한 것은 자력의 한계와 무아로서의 자기 부정이다. 인간의 마음은 참으로 간사하다. 사람을 도우며 착하게 살려고 마음을 다지다가도 자신도 모르게 악행을 저지르고 눈물을 흘린다. 때로는 선량하지만 때로는 사악한 자신을 보게 된다. 합리적 이성은 간교한 꾀로 작용하여 자신을 속이고 사람들을 속이며 자기 파멸에 이르고 만다. 더군다나 자아에 갇힌 인간의 집착은 자신은 물론 모든 대상을 고정적인 모습으로 붙들어 맨다. 그로 인하여 고통이 발생하고 삶을 아수라장으로 만든다.

그래서 정토신앙인은 이성을 지닌 인간의 철저한 자기 절망과 자신을 철저히 비워 모든 것을 아미타불께 믿고 바친다. 염불하면서 자기를 비우고, 그렇게 비워낸 마음으로 선행을 실천하고 타자를 도우며 세상을 아름답고 깨끗하게 장엄하는 삶은 건강하다. 죽어서는 정토에 왕생하여 부처님의 영원한 생명으로 돌아가면 그 생명 또한 무량하다. 정토는 새 삶이요 새 세상이다.

7) 선사상 – 내 마음을 바로 보라, 돈오

선이란 무엇인가

선은 범어 '댜나(dhyāna)'에서 유래한 말이다. 댜나는 '심사 숙고하다', '사유하다'라는 의미를 지닌다. 이는 깊이 사유하면서 고요한 명상에 드는 것을 의미한다. 그래서 이 말은 한자로 사유하면서 닦는다는 '사유수(思惟修)', 혹은 고요히 생각한다는 '정려(靜慮)'로 뜻 번역되었고, '선나(禪那)'로 소리 번역되었다. 그러나 이들보다는 '선정(禪定)'이라는 말이 더 널리 사용되고 있다.

선에서 말하는 사유는 분석적 사유가 아니라 마음을 집중하여 고요히 관조하는 수행이다. 그 과정이 깊어지면 안과 밖이 평등하게 하나가 되어 삼매(三昧, samādhi)의 상태에 이른다. 마치 맑은 거울에 비친 잔잔한 물[명경지수明鏡止水]과 같다. 이러한 삼매를 정(定)이라고도 한다. 선정은 선을 닦아 삼매에 드는 것으로, 지혜의 드러남을 함축한다.

이러한 선을 통해 탐욕, 분노, 들뜸, 흐릿한 마음 등 마음의 평화와 안정을 방해하는 것을 버리고, 그 결과 온갖 공덕이 모여들기 때문에 선은 '공덕총림(功德叢林)'으로 표현되기도 한다. 중요한 점은 선을 통해 지혜를 통찰하여 깨달음에 이르는 것이다.

중국에서 개화하여 교단으로 조직을 갖추고 동아시아에 뿌리를 내린 선을 선종(禪宗)이라 한다. 선종은 깨달음을 이룬 조사들이 마음에서 마음으로 전한 선이라는 의미에서 조사선(祖師禪)이라고도 불린다. 조사선은 무분별의 반야공관에 입각하여 우리의 자성이 본래 청정한 마음이고 불성임을 자각하여 단번에 여래의 경지에 들어감[일초직입여래지一超直入如來地]을 지향한다. 시비분별이 전혀 개입하지 않은 청정한 평상의 마음이 선이 지향하는 궁극적인 삶의 길이기에, 삶의 현장 그대로가 여래의 드러남이고 불성의 드러남[성재작용性在作用]이다. 일상의 삶이 수행이요, 수행이 바로 일상의 삶이다. 수행과 생활이 둘이 아닌 생활선이 바로 조사선의 진정한 가치이다.

달마대사의 선, 벽관과 안심법문

인도의 선은 달마대사(菩提達磨)에 이르러 그 시선을 마음 자체로 향한다. 대사는 520년경 실크로드를 통해 인도에서 중앙아시아를 거쳐 중국의 낙양에 도착한다. 그는 양무제와의 문답을 통해 외형적 불사에만 치중해 있던 당시의 불교를 강하게 비판한다. 그런 그에게 당대의 지식인들이 몰려든다. 그는 구구절절 말하지 않고 단 한마디 말로 일상의 말을 비틀어 마음의 본래 자리를 드러냈기 때문이다.

달마대사는 벽관(壁觀)바라문이라고 불렸다. 9년 동안 숭산 소림굴에서 벽만 바라보고 있었기 때문은 아니었다. 대사의 면벽은 반야공관에 입각하며 진성(眞性)을 깨닫기 위한 외부 대상의 차단이었다. 그것은 밖으로 구하는 마음의 헐떡거림을 쉬어 모든 중생의 동일한 마음의 성품을 깨닫기 위한 방편이었다.『소실육문』(少室六門)에서는 이를 다음과 같이 표현하였다.

"밖으로는 모든 인연을 쉬고 안으로는 마음의 헐떡거림이
없다. 마음이 장벽과 같아야 도에 들어갈 수 있다."
−『소실육문』

달마대사 이전의 선법은 눈앞의 무엇을 바라보거나 어떤 대상을 세워 놓고 집중하는 것이었다. 이를 수시로 닦아 익히는 선이라서 해서 습선(習禪)이라 한다. 그러나 대사는 장벽과 마주하여 마음의 청정한 상태를 확인하고, 안심(安心)을 얻어 번뇌를 끊어낸다. 혜가(慧可, 487~593)가 찾아오자 그는 한 마디의 법거량으로 마음을 편안케 하였다.

> "마음이 불안합니다. 마음의 평화를 주십시오."
> "너의 불안한 마음을 내게 가져오라. 마음의 평화를 주겠다."
> "마음을 찾아도 찾을 수가 없습니다."
> "찾을 수 있다면 어찌 그것이 네 마음이겠는가? 나는 이미 너에게 마음의 평화를 주었다." -『조당집』

달마대사의 도에 들어가는 두 가지 길, 이입사행론

달마대사의 대표적인 저서는 『이입사행론』이다. 여기서는 도에 들어가는 두 가지 길로 이치로 들어가는 이입(理入)과 실천적 행위로 들어가는 행입(行入)을 내세운다. 이입이란 가르침에 의지하여 궁극적 진리를 깨닫는 것이다. 모든 생명은 참성품을 지니고 있다. 다만 비본래적 번뇌에 의해 가려져 있을 뿐이다. 그래서 벽관을 통해 무념무심해지면 자타, 범부와 성인에 대한 분별이 사라지고 글이나 말에 끌려다니는 일이 없게 된다. 이치와 일치하는 한없이 고요한 무위의 상태로 곧바로 들어간다. 벽관을 통해 안심을 얻는 것이다.

행입의 네 가지 실천행[사행四行]은 보원행(報怨行), 수연행(隨緣行), 무소구행(無所求行), 칭법행(稱法行)이다. 보원행이란 지금 닥쳐온 모든 고난이 과거 오랜 기간 동안 지어온 악업이 무르익은 것으로 성찰해, 기꺼이 참아 견디면서 원망하지 않는 삶의 태도를 말한다. 그렇게 하면 도에 가까워진다. 수연행은 모든 고난과 즐거움은 인연 따라 생겨나고 인연이 다하면 사라지므로 즐거운 상황에도 흔들리지 않아야 한다는 것이다. 그렇게 마음에 동요가 없다면 도를 따르게 된다.

무소구행은 구함과 집착이 없는 삶을 말한다. 사람들은 미혹에 빠져 가는 곳마다 욕심을 내고 집착한다. 그러나 지혜를 지닌 자는 공을 요달하여 집착하는 마음 없이 마음을 낸다. 칭법행은 불법에 따라 사는 삶이다. 법에는 실체가 없다. 실체가 없기에 자신의 몸과 생명과 재산을 어떤 보상도 바라지 않고 아낌없이 보시한다. 걸림이 없이 중생을 교화하고 육바라밀을 실천한다. 그러한 이타의 길이 바로 자리의 실천이다. 그것이 불법에 따라 사는 삶이다.

달마대사의 선은 반야 공의 벽관에 입각하여 본래 청정한 마음을 밝혀 안심을 얻는 선이다. 또한 그 선은 연기의 도리를 주체화하고 분별을 떠난 철저한 이타적인 삶을 구현해 낸다.

혜능대사의 선, 즉각 깨닫는 돈오를 천명

달마대사의 선은 중국 선종의 여섯 번째 조사, 육조 혜능(六祖 慧能, 638~731)대사에 이르러 조사선으로 확실한 토대를 다진다. 혜능은 행자 신분으로 디딜방아를 찧으며 수행을 했다. 방아를 찧으면서 삼매에 들었고 그 삼매 속에서 지혜를 밝혔다. 이를 정혜일치(定慧一致)라 한다. 그는 스승 홍인(弘忍)으로부터『금강경』말씀을 듣고 바로 그 자리에서 깨달았다. 이렇게 단박 깨닫는 것을 돈오(頓悟)라고 한다. 수행의 측면에서 신수(神秀)선사가 좌선과 선정을 중시하고 그 마음의 깨끗함을 보는 간심(看心), 간정(看淨)을 강조하는 반면, 혜능 대사는 마음을 깨닫는 돈오를 구현했던 것이다.『육조단경』에서는 두 스님의 닦음과 깨침에 대한 이해를 다음과 같이 묘사하고 있다. 그 두 스님의 공부한 내용을 밝히는 게송을 보자.

> "몸은 보리의 나무요[신시보리수 身是菩提樹]
> 마음은 밝은 거울과 같나니[심여명경대 心如明鏡臺]
> 때때로 부지런히 털고 닦아서[시시근불식 時時勤拂拭]
> 티끌과 먼지 묻지 않게 하라[막사유진애 莫使有塵埃]."
> –『육조단경』

위 게송은 신수스님의 글이다. 수시로 때를 닦아나가 마음을 밝혀 깨달음에 이른다는 점수(漸修)에 방점이 찍혀 있음을 알 수 있다. 다음은 혜능대사의 게송이다.

> "보리는 본래 나무가 없고[보리본무수 菩提本無樹]
> 밝은 거울 또한 받침대 없다[명경역무대 明鏡亦無臺].
> 부처의 성품은 항상 깨끗하거니[불성상청정 佛性常淸淨]
> 어느 곳에 티끌과 먼지 있을까[하처유진애 何處有塵埃]."
> –『육조단경』

이 게송은 청정한 불성이 본래 구족되어 있으므로 그 불성을 바로 깨치면 될 뿐 더 이상 애써 닦을 필요가 없음을 강조한다. 다만 그 마음을 오염시키지 않을 뿐[단막오염但莫汚染]이다. 우리는 본래 부처님이다. 그 본래 부처님의 마음을 바로 이 자리에서 단박 깨친다. 이것이 돈수(頓修)다. 더 나아가 혜능대사는 자신의 성품을 보면 아미타불을 친견할 것이고, 오직 깨끗한 마음이 정토라고 말한다.

언어 문자에 대한 집착은 사물의 본래 모습을 드러내지 못하고 사물을 왜곡한다. 그러므로 문자에 의존하지 않고[불립문자不立文字], 경전의 가르침 밖에 별도로 전하며[교외별전敎外別傳], 경전 이전의 본래 그 자리, 바로 사람의 마음을 직시하여[직지인심直指人心], 본래의 성품을 보아 부처를 이룬다[견성성불見性成佛]. 이 불립문자, 교외별전, 직지인심, 견성성불이 선의 핵심이다.

선은 이러한 진리를 보는 바른 안목[정법안장正法眼藏]과 열반의 미묘한 마음[열반묘심涅槃妙心]을 마음에서 마음으로 전한다[이심전심以心傳心]. 그래서 부처님이 연꽃 한 송이를 들어 보이자 가섭이 미소로 응답함으로써 마음을 전하는 전등의 역사가 흐르게 된다. 이를 염화시중(拈華示衆)의 미소라 한다.

조사선은 말이 끊어진 자리에서 마음을 전하는 앎이 없는 앎, 마음이 없는 마음, 분별 없는 분별을 지향한다. 자신을 철저히 버리기에 서로 부정하지만 맞닥뜨려 상응한다. 그래서 일마다 걸림이 없고, 만법 그대로가 진여의 드러남이다. 선의 길을 가는 수행자는 방아착(放我着)으로 자신을 철저히 내려놓기에 중도 연기에 입각하여 자연스럽게 법의 움직임에 따른다.

4. 한국불교

이 땅에 불교가 공식적으로 전해진 시기는 372년으로 기록되어 있지만, 그 이전에 민간에 불교가 전래된 것을 고려하면 한국불교는 1,700년에 가까운 역사를 지닌다. 역사적으로 불교는 한국의 대표적인 종교로 우리 민족의 삶에 깊이 스며들어 전통문화와 철학사상의 주요 근간이 되었다. 불교는 우리 역사에서 오랫동안 국가의 통치이념이었으며, 숭유억불이 통치이념이었던 조선시대에도 신앙과 사상 그리고 문화의 주된 원천이었다.

1) 화쟁과 화엄의 세상

신라는 법흥왕대에 불교를 국가체제의 주요 기반으로 운용하기 시작하였다. 불교식 왕명시대라고 일컬어지는 법흥왕부터 진덕여왕대까지 신라의 지배층에 의해 국가불교 체제가 정립되었다. 특히 7세기 초부터 삼국을 통일하던 시기까지 수·당과의 교류가 활발해지면서 불교에 대한 전반적이고 심층적인 이해의 기틀이 마련되었다. 7세기 중후반에 본격적으로 활동하였던 원효(元曉, 617~686)스님과 의상(義相, 625~702)스님은 이러한 시대 상황을 배경으로 출현한 신

라불교 나아가 한국불교의 독자적인 사상을 구축한 위대한 사상가
였다.

(1) 원효스님의 깨달음과 화쟁

일심의 깨달음

원효스님은 진평왕 39년(617)에 태어났으며, 속성은 설씨로 중간
계층의 귀족이었다. '원효'라는 이름은 스스로 부른 것으로 '불교를 처
음으로 빛나게 하였다.'는 뜻이다. 당시 사람들은 그 고장의 말로 '새
벽[시단始旦]'이라고 불렀다. 그는 대략 15세 전후에 출가하였다. 원효
스님은 의상과 함께 현장(玄奘, 602~664)스님이 전한 신유식학을 공부
하고자 두 차례나 입당 유학을 시도하였다. 하지만 중간에 유학하려
던 마음을 그만두게 되는데, 그 계기가 바로 그의 오도(悟道)였다.

당나라로 가는 길에 해문 당주의 경계에 이르렀을 때 갑자기 굿은
비를 만나 길가의 토굴 사이에서 비를 피했다. 이튿날 아침에 보니
오래된 무덤인데다 해골까지 옆에 있었다. 그런데 떠나지 못하고 하
룻밤을 더 머물게 되었다. 전날에는 편히 잠을 잘 수 있었으나, 이 날
은 편히 잠을 이루지 못했다. 이때 "마음이 일어나므로 온갖 법이 일
어나고, 마음이 멸하니 토굴과 무덤이 둘이 아니다."(『송고승전』)라는
깨달음을 얻게 되었다. 이에 원효스님은 도반에게 "마음 바깥에 따
로 법이 없는데 어찌 따로 구할 필요가 있겠는가?"라고 말하고 신라
로 되돌아온다. 이러한 깨달음은 『대승기신론』 그리고 화엄사상과
밀접한 관련이 있다.

원효스님의 입당 유학 포기는 당시 흥성하던 중국불교를 직접 체험하고 배울 기회를 놓친 것이다. 하지만 당시 주류불교의 흐름에 휩쓸리지 않았기 때문에 오히려 객관적으로 볼 수 있는 안목을 기르고, 중국불교와는 다른 독자적인 화쟁사상과 화엄사상을 구축하는 계기가 되었다.

화쟁 그리고 일심

유학을 포기하고 돌아온 후, 원효스님은 일정 기간 저술 활동에 열중하였다. 그는 분황사에서 『화엄경소』를 집필하다가 「십회향품」에 이르러 절필하고는 중생교화의 길에 나섰다. 스스로 소성거사(小姓居士)라 칭하면서 무애박을 두드리고, 『화엄경』「명난품」의 '일체에 걸림 없는 사람은 한 길로 생사를 벗어난다[일체무애인一切無碍人 일도출생사一道出生死]'라는 게송을 '무애가'라는 노래로 지어 부르면서 민중을 교화하였다. 원효스님은 『대승기신론』 연구를 출발점으로 하여, 대승의 여러 경론을 주석하였고, 나아가 독자적인 화엄사상을 구축하였다. 그의 사상 중에서 후대에 특히 주목받은 것이 바로 화쟁사상이다. 고려 숙종은 화쟁국사라는 시호를 원효스님에게 추증하였으며, 다시 명종 때에는 분황사에 화쟁국사비를 건립하였다.

원효스님이 활동하였던 시기는 신라가 전쟁을 통해서 삼국을 통일할 때였다. 또한 중국의 장안과 낙양에서는 다양한 불교사상들이 등장하면서 각축하던 시기였다. 그는 이러한 사회적 갈등과 사상적 대립을 해소함으로써 불교의 종국적인 목적인 동체대비의 실천을 모색하였다. 그 과정에서 화쟁논법 혹은 화쟁사상이 등장하고, 그 근거가 되는 것이 바로 일심(一心)의 발현이다. 원효스님은 자신이 추구한 사상의 핵심을 '일심의 근원으로 돌아가 널리 중생을 이롭게 한다[귀일심원 요익중생歸一心源 饒益衆生]'는 것에 두었다. 이에 따른 화쟁의 원리를 보자.

> "'같음(同)'이란 다른 데서 같은 것을 알아냄이요, '다름(異)'이란 같은 데서 다른 것을 밝힘이다. '같은 데서 다른 것을 밝힌다.'는 것은 같은 것을 나누어서 다르게 하는 것이 아니다. 또 '다른 데서 같은 것을 알아낸다'는 것은 다른 것들을 녹여서 같게 만드는 것이 아니다. 실로 같음이란 다른 것들을 녹이는 것이 아니기 때문에 같음이라고 말할 수가 없고, 다름이란 같은 것을 나누는 것이 아니기 때문에 다름이라고 말할 수가 없다. 다만 다르다고 할 수 없기 때문에 같다고 말할 수 있을 뿐이요, 같다고 할 수는 없으므로 다르다고 말할 수 있을 따름이다. 말하는 것과 말하지 않는 것은 둘도 아니요, 별개도 아니다."
> ─『금강삼매경론』「무생행품」

  화쟁은 저마다의 견해와 주장이 옳고 그름을 판단하는 것이 아니라, 같음과 다름을 분별하는데 목적을 두고 있다. 그리고 그 같음은 다름에서 비롯된 것이고, 다름은 같음에서 비롯된 것임을 밝힌다. 이러한 그의 태도는 시시비비를 가리는 것을 목적으로 하기보다는 소통하고 공존하며 공생하는 중생의 요익, 다시 말해서 동체대비의 실천을 지향하고 있다.

(2) 의상스님의 구법과 한국적 화엄의 길

의상의 화엄사상

한국불교는 화엄불교라고도 불릴 만큼 『화엄경』이 차지하는 비중이 크다. 이렇게 된 데에는 해동화엄(海東華嚴) 초조(初祖), 원교국사(圓教國師), 부석존자(浮石尊者)로 불렸던 의상스님과 그의 학풍을 계승한 의상계 화엄승들의 역할이 지대하였다. 원효와 의상 스님은 함께 입당 유학을 시도했던 도반이었다. 원효스님은 중간에 깨달음을 얻고 발걸음을 돌리게 되지만, 의상스님은 입당하여 유학의 길에 올라 당시 장안에 새롭게 부상하던 지엄의 화엄학을 배우게 된다.

중국 화엄교학의 전승에는 '현(玄)'이라는 글자를 중시하는 독특한 전통이 있다. 지엄스님의 『수현기』(搜玄記)에도, 법장스님의 『탐현기』(探玄記)에도 이 '현'이라는 글자가 들어 있다. 의상스님은 이러한 중국 화엄교학의 계승자였으면서 동시에 독자적인 화엄의 길을 개척하였다. 그것을 보여주는 것이 『화엄일승법계도』의 찬술 과정이다.

스승 지엄이 만년에 이르렀을 때 의상스님에게 저술을 독려하였다. 처음에 『대승장』 10권을 지었다. 스승이 문장이 번쇄하다고 지적하자 내용을 간결히 하고 의리를 통하게 하여 『입의숭현』(立義崇玄)이라 이름 붙였다. 스승의 『수현기』를 숭상한다는 뜻이다. 다시 스승 지엄은 의상스님과 함께 부처님 앞에 나아가서 빌고 태우니 210자만 남았다. 의상스님은 그 210자를 7언 30구의 게송으로 엮었으니 바로 법성게(法性偈)이다. 이 법성게 210자를 순서에 따라 처음과 끝이 이어지는 도인(圖印)으로 만들었다. 바로 법계도(法界圖)다. 의상스님이 다시 법성게 30게송과 그 30게송을 담아 그려낸 도인의 의미를 해석하는 풀이를 붙여 『화엄일승법계도』(華嚴一乘法界圖)를 완성하였다. 「법성게」는 세친의 『유식삼십송』에 빗대어 '화엄삼십송'이라고도 불린다.

'현'이라고 하는 글자는 깊은 철학적 사유를 지칭하는 말이기도 하다. 하지만 의상스님이 즐겨 사용했던 '법성'이라는 용어는 언제나 '오척(五尺)'이나 '수미산(須彌山)'과 같은 구체적인 사물을 지칭하는 이름과 함께 붙어 있다. 오척은 범부 중생을 의미한다. 육척의 대장부와 비교되는 범부중생, 곧 일반인을 말한다. 진리는 일상생활과 동떨어진 어떤 곳에 있는 것이 아니라, 일상생활에 투철할 때만 다가온다는 의상스님의 불교 이해를 담아낸 표현이기도 하다. 의상스님 및 의상계 화엄이 지향하는 화엄사상의 특징이 여기에 있다.

의상스님에게 불교와 화엄사상은 철학이나 관념 체계가 아니었다. 그것은 자신의 삶을 고통에서 벗어나게 하는 전환의 길이었고, 중생을 고통에서 벗어나게 하는 치료제였다. 스님의 이러한 정신은 그의 제자들이 사상을 계승하는 과정에서도 분명하게 드러난다. 제자들은 자신들이 깨친 내용을 글로 적을 때 한문을 사용하지 않고 이두를 사용하였다. 신라는 물론 고려시대에 이르기까지 의상화엄의 계승자들은 모두 이두를 사용하여 책을 지었다. 한문을 몰라서가 아니었다. 이 땅의 사람들이 불교를 할 때는 이 땅의 말과 글을 사용해야 그 뜻이 더욱 명료하고 구체적으로 전달되며, 이 땅의 중생들이 배우고 익히게 된다는 사실 때문이었다.

의상스님 문하에서는 독특한 공부 방식을 사용했다고 한다. 제자 진정의 어머니가 죽었다는 소식을 들은 의상스님은 문도들을 거느리고 소백산 추동으로 들어가, 풀집을 짓고 90일 동안 『화엄대경』을 강의하였다. 자식에게 불법을 배우도록 채찍질한 진정스님의 어머니를 위해서 크게 화엄의 법석을 펼쳤던 것이다. 화엄경 강회(講會)가 끝난 후에, 진정스님의 어머니가 꿈속에 나타나서 하늘에 태어났음을 알려왔다. 이 화엄강의를 훗날 '소백산구십일회(小白山九十日 會)'라고 불렀다.

의상계 화엄학파에서는 스승이 강의를 하면 제자가 질의응답을 하면서 이해를 심화시키고, 그런 과정들을 '강기(講記)'로 남기는 것이 관례였다. 이처럼 의상계 화엄은 화엄강회와 강기를 통해서 더욱 심화되고 독자적인 사상전통을 구축하였다. 법회보다 훨씬 더 엄밀한 설명과 문답의 과정을 요구하는 것이 이 강회였다. 강회를 통한 전승이 대를 이어 거듭되면서 의상계 화엄사상의 체계화도 함께 이루어졌다.

중국에서는 지엄과 법장, 그리고 징관과 종밀스님으로 이어지는 화엄가들이 각기 일가를 이루었다. 신라에서는 원효와 의상, 표원과 지통스님으로 이어지는 한국화엄의 성세 또한 그에 못지않았고, 화엄사상의 결정체인 불국사와 석굴암의 건립으로 이어졌다.

정법사 혜원스님은 원효스님이 중국화엄에 미친 영향을 일찍이 "몸은 동이(東夷)에 있어도 그 덕은 당나라 땅을 덮었다."라고 찬탄하였다. 의상스님과 그의 전승자들은 한국불교사상의 중요한 근간으로 화엄사상의 체계를 정립하였다. 원효와 의상스님의 시대부터 중국과 한국의 화엄은 본격적인 교섭과 융화의 길을 걷게 되고, 신라불교는 중국의 변방이 아니라 대등한 교류 상대로의 사상적 입지를 구축한다. 곧 화엄은 한국불교가 중국불교를 토대 삼아 독자적인 세계관을 구축한 첫 번째 쾌거이다. 이로써 한국화엄은 화엄의 세기를 일군 당당한 주역으로서 동아시아 사상사의 전면에 등장하게 되었다. 부석사, 해인사, 범어사, 화엄사, 갑사 등 화엄십찰(華嚴十刹)은 우리 땅 곳곳에서 한국화엄을 펼치는데 기여하였다.

2) 선교 융합의 정신

당나라 말 중국불교는 회창법난이라고 불리는 폐불사태를 겪는다. 이 과정에서 중국의 교학불교는 크게 쇠퇴하고, 8세기 후반부터 성세를 구가하기 시작한 남종선과 정토신앙이 중국불교의 주요한 흐름을 형성하게 된다. 이러한 흐름은 신라 하대의 불교에도 크게 영향을 미친다. 도의(道義, ?~825)국사를 필두로 남종선이 신라에 전래되면서 신라 하대 불교의 새로운 흐름으로 각광받게 되었다. 하지만 신라불교는 회창법난과 같은 폐불사태는 겪지 않았기 때문에, 중국불교처럼 교학불교가 급격하게 쇠퇴하는 사태는 일어나지 않았다. 오히려 나말여초 무렵에는 지속적으로 성장하였던 교종과 새롭게 전래된 남종선이 병립하는 양상을 보였다.

"첫째, 우리나라의 대업은 반드시 모든 부처님의 힘을 입은 것이다. 그러므로 선종과 교종의 사원을 창건하고 주지를 임명하여 의례를 책임지게 하고 각각 그 종파를 다스리도록 하라. 뒷날 간신이 정치를 집권하여서 승려의 청탁을 받아들여 각 종파의 사찰을 서로 빼앗거나 바꾸는 것을 금지한다."-『고려사절요』

고려 태조가 유훈으로 남긴 「훈요십조」의 제1조이다. 이를 통해서 신라 말 고려 초에는 불교가 크게 선종과 교종으로 나누어져 있음이 분명해 보인다. 고려의 건국 및 후삼국의 통일과정에는 각 지방의 토착세력과 밀접한 관계에 있던 불교계의 도움이 컸다. 그러므로 불교를 통치이념으로 하는 국가를 건설하였고, 이에 따라 지방의 호족세력을 견제하고 중앙의 왕권을 강화하는데 불교계의 도움을 필요로 하였다. 이 같은 배경 때문에 왕실과 불교계는 고려시대 동안 선교의 균형과 융합을 추구하게 된다. 광종의 법안종 수용과 지지, 대각국사 의천의 천태종 창종, 보조국사 지눌의 정혜결사 정신 등은 그러한 배경을 일정 부분 반영하고 있다.

(1) 대각국사 의천스님

대각국사(大覺國師) 의천(義天, 1055~1101)스님은 고려의 11대 국왕인 문종(1046~1083년 재위)의 넷째 왕자로 태어났다. 국사는 1065년 5월, 11살의 나이로 영통사로 출가하였다. 그의 출가는 조부인 정종이 제정한 아들이 넷 이상이면 한 명 이상을 출가시켜 부처님의 가르침을 계승하도록 한 제도에 따른 것이기도 하지만, 기록에 의하면 그 스스로 출가를 원했다고 한다.

의천스님은 당시까지 지속적으로 증보되고 있던 대장경의 간행에 만족하지 않고, 거란[요遼]과 송(宋), 일본에서 삼장에 대한 동아시아 불교인들의 주석서를 수집하여 교장(教藏)을 간행하였다. 의천스님의 생애는 이 교장의 간행을 위해서 바쳐진 것이라고 해도 과언이 아니다. 그는 교장 간행을 위한 불교 전적을 구하고자 노력하였는데, 특히 송나라의 불교 전적을 구하려고 구법행을 나섰던 일은 유명하다. 스님은 1085년 4월 송나라에 들어가 불과 1년 조금 넘은 기간에 많은 경전을 구해 1886년 5월에 돌아왔다.

그런데 의천스님의 행보에는 특별한 행적이 나타난다. 그것은 화엄종의 승통이자 당시 화엄학 대가였던 정원(淨源, 1011~1088)스님과 스승과 제자의 교유를 맺었으면서도, 송나라 방문 동안 천태산을 들러 국청사를 참배하고, 천태종의 스님들과도 다양한 교유관계를 맺고 있는 점이다. 이때 의천스님은 천태종을 창종할 것을 염두에 두고 있었음을 알 수 있다. 그는 귀국한 지 얼마 되지 않아 1097년 고려에 국청사를 낙성한 이후 천태종을 창종하고 천태학을 강설하였다.

본래 천태종은 교학 종파이다. 그런데 고려의 천태종은 의천스님에 의해 선종의 종파로 창립되었다는 특징을 지닌다. 이는 고려 왕실이 불교계 통합을 통해 왕실의 불교계에 대한 영향력을 강화하고, 왕권을 강화하려는 시책이었던 것으로 보인다. 그리고 의천스님은 선과 교를 함께 닦는 교관겸수(教觀兼修)를 내세웠다는 점에서 화엄 교학을 배척한 것이 아니라, 천태에서 말하는 선과 서로 조화를 이루고자 했다.

의천스님은 새롭게 천태종을 창종하여 기존 구산선문의 선승들을 흡수하고, 그의 문하에 속해 있던 스님들과 더불어 그 세력을 넓혔다. 이제 천태종은 교종을 대표하는 화엄종과 쌍벽을 이루는 선종을 대표하게 되었으며, 천태종의 교관겸수 가풍에 따라 교종마저 아울러 종파적 분쟁을 종식시키는 길을 걷고자 했다. 이러한 그의 태도는 종파 간의 쟁론을 극복하여 화합을 도모했던 원효스님을 화쟁국사로 천거한 사연에서도 잘 드러난다.

(2) 보조국사 지눌스님

12세기 후반 무신정권의 등장과 끊임없는 정변은 고려사회의 전반적인 변화뿐만 아니라 불교계에도 커다란 변화를 초래하였다. 무신정권의 등장을 계기로 왕실 및 문벌 귀족과 연결되어 있던 교종 세력은 급격하게 약화되었고, 그 공백을 메운 것이 수선사와 백련사 등의 실천성이 강한 선종과 정토 계통이었다. 수선사를 주도했던 보조국사(普照國師) 지눌(知訥, 1158~1210)스님은 이러한 변화의 중심에 위치한 인물이었다. 전환점에 위치했던 인물인 만큼 지눌스님의 사상에는 독특한 점들이 적지 않다. 특히 지눌 선사상의 구축과 전개에는 화엄사상이 깊이 개입되어 있는데, 이 점이 스님의 선사상을 여타의 선사상과 차별되는 특징을 만들어낸 것으로 평가된다.

지눌스님에게는 세 차례에 걸친 깨침의 전기가 있었다. 첫 번째는 25세에 창평 청원사에서 혜능의 『육조단경』을 읽다가, 두 번째는 하가산 보문사에서 이통현 장자의 『신화엄경론』을 읽다가 선과 화엄이 하나임을 자각한 것이고, 세 번째는 45세 때 지리산 상무주암에서 『대혜어록』을 통해서 간화선의 깨달음을 얻었다. 김군수가 찬한 비문에 의하면, 이 세 번의 깨달음을 각기 성적등지문(性寂等持門), 원돈신해문(圓頓信解門), 간화경절문(看話徑截門)으로 일컫는다. 성적등지문은 정(定)과 혜(慧)를 함께 닦음이고, 원돈신해문은 원만한 깨달음에 입각하여 보살행을 닦아나가는 화엄의 길이며, 간화경절문은 화두를 간하여 곧바로 깨달음으로 질러 들어가는 간화선 공부를 말한다. 지눌스님은 이 삼문(三門)에 의해서 선의 입장을 중심에 두고 교를 통섭하고자 하였다. 특이한 점은 선교일치를 주장하기는 하지만, 여기에서 교는 화엄만을 의미한다는 것이다. 보조사상의 특징은 돈오점수(頓悟漸修)이다. 단박에 자신의 본성을 깨달은 다음에 점차로 닦아나가는 것이다. 먼저 돈오를 강조한다.

> "돈오란 것은, 범부가 어리석을 때는 사대를 몸으로 삼고 망상을 마음으로 삼아서는, 자성이 곧 참된 법신임을 알지 못하고 자기의 신령스런 지혜[영지靈知]가 곧 참된 부처임을 알지 못한다. 마음 밖에서 부처를 찾아 이리저리 다니다, 홀연히 선지식이 들어가는 길을 가리켜 보임을 만나 한 생각에 빛을 돌이켜[일념회광一念廻光] 자신의 본성을 보게 된다. 이 성품의 바탕은 원래 번뇌가 없는 무루지성(無漏智性)이 본래부터 스스로 갖추어 있어서 모든 부처님과 조금도 다르지 않다. 때문에 돈오라고 한다." - 『수심결』

자성이 곧 참된 법신이고, 자기의 영지(靈知)가 곧 참된 부처이다.

하지만 범부는 사대를 몸으로, 망상을 마음으로 삼고 있기 때문에 이러한 사실을 알지 못한다. 그러다 선지식의 가르침을 만나 돌이켜 보고 자신의 본성을 보게[견자본성見自本性] 된다. 이때 발견되는 모든 부처님과 다르지 않은 자신의 본성은 '영지(靈知)'로 파악된다. 이를 공적영지(空寂靈知)라 한다. 신령스러운 앎이 자신 안에 내재되어 있다는 각성은 자기 확신으로 삶의 주체성을 확립한다. 이러한 확신이 서면 자신을 비하하거나 물러서지 않고 자기를 완성해 가는 길을 찾는데, 그것이 점수다.

> "점수란 비록 본래의 성품을 깨달아서 부처와 다름이 없지만, 무시이래의 습기(習氣)는 갑자기 없애기 어렵다. 때문에 깨달음을 의지하여 닦아서 점점 익혀서 공(功)을 이루고, 성인의 태(胎)를 기르기를 오래이면 성인을 이룬다. 그러므로 점수라고 한다." - 『수심결』

이러한 점수의 과정은 깨달음에 의지하기에 오염되지 않을 뿐만 아니라, 또한 갖가지 타자에게 이익을 베푸는 보살 만행(萬行)으로 이어진다. 보살 만행의 과정에서 깨달음은 완성된다.

무신정권 초기에 고려불교는 심대한 타격을 받았다. 지눌스님으로서는 황폐화된 불교상황을 극복하는 것은 물론, 단순한 수선자(修禪者)가 아니라 선의 정신에 따른 깨달음의 사회적 실천이 더 절실했다. 돈오점수설은 이를 추구한 지눌스님의 지향을 잘 보여준다.

불교개론

(3) 서산대사 휴정스님

청허 휴정(淸虛 休静, 1520~1604)스님이 살았던 시기는 조선이 건국된 이래 억불정책이 극성이던 때였다. 또한 선교양종(禪教兩宗)이 잠시 부활되어 선종과 교종이 각각 있었지만, 결국 교종이 선종으로 통합되었던 시기이기도 하다. 정치적으로나 국가적으로 어려운 시기에 살았던 휴정스님은 국가를 위해 온몸을 바쳤다. 스님은 임진왜란으로 조선이 위기에 처했을 때, 의승병을 통솔하여 이끌고 나가 나라를 구하는 등 호국불교에 앞장섰다. 뿐만 아니라 휴정스님은 불교를 위해서도 많은 후학들을 지도하여 조선후기 불교의 방향성을 제시하였다. 스님은 사명 유정(四溟 惟政, 1544~1610)스님을 위해 쓴 『선교결』에서 다음과 같이 말한다.

> "교학자들은 '교 가운데에도 선이 있다.'고 말하는데, 이는 성문승의 말도 아니고, 연각승의 말도 아니며, 보살승의 말도 아니고, 불승의 말도 아니다. 교학은 선가에 입문하는 초구(初句)이지 선지(禪旨)는 아니다."

교는 선으로 나아가기 위한 전단계라는 것이다. 스님은 '선은 부처님의 마음이고, 교는 부처님의 말씀이다[선시불심禪是佛心 교시불어教是佛語].'라는 말로 선교일치의 정신을 수용하면서도 선을 더욱 수승한 가르침으로 본다.

휴정스님은 수행의 문으로 참선문과 염불문을 세우고, 참선문에서 경절문(徑截門)과 원돈문(圓頓門)을 설명하였다. 경절문은 활구(活

句)로 마음 길[심로心路]과 말 길[어로語路]이 끊긴 경계이고, 원돈문
은 사구(死句)로 마음 길과 말 길이 있는 경계라고 하여, 활구를 참
구할 것을 강조하였다. 염불문에서는 상근기에게는 유심정토(唯心淨
土)를 설하고, 하근기에게는 서방정토를 설하였지만, 일반적으로 서
방정토 염불을 권장하고 있다.

이렇게 휴정스님의 공부체계는 경절문과 원돈문 그리고 염불문으로
구성된다. 휴정스님의 삼문수업 체계는 조선후기 이후 한국 승려 교육
의 골격을 이루게 된다. 삼문수업 체계의 근간은 선교일치의 관점에서
화엄교학을 아울렀던 지눌스님의 선교관을 일면 계승하고 있다. 오늘
날 한국불교의 사상적 근간 역시 여기에서 크게 벗어나지 않는다.

3) 불교의 대중화와 자연과의 상생

한국불교 상생의 전통과 토속신앙과 융합

고려에 이어 새롭게 들어선 조선은 숭유억불(崇儒抑佛)을 정치이
념으로 내세웠다. 성리학적 가치관을 표방한 건국이념에 따라, 불교
종단의 통폐합과 사찰의 운영과 유지에 대한 국가적 지원이 중단되
었다. 세종과 세조 시절 일시적인 불교의 부흥이 있기는 하였으나,
성종으로부터 중종에 이르는 동안 불교를 배척하는 강도는 계속 높
아져 갔다. 특히 중종은 도승(度僧) 조항을 『경국대전』에서 삭제하
고, 선교양종과 승과제도를 모두 폐지하였다.

이처럼 국가의 공식적인 의례 및 법제를 통해 불교를 억압하더라

도 이미 오랫동안 민족문화와 신앙의 근간으로 기능해 온 불교를 폐한다는 것은 쉽지 않았다. 특히 왕실 여성들에 의한 불사는 조선시대에도 계속 이어졌다.

조선전기는 물론 조선후기에 이르기까지 공식적으로는 불교 억압책이 지속되었지만, 불교계는 끊임없이 존립을 위한 대응책을 강구했다. 조선시대 불교를 산중불교라고 부르게 된 것도 숭유억불책의 결과였다. 하지만 도심을 제외한 산중에만 사찰이 남아 있게 되었다는 시각은 편향되었다고 보여진다. 국가 공식적으로 불교는 억압과 통제의 대상이었지만, 그것이 한편으로는 불교가 좀 더 민중과 우리 전통문화와 융화할 수 있는 계기로도 작용하였기 때문이다.

일례로 고려시대에 국가차원의 불교의례로 진행되었던 상원(上元)의 연등회와 중동(仲冬)의 팔관회는 폐지되었지만, 사월초파일 민간에서 이루어지던 연등회는 폐지되지 않았다. 사월초파일 연등회는 민간, 나아가 지배계층에도 이미 전통신앙과 문화로 정착되었기 때문에 단순히 억불책이라는 이유만으로 폐지할 수 없었던 것이다. 조선왕실에 의해서 국행수륙재가 설행되었던 것 역시 오랫동안 유지해온 뿌리 깊은 불교신앙을 외면하기 쉽지 않았다는 반증이다.

기성의 권익을 대변하지 않게 된 불교는 자연스럽게 새로운 정체성을 추구하게 되었고, 기층 민중 속으로 더욱 깊숙이 들어가면서 공동체 본연의 사유세계와 융합하였다. 기존의 고도의 철학적 사유체계로는 불교가 민중에게 효율적으로 기능하기 어렵기 때문에, 민중이 쉽게 이해하고 받아들일 수 있는 새로운 형식의 도입이 필요해졌던 것이다.

새롭게 나타난 대표적인 형식으로 사찰연기설화와 한글 불교가사가 있다. 사찰연기설화는 인과응보에 따른 공덕을 권유하는 방식을 통해 형성되고 전승되었다. 단순하게는 사찰 창건 이야기이지만 인과응보설을 각인시키는 장치로도 효과적이었다. 심청가의 원형으로 알려진 「관음사사적기」 등이 이 사례에 해당된다.

16세기 말에 등장하기 시작한 한글 불교가사도 새로운 포교 도구였다. 많이 알려진 불교가사로는 「서왕가」, 「회심곡」, 「백발가」 등이 있다. 어느 것이나 사람의 존귀함과 인생사의 무상함을 일반적인 삶의 현실을 들어 강조하고, 적선적덕과 염불왕생을 강조하는 서사구조를 가지고 있다. 불교가사는 단순히 사원 내에서만 전승된 것이 아니라 걸립패, 향두꾼, 심지어는 무격에까지 채용되어 불리었기 때문에, 핵심의 이야기 구조만을 유지한 채 다양한 주체에 의해 전승이 이루어지면서 민간신앙과도 자연스럽게 융화하게 된다.

자연과의 조화

사원은 수행과 포교라는 두 가지 기능을 동시에 병행해야 하므로, 포교에 초점을 둔 도시형 사원과 수행에 초점을 둔 숲속 형 사원의 형성은 자연스러운 현상이었다. 한국불교는 수용 초기부터 도시를 중심으로 사찰이 형성되었다. 신라 경주와 고려 개경의 도시 내 사원들은 한국 불교의 역사에서 왕도에 있었던 사찰이 대단히 흥성하였음을 보여준다. 한편 거의 동시기에 산지 사원 역시 형성되기 시작하였다. 산지 사원은 대체적으로 수행과 교육을 위한 정처(靜處)로서 형성된 경우가 많았다.

그런데 조선이 숭유억불 정책을 취하면서 도시의 사원은 대부분 사라지고, 산지 사원을 중심으로 사원의 기능이 모이게 되었다. 스님

불교개론

들과 재가자들의 신앙생활 및 수행, 그리고 강학과 종교의례의 전승 등이 모두 산지 사원을 중심으로 하는 승가공동체에서 이루어졌던 것이다. 이 과정에서 한국의 산지 사원들은 이전보다 훨씬 더 다양한 기능을 수행하기에 이르렀다. 또한 산지 사원은 도심 사원이 맡았던 재가자들의 신앙처 역할을 대신하였다. 이러한 다양한 배경 때문에 조선시대의 산지 사원들은 이전보다 훨씬 더 폭넓은 기능에 걸맞는 시설을 갖추게 되었다.

하지만 산지라는 입지 여건상 건축시설물 등 여러 생활조건에 있어서 제약을 조화롭게 극복하는 방안을 강구하지 않을 수 없었다. 오늘날 한국의 산지 사원들이 자연 친화적인 모습을 유지하고 있는 것 역시 자연적 조건을 거스르기보다는 조화롭게 활용하여 공존과 공생을 추구했던 승가공동체의 정신이 반영된 결과이다.

대부분의 산지 사원은 산기슭에 계류를 끼고 입지하여 주변 자연을 경계로 삼는 개방형 구조를 가지고 있다. 최소 규모로 축대를 쌓아 자연 지세에 순응하는 건물 배치는 비대칭적이고 비정형적인 모습을 보이는 경우가 많다. 새로 들어서는 사찰 역시 승가공동체의 오랜 경험이 반영되면서 자연친화적인 건축을 추구하는 경향이 강하다.

제4장

신행과 불자의 삶

❀ 신행의 길

❀ 수행과 선으로 가는 길

❀ 보살의 삶과 길

1. 신행의 길

1) 신행 – 믿음, 이해와 실천 그리고 해탈의 성취

신행이란

현대불교는 신앙보다는 신행(信行)이라는 말을 선호한다. 신행이란 신해행증(信解行證)의 준말이다. 믿고 이해하며 실천적으로 행하고 증득한다는 의미이다. 이 신행의 의미를 잘 이해하려면 불교에서는 믿음을 어떻게 정의 내리고 있는지, 그 어원적 의미를 살펴볼 필요가 있다.

먼저, 정신(淨信)이라는 뜻이다. 이 말의 원어는 빠사다(Ⓟpasadā)로, 자신이 바르게 따라가야 할 길을 신중하게 선택하는, 초석으로서 지녀야 할 마음가짐을 뜻한다. '덮어 놓고 믿고 보자.'라거나 '믿으면 다 이루어진다.'는 맹신과는 다르다. 그래서 '깨끗한 믿음'이라는 의미로 정신(淨信)이라 번역했던 것이다. 이것은 고요하고 편안한 믿음이기도 하다.

두 번째, 신해(信解)라는 의미다. 신해는 부처님의 깨달음을 믿고 삼보에 귀의할 때 생긴다. 이 믿음은 맹목적인 믿음이 아니라 부처님 법을 듣고 이해하는 지혜를 동반한 믿음이요, 확신이다. 전통적으로 이러한 믿음은 모든 선법의 씨앗이라 불린다. 그 이유는 깨끗한 믿음과 신해가 마음에 일어나도록 고무해 윤회의 흐름을 건너도록 하기 때문이다. 반면 맹신은 안목이 부족하고 세상을 향한 지혜가 부족하기에 커다란 사회적 부작용을 낳는다.

세 번째는 확신, 결단, 결심이라는 의미다. 이것은 해탈을 향하는 결심이요 결단이다. 다시 말해서 불·법·승 삼보에 대한 확신은 곧 해탈로 향하는 기초가 완전히 다져졌음을 의미한다. 이러한 것으로 볼 때 불교의 믿음은 이해를 바탕으로 지혜에 입각한 행위를 동반하며 해탈을 지향한다. 이와 관련하여 『대지도론』에서는 다음과 같이 말한다.

> "불법의 큰 바다는 믿음으로 들어가며 지혜로 건넌다."
> -『대지도론』

믿음은 나 자신의 실존적 삶으로 들어오며, 마음속 깊은 곳에서 기쁨을 일구어 내기에 나를 결심하게 하며 행위로 나서게 한다. 행위는 지혜에 입각하여 무아적 실천을 통해 과거의 업장을 바꾸고 새로운 미래를 연다. 그 열린 미래는 다가오는 열반의 성취, 깨달음의 증득으로 이어진다. 이를 신해행증이라 하는 것이다. 신해행증은 대승불교의 『화엄경』에서 강조한 내용으로, 보살이 걸어가는 삶의 여정과 덕목을 잘 보여준다. 법을 믿고 사람들과 열린 마음으로 소통하며 수행하고 체험하는 가운데 법은 해탈, 열반으로 다가온다.

> "법은 부처님에 의해 잘 설해진 것이며 현실에서 밝혀지고 증명되는 것이다. 법은 어느 시대나 적용될 수 있는 것이고, 누구라도 와서 보라고 말할 수 있는 것이다. 또한 이 법은 열반으로 잘 인도하는 것이며, 지혜 있는 이가 스스로

불교개론

체험할 수 있는 것이다.” - 『잡아함』「불방일경」

믿음의 가치와 삼귀의

믿음은 왜 중요한가? 믿음에는 큰 힘이 있다. 절망과 불안을 딛고 일어설 수 있는 힘, 행위를 추동하는 강력한 힘은 믿음에서 싹튼다. 그러한 믿음은 반신반의하는 믿음이 아니라 결정적 믿음이며 확고한 믿음이다. 믿음이 허약하고 흔들리면 길을 갈 수 없다. 그런 의미에서 “믿음은 등불이요 배와 같다.”고 경전에서는 말한다. 등불은 어두운 밤길을 환히 밝혀 우리가 가야 할 안락한 길을 보여주며, 배에 올라타면 파도가 넘실되는 바다를 무사히 건너갈 수 있다.

> “믿음은 도의 근원이며 공덕의 어머니여서
> 모든 선한 법을 무럭무럭 자라게 하며
> 의심의 그물을 끊고 애착을 벗어나
> 위 없는 열반의 길을 열어 보이네.” - 『화엄경』「현수품」

그렇다면 무엇을 믿을 것인가? 위에서 말하는 선한 법을 자라나게 하고 열반의 길을 열어주는 것은 무엇일까? 그것은 불·법·승 삼보에 대한 믿음이다. 삼보에 대한 믿음을 삼귀의라고 한다. 귀의한다는 것은 나의 신명을 다 바쳐 믿고 의지한다는 뜻이다. 따라서 귀의를 표명할 때는 마음은 물론, 몸도 믿고 전심으로 의지하고 공경해야 한다.

불은 부처님, 법은 부처님의 가르침이며, 승은 그 가르침대로 살아가는 화합 대중이다. 이 세 가지를 무엇보다도 진귀한 세 가지 보물이라고 해서 삼보라 한다. 왜 보물일까? 위 없는 행복인 열반을 열어주기 때문이다. 삼보는 모든 사람들이 안전하게 믿고 의지할 수 있는 안전한 섬과 같다. 그 섬은 거센 파도에도 흔들리지 않고 온갖 선하고 행복한 나무들이 무럭무럭 자라게 한다. 거기에 머물면 공포도 두려움도 없으며 안락하고 편안하다. 우리가 마음 놓고 믿고 맡기며 쉴 수 있는 섬, 그래서 거기에서 값진 것들이 자라나는, 그것이 진정한 보물인 것이다.

> "비록 많은 보물을 지니고 생활에 필요한 도구가 풍요롭더라도 삼보를 믿지 않는 사람이면 그를 가장 가난한 사람이라 할 것이다.
> 비록 아무런 보물도, 생활에 필요한 도구도 없지만
> 삼보를 믿는 사람이라면 그를 제일가는 부자라 할 것이다."
> – 『대장엄론경』 1권

법에 대한 믿음 중에서 우리가 생활 속에서 믿어야 할 구체적인 사항은 인연과 그 과보에 대한 믿음이다. 내가 뿌린 씨앗은 언젠가는 그 조건이 무르익으면 나에게 돌아온다. 뿌린 대로 거두며, 주변 사람이나 환경과 어떤 관계를 형성하느냐에 따라 그 결실이 빨리 오거나 늦게 온다는 사실을 믿어야 하는 것이다. 내가 선의 씨앗을 뿌리고 그 밭을 잘 가꾸면, 행복의 꽃은 언젠가는 피어나리라는 확고한 믿음이 이러한 믿음과 실천의 과정 속에서 연기의 이치가 터득된다. 연기법을 믿으면 자연스럽게 연기의 이치를 알게 되고, 연기를 따르면 나와 내 문제가 풀리면서 괴로움에서 벗어나게 된다.

실천으로 이어지지 않는 믿음은 공허하다. 아무리 좋은 사상이라도 실천 없이는 나와 세상을 변화시키지 못한다. 그런 의미에서 확고한 믿음은 실천으로 이어져야 한다. 실천을 통해 부처님이라는 생명이 움튼다. 생명은 화석처럼 굳어진 나를 해체하여 연기의 틀에서 전체와 유기적으로 연결되는 열린 나로 엮어나간다. 이러한 실천행을 통해서 그만큼 믿음은 깊어지고, 그 가르침은 굳건해지며 원만해진다. 신해행증은 이렇게 서로 연결되어 돌아간다.

실천의 길은 삶의 현장에서 이웃과 사회 그리고 역사와 만나는 과정이다. 그것은 사람들에게 법을 전하는 전법의 과정이며 타자의 아픔을 치유하는 보살행의 여정이다. 남을 위해 기도하고 사회적 약자를 도우며 세상을 품는 이타적 봉사활동은 그 구체적인 모습이기도 하다. 이것은 불법을 찬탄하고 이웃을 부처님으로 공경하며 내가 얻은 공덕을 밖으로 회향하는 실천행이다. 그러한 행위가 강제적 의무가 아닌 자발적 책임이 되고, 마음이 흔들림 없이 안정되어 있다면 그것은 나 자신을 닦아가는 수행의 과정이기도 하다. 수행이란 그렇게 삶 속에서 익어가는 것이다.

법을 전할 때 내가 전하기도 하지만, 내가 선지식으로부터 법을 받아들이는 과정이 역동적으로 상호 침투하며 함께 움직인다. 훌륭한 선지식을 찾아가 가르침을 받으면 내 마음이 더 풍성해지기 마련이다. 따라서 전법과 보살행은 구도의 과정인 것이다. 구도의 길에서 사람들은 서로 만나 어우러지면서 아상이 걸러지고 공성이 빛을 발하게 된다.

보살의 길, 구도의 길은 허공계가 다하고 중생계가 다하도록 다함

없는 길이다. 이렇게 끝이 없는 길이지만 그 과정 하나하나에서 법을 보고 법이 드러나 있음을 스스로 체험한다. 그것은 자그마한 하나라도 깨어 있는 마음으로 살피며 정성을 다해 전력투구하는 보살의 정신에서 잉태된다. 이런 의미에서 보살의 길은 선재동자가 53선지식을 만나 보리심을 묻고 보리심을 키우며 보리심을 발하는 과정이라 할 수 있다. 그것은 깨달음의 자기구현이요 깨달음의 증득이다.

2) 기도, 수행 그리고 발원하는 삶

기도는 왜 수행인가

인간은 공허감을 느끼며 살아가는 불안한 존재이다. 세상 역시 뒤틀리고 안정되어 있지 않다. 이것이 고통을 안고 살 수밖에 없는 인간 조건이다. 그래서 사람들은 그 공허와 불안, 고통을 메우기 위해 욕망하고 희구하며 기도한다. 기도란 바라는 바를 이루려고 마음 기울여 고백하고 간절히 구하는 행위이다. 그러기 위해서는 깨어 있는 마음으로 자신의 존재를 알리고, 머리 숙여 가장 낮은 자세로 소망을 빌어야 한다. 그 기도를 들어주며 공명해주는 성스러운 존재들이 불보살님, 신, 조상님, 천지신명 등등이다. 기도는 내 자신이 이러한 성스러운 존재들과 만나고 서로 연결되어 있다는 연기적 자각과 통찰 속에서 이루어진다.

기도할 때는 마음의 문을 활짝 열고 불보살님을 내 마음 한가운데로 모셔야 한다. 온 마음을 기울여 부처님에게 다가가면 부처님의 가피력, 부처님의 중생을 향한 대자비의 힘, 그 회향의 빛이 나에게 감응(感應)해 온다. 감(感)은 우리들이 부처님께 다가서려는 마음, 응(應)은 그 다가섬에 대한 부처님의 응답이요, 공명이다.

보통 사람들은 건강, 부귀, 진학이나 취업, 사업번창, 무사 안전 등등을 지고한 존재자에게 빈다. 이를 특정한 상에 입각하여 복을 비는 기도라 해서 기복적인 기도라 한다. 복의 씨앗은 그것의 발아를 도와주는 연(緣)의 도움 없이 꽃피지 않는다. 불교에서 기도란 그 연을 움직이려는 간절한 소망이다. 그런 의미에서 기복적인 기도 또한 바라는 것을 이루려는 간절한 마음의 표현이며 복덕의 구현이다.

복에는 새는 복과 새지 않는 복이 있다. 새는 복을 유루복(有漏福), 새지 않는 복은 무루복(無漏福)이라 한다. 새는 복이란 복을 얻기는 하지만 줄줄 새나가는 복을 말한다. 이러한 복은 인과와 조건에 따른 복으로, 조건이 바뀌면 사라지거나 불행으로 돌아오기도 한다. 행복과 불행, 고통과 즐거움은 서로 맞물려 돌아간다. 어제의 행복이 오늘의 불행이 될 수 있다는 것이다. 이렇게 새는 복은 연이 다하면 사라진다.

반면 무루복은 조건이나 특별한 상에 매이지 않고 구하는 바 없이 짓는 복이다. 어떤 대가를 바라지 않고, 머무름 없이 행하며 복을 짓기에 그것은 아무리 퍼다 써도 다함이 없다. 무루복은 이익과 손해에 좌우되지 않는다. 머무름이 없다는 것은 공성, 사물의 실상, 여여함에 도달하여 특정한 모습에 집착하지 않는, 함이 없는 함의 모습이다. 그래서 『금강경』에서는 최고의 큰 복은 상에 머무르지 않는다는 점을 강조한다.

> "수보리여! 보살은 이와 같이 보시하되, 어떤 상에도 머무르지 않아야 한다. 왜냐하면 보살이 상에 머무르지 않고 보시한다면 그 복덕은 헤아릴 수 없기 때문이다."
> – 『금강경』「묘행무주분」

이는 기도의 진정한 목적은 자신의 욕심에 따른 손익과 유불리에 좌우되지 않고, 모든 것을 철저히 비워 자유로운 주인공으로 사는 데 있음을 보여준다. 이러한 기도는 곧 수행이다. 수행 또한 나 자신과 직면하여 스스로를 바꾸는 것이기 때문이다. 남을 탓하고 운명을 탓하기보다는 내 마음을 바꾸어 세상을 지혜롭게 사는 것이 수행이다. 이것은 어떤 연(緣)에도 매이지 않을 뿐더러 연을 새롭게 창조해 나간다.

기도나 수행방법은 절, 염불, 간경, 사경, 주력, 참선, 보살행 등 다양하다. 이 중에서 자신의 근기에 맞는 수행법을 택해 꾸준히 해나가다 보면 가랑비에 옷 젖듯이 온 몸과 마음이 부처님 가피로 젖는다. 진정한 가피가 이루어지려면 아상이 소멸하고 생각이 끊어질 때까지 기도해야 한다. 염불을 예로 들자면, 계속 부처님을 부르고 불러 염불삼매 속에서 부처님에 대한 생각이 다할 때까지 불러야 하는 것이다.

기도는 실천을 동반한다. 내가 관세음보살님께 기도하지만 결국에 자타의 구별이 없어져 내가 관세음보살로 되어가는 것이기도 하다.

이러한 철저한 비움 속에서 하는 남을 위한 기도, 지혜를 얻기 위한 기도, 감사의 기도, 역경을 이겨내는 기도, 치유의 기도 등은 기도의 지향점이 어디에 있는지를 잘 보여준다. 그것은 어떤 대가도 바라지 않으면서 함께 공감하고 비우며 감사하고 돕는 자비로운 행위이며, 서로 어우러지는 관계성에서 나 자신의 삶과 연결되어 세상에 빛을 발하는 것이다.

하루를 여는 기도와 수행

산사의 새벽은 부처님 전에 공양을 올려 찬탄·공경하고 발원하며 밝아온다. 산사가 아니더라도 집이나 어떤 공간에서든 하루의 시작을 삼보 예경과 발원과 기도로 여는 것은 승속을 떠나 불자라면 누구나 실천해야 하는 중요한 덕목이다.

삼보에 대한 귀의와 예경은 삼보를 내 마음 깊은 곳으로 받아들이는 매일 거듭되는 행위이자 반복적인 자기 확인이다. 그것은 부처님이 내 앞에 생생하게 살아계심을 느끼고, 지극한 마음으로 받들며 의지하는 것이다. 그 순간 두려움은 사라지고 마음에 평화가 깃든다. 절에서는 이러한 절차가 아침 예불의 칠정례(七頂禮)를 통해서 이루어진다.

삼귀의 후 참회의 시간을 갖는 것이 좋다. 내 생각과 자기중심적인 분별심에 가려 밀쳐내고 집착하며, 화를 내거나 과도하게 욕심을 내어 이웃에게 상처 준 일이 있다면 마음 깊이 참회한다. 내 생각을 내려놓으면 죄의 자취 또한 흔적 없이 사라진다. 참회를 통해 마음을 깨끗하게 비워낸다. 사찰에서는 아침 예불 후 천수경 독송을 통해 이러한 과정이 진행되기도 한다.

그다음 아침 기도 혹은 수행의 시간을 갖는다. 참선, 경전 독송, 사경, 주력, 염불 등 자신에게 맞는 수행법으로 고요히 마음을 가라앉힌다. 아침에 찾아오는 고요한 평화의 시간이며 번뇌에 물들지 않는 내 마음의 청정한 성품을 보는 순간이다.

발원, 원력, 서원

발원(發願)은 간절한 종교적 바람을 약속하고 성취해 내려는 결단이요, 의지이며 지향이다. 그것은 절망과 고통, 결핍과 미완의 상태에서 완성, 충족, 행복과 열반으로 향하여 가는 생명의 추동력이다. 두려움과 공포에서 나를 해방시키는 것도 발원의 역할이다. 특히 아파하는 타자를 향한 비원(悲願)은 보살의 길을 가는 발원의 진면목이다. 그 타자를 향한 비원이 보살의 서원(誓願)이다.

> "비록 윤회의 파도가 일지라도 그 파도는 한 마음의 바다를 떠나는 게 아니다. 한 마음으로 말미암아 온갖 세상 윤회의 파도가 일어나므로 널리 중생을 구원하겠다는 서원을 세우게 된다. 윤회의 파도는 한 마음을 떠나지 않으므로 한 몸이라는 큰 자비[동체대비同體大悲]를 실천할 수 있는 것이다." - 『대승기신론소』

발원은 원력(願力), 행원(行願) 등으로도 불린다. 발원을 원력이라고 부르는 것은 그것이 무너지거나 물러서지 않는 힘을 동반하기 때문이다. 이러한 원력은 죽음과 자기 소멸도 두려워하지 않기에 죽음까지도 넘어선다. 행원이라고 한 것은 그 발원이 실천적 행동을 동반하기 때문이다.

서양 종교와 철학에서는 신의 명령에 의한 도덕으로 욕망을 억제하고 윤리의식을 심어왔다. 그러나 도덕이라는 당위적 명분만으로

불교개론

는 욕망을 강제적으로 잠재우기 힘들다. 자발성을 박탈당하면 사람들은 힘겨워하고 지쳐가는 가운데 거부감마저 갖게 된다. 반면에 무아와 공을 바탕으로 욕망의 방향을 전환하면, 그 에너지는 자연스러운 움직임 속에서 이타적 원력으로 작용한다. 그것은 자발성에 입각한 생명의 자연스러운 약동으로 아파하는 타자를 위한 이타적 보살의 삶을 기쁘게 실천한다.

이러한 서원 혹은 원력으로 보살의 길을 가는 우리는 희망을 앞당기고 정토를 실현하며 흙탕물에서도 연꽃이 피고, 번뇌에서 보리를 피우는 역사를 써나간다.

2. 수행과 선으로 가는 길

1) 수행의 목적과 가치

수행의 의미

수행은 인간의 의식과 삶을 궁극적으로 변화시켜 나가는 과정이다. 수행(修行)이라는 글자는 '닦는다[修]'와 '행한다[行]'로 이루어져 있다. 일반적으로 수행이라 하면 '몸과 마음을 잘 다스리는 일', '신·구·의 삼업을 잘 닦고 다스리는 일'로 생각하지만, 한국불교 교단에서는 '깨달음을 얻기 위해 참선하는 일'을 수행이라고 부른다.

초기경전에는 위빠사나[관觀], 사마타[지止]처럼 특별한 노력을 뜻하는 용어와는 별도로 '바와나(Ⓟbhāvanā)'라는 용어가 쓰였는데, 이것은 '변화되어 간다(becoming)', '계발시킨다(cultivating)' 등의 의미를 갖는 것으로 정신계발, 정신수양, 근행(勤行), 수행(修行) 등으로 번역되었다. 수행을 좁은 의미로 해석하느냐 넓은 의미로 해석하느냐에 따라 그 목적과 가치에 커다란 차이가 있다.

우선 수행을 '닦는다', '행한다'의 좁은 의미로 해석하면, 몸과 마음을 닦는다는 의미로 계·정·혜의 삼학을 닦는 것을 말한다. 여기서 계(戒)는 사회적 인륜과 도덕의 실천을, 정(定)은 종교적 안심입명의 실현을, 혜(慧)는 올바른 견해를 통해 사물의 실상을 통찰하는 것을 뜻한다. 그러나 대승불교에 기반하고 있는 한국불교에서 수행은 보다 적극적으로 '행(行)을 닦는다'라고 해석될 수 있다. 그러면 이때의 '행'이란 무엇인가? 바로 '보살행'이다. 『화엄경』 등의 대승경전에는 '수행'이라는 말과 '수보살행', '수보살만행', '수선근(修善根)', '수공덕(修功德)'이라는 말이 무수히 반복되어 나온다. '보살행을 닦는다', '보살만행을 닦는다', '선근을 닦는다', '공덕을 닦는다'는 말이 축약되어 나타난 것이 바로 '행을 닦는다'는 수행이다. 따라서 수행을 적극적으로 해석하면 보살행을 닦는 것이다.

수행의 목적과 가치

보살행은 대승불교에서 강조하는 십바라밀 등을 의미한다. 초기 대승경전인 『화엄경』 「십지품」에 나오는 십바라밀은 보시, 지계, 인욕, 정진, 선정, 지혜의 육바라밀에 방편(方便), 원(願), 역(力), 지(智)의 네 가지 바라밀이 추가된 것이다. 십바라밀은 삼학과 팔정도의 수행체계를 포괄하는 것으로, 현실과 역사 속에서 자비의 실천을 적극적으로 구현하는 것에 주안점을 두고 있다. 따라서 십바라밀을 닦는 것은 자연스럽게 대승불교의 목적과 가치에 부합한다. 보살만행을 닦는 수행은 크게 다음과 같은 세 가지 관점에 목적과 가치를 두어야 한다.

첫째, 수행은 보리심에 기반하여야 한다.

둘째, 수행은 지혜와 자비를 동등한 가치로 실현하는 것이다.

셋째, 수행은 궁극적으로 보살행을 삶 속에 구현하는 것이다.

이는 대승불교의 수행을 크게 세 가지 관점에서 입체적으로 묘사한 것이다. 보리심, 지혜와 자비 그리고 보살행은 서로 분리된 개념이 아니다. 보리심은 일반적으로 '깨달은 마음'을 의미한다. 이러한

'깨달은 마음'은 절대적 보리심과 상대적 보리심의 두 가지 수행을 통해 계발될 수 있다. 절대적 보리심은 지혜의 마음, 상대적 보리심은 자비심을 계발하는 것으로 볼 수 있지만, 궁극적으로 절대적 보리심과 상대적 보리심은 분리될 수 없다. 이는 대승불교가 자비심을 강조하지만 그것이 지혜의 계발과 분리되지 않음을 말하는 것이며, 지혜를 강조하지만 그것이 자비의 실천이 전제됨을 말한다. 그렇다면 어떻게 지혜와 자비를 동등한 가치로 실현할 수 있을까? 그 답은 보리심을 발하는 것이다.

보리심을 발하는 것을 발심(發心), 즉 발보리심(發菩提心)이라고 한다. 이 발심은 기본적으로 뭇 생명을 고통의 바다로부터 구원하겠다는 자비의 염원을 의미한다. 이처럼 발심은 그 관심이 자신이 아닌 뭇 생명이라는 타자에 있다. 이러한 발심은 모든 인간이 겪을 수밖에 없는 존재의 불만족, 즉 고통에 대한 이해를 자신뿐만 아니라 다른 존재들까지 확대한 것이다.

따라서 발심을 한다는 행위 자체가 자기 중심성을 해체시키는 활동이며, 자신에 대한 집착을 내려놓는 수행이 된다. 이를 『금강경』에서는 "선남자, 선여인이 아뇩다라삼먁삼보리를 발하였다면 일상에서 그 마음을 어떻게 머물러 다스려야 합니까?"라는 질문을 통해 보여주고 있다. 이에 대해 부처님은 "모든 중생들을 구제하되 구제한다거나 했다는 생각을 해서는 안된다."라고 말씀하셨다.

참다운 발심이란 뭇 생명을 구제하지만 구제했다는 자기 중심성의 해체가 전제되지 않으면 안 된다. 물론 이것은 자기 중심성을 해체하고 나서 중생을 제도하라는 의미가 아니다. 왜냐하면 이러한 생각은 여전히 자신과 타자라는 이원적 분별에 사로잡혀 있음을 의미하기 때문이다. 발심 수행은 그 자체가 무아와 공성의 실현이어야한다. 내가 먼저 해탈하고 뭇 생명을 제도하는 선후적 개념이 아니라, 발심 자체가 철저하게 무아적 지혜와 실천적 자비가 되지 않으면 안 된다. 따라서 발심은 그 자체가 지혜와 자비의 구현이면서 보살행의 실천이 된다.

수행을 말할 때 개인의 해탈을 위한 정진, 또는 특정 명상법을 일정한 장소에서 행하는 의미로만 이해하는 것은 문제가 될 수 있다. 만약 수행을 이러한 좁은 의미로만 해석하고 소극적 행위로 국한시키면, 대승불교에서 추구하는 깨달음의 구체적 실현은 요원해진다. 대승불교에서 수행의 진정한 가치는 다른 존재들에게 갖는 자비로운 관심과 도움이 결국 우리 자신의 수행을 향상시키는 매개가 될 뿐 아니라, 심지어 다른 존재의 도움 없이는 우리 자신의 수행 역시 이룰 수 없다는 것이다. 그러면 이러한 수행은 우리에게 어떤 의미가 있을까?

우리가 대승적 관점에서 수행을 해나가면 진정한 행복과 자유에 대한 새로운 관점과 안목을 얻을 수 있다. 진정한 행복은 다른 존재들의 행복과 나의 행복이 나누어질 수 없으며, 다른 존재들의 고통과 나의 고통이 근원적으로 다르지 않음을 자각하는 것이다. 우리 자신의 완성은 결국 다른 존재들을 성취시키는 과정 속에서 이루어지기 때문에, 무변한 뭇 삶의 세계 속에서 벌어지는 다양한 역사적 활동에 참여하지 않을 수 없다.

이런 의미에서 대승적 수행의 행복은 명상을 통해 느끼는 심신의 안정과 고요함에 머무는 행복이라기보다, 다른 존재들과의 관계 속에서 무아를 실천할 때 얻어지는 과정으로써의 행복이다. 이러한 행복은 행복 자체를 정해진 실체로 생각하거나, 개인적 차원에 국한시키지 않기 때문에 한량이 없다. 또한 제도해야 할 중생과 번뇌 역시 한량이 없기에 계발되는 지혜와 자비 역시 한계가 없다. 끊임없는 향상의 과정, 뭇 삶의 역사에 참여하여 모든 존재들 스스로 부처님이 될 수 있게 돕는 만행의 즐거움이 있을 뿐이다.

2) 선과 명상

선수행의 의미

우리는 수행의 시대에 살고 있다. 우리들에게 수행은 때로는 '선(禪)'이라는 이름으로, 때로는 '명상'이라는 이름으로 또는 '선명상'이라는 이름으로 불리고 있다. 선과 명상은 다른 의미를 뜻하는 어휘로 사용되기도 하고, 때로는 같은 의미로 사용되고 있어 이 둘의 의미를 명확하게 구분하기는 쉽지 않다. 그러나 이 둘을 구별하지 않으면 각각의 구체적 의미와 특징 등이 드러나지 않기 때문에 각각의 의미를 명확히 할 필요가 있다. 먼저 선불교의 선에 대하여 살펴보고 이어서 명상에 대하여 살펴보자.

선종에서 '선(禪)'이라는 용어는 범어 댜나(dhyāna), 즉 '고요히 사색한다[정려靜慮]'라는 뜻의 어근에서 나온 말이다. 이것은 교란된 생각이 없이 하나의 대상에 완전히 집중하는 것을 가리킨다. 불교가 중국에 전래되면서 산란한 마음을 고요하게 하는 여러 가지 수행법들이 함께 전래되었다. 그러나 선종의 선은 인도의 선, 즉 댜나와 그

성격이 상당히 다르다. 중국의 선은 인도의 조직적이고 체계적인 선의 내용과 달리 마음, 즉 일심(一心)을 핵심으로 삼는 심지법문(心地法門)을 그 특징으로 하고 있다. 『소실육문』에 "마음이 바로 부처이며[즉심시불心卽是佛], 부처가 바로 도이며[불즉시도佛卽是道], 도가 바로 선이다[도즉시선道卽是禪]. 선이라는 한 글자는 범부가 헤아릴 바가 못된다[선지일자禪之一字 비범부소측非凡夫所測]."라는 말이 나오는데, 이는 선이 가진 특징을 잘 보여준다.

중국 선사들이 체험하고 가르친 선은 그 근원을 인도 출신의 달마(達磨)대사에게 두고 있다. 그 내용은 마음을 어떠한 대상에 집중하거나 고요한 상태에 머무는 것이 아닌, 자기 마음의 본체를 즉각적으로 자각하는 특징을 갖는다. 특히 선은 중국의 노장사상(老莊思想)의 본체론적 특징과 유학에서 강조하는 인성론(人性論)의 영향을 많이 받았다. 그러나 그것은 선이 중국 사회에 적응하고 문화적 양식으로 자리하는 데 기여한 외부적인 모습일 뿐, 실질적인 선사상의 핵심은 반야와 불성론이다.

선사상에서 반야는 공성의 이치를 철저하게 사유하고, 그것을 중도의 이치로 구현하는 것과 관련된다. 그래서 선의 문답과 사유 구조는 기본적으로 비유비무(非有非無)에 기반한 중도실상을 드러내는 것에 초점이 맞추어져 있다. 육조 혜능선사는 '진가동정게(眞假動靜偈)'를 통해 반야의 이치를 다음과 같이 드러내고 있다.

"모든 것에 진실이 없으니 진실을 보려고 하지 말라.
만약 진실을 본다 해도 그 보는 것은 다 진실이 아니다.
만약 능히 자기에게 진실이 있다면 거짓을 떠나는 것이 곧 마음의 진실이다.

자기의 마음이 거짓을 여의지 않아 진실이 없으니 어느 곳

에 진실이 있겠는가?" - 『육조단경』

　여기서 말하는 진실[진眞]은 모든 인식과 대상을 '실체화'하는 것을 말한다. 그러나 반야의 지혜는 모든 인식과 대상에 아무런 실체가 없다는 것을 깨치는 것이다. 혜능선사는 이것을 '거짓을 떠나는 것[이가離假]'이라고 말한다. 그러나 거짓을 떠나는 것과 마음의 진실은 서로 다르지 않기에 실체로서의 진심이란 존재하지 않는다[이가즉심진離假即心眞].

　이처럼 선은 철저하게 반야의 이치를 드러내는 것을 중시하지만 동시에 실상으로서 불성을 강조한다. 이러한 불성을 혜능스님은 '자성(自性)'이라는 말로 표현하였는데 이것은 '자기동일성(自己同一性)'의 실체를 의미하는 것이 아니다. 스님이 말하는 자성은 인성(人性)으로 모든 사람의 본성, 진심 등을 의미한다. 이러한 선은 기본적으로 불립문자의 강조, 돈오라는 직관적 깨달음, 깨달음 이후 일상성을 중시하는 특징을 갖는다.

명상의 의미

　'명상'은 그 성격과 특징에서 선과 조금 다른 양상을 갖는다. 우선 우리가 널리 사용하는 명상이라는 용어는 영어의 '메디테이션(meditation)'을 번역한 말로, 사전적 정의로는 '고요히 눈을 감고 깊이 생각함'이다. 그러나 좀 더 전문적인 의미로는 '마음을 자연스럽게 안으로 몰입시켜 내면의 자아를 확립하거나, 종교 수행을 위한 정신

불교개론

집중을 널리 일컫는 말'이라는 의미로 사용된다.

또한 명상은 종교적 체험과 직접적인 관련이 있다. 만약 명상을 종교와 연관시켜 이해하면 힌두교의 요가 명상, 유대교의 까발라 명상, 이슬람교의 수피즘 명상, 기독교의 묵상 관상법 등이 있다고 볼 수 있으며, 불교의 다양한 수행법 역시 명상의 범주에 넣을 수 있다. 이런 맥락에서 본다면 선(禪) 역시 명상의 한 종류로 이해할 수 있다.

그러나 불교적 관점에서 영어의 명상(meditation)이라는 단어는 정확히 말하면, 정신계발이나 정신수양에 해당하는 본래 용어인 바와나(bhāvanā)의 뜻을 전달하기에는 부족하다. 바와나는 욕망·증오·악의·게으름·근심·걱정·회의와 같은 불결하고 혼란된 마음을 깨끗이 하고, 정정·직관·총명·의지·정력·분석력·확신·기쁨·적정 등과 같은 상태를 계발하여 마침내 사물의 본성을 있는 그대로 보고, 궁극적 진리인 열반을 깨닫는 것이다.

따라서 명상의 개념을 불교적 개념에 한정시켜 말하면 '몸과 마음을 닦는 행위뿐 아니라 세상을 껴안는 깨어 있는 삶의 과정'으로 정의할 수 있을 것이다. 이런 식으로 불교 명상을 이해하면 특정 명상법을 행하는 것뿐만 아니라 지혜와 자비를 계발하고, 그것을 삶과 사회 속에서 실천하는 포괄적 의미로 명상의 활용 범위를 넓힐 수 있게 된다.

불교 명상이 기반하고 있는 부처님의 가르침은 궁극적 진리인 열반을 추구하고 있으나, 수행을 해나가는 과정에서 얻어지는 심신의 안정이나 행복 등을 소홀히 여기지 않는다. 이러한 점은 현대인이 추구하는 스트레스 해소, 정서적인 안정, 건강 등의 일차적인 목표로 흡수되어 현대의 다양한 심리치료적 명상 프로그램의 토대가 되었다.

그래서 불교의 '마음챙김' 또는 '알아차림'을 기반으로 MBSR(알아차림에 근거한 스트레스 완화), MBCT(알아차림에 근거한 인지치료), ACT(수용과 전념 치료), DBT(변증법적 행동치료) 등이 개발되었다. 또한 최근에는 불교의 자비를 활용하여 개발된 CBCT(인지적 기반의 자비 수행), CCT(자비 계발 수행), MSC(마음챙김 자기연민), CFT(자비 중심 치료) 등이 유행하고 있는데, 이들 모두 현대적 명상의 개념으로 이해할 수 있다.

선과 명상의 관계

선은 그 사상의 단초가 인도불교로부터 비롯되었다. 그러나 인도불교가 중국에 전해진 후에 관념화, 귀족화되면서 불교가 본래 중시하던 경험주의적 태도에서 멀어지고, 구체적인 삶에서 유리되기에 이르렀다. 이에 대한 극복으로 선이 대두되었다. 평면적이며 점차적인 수행보다는 바로 이 자리에서 우리의 본래불성을 자각하는 입체적이며 돈(頓)적인 선은 중국인들 특유의 현실주의를 반영하며 형성되었다. 이러한 선은 실용적이고 일상적이면서도 비약적이며, 사회적, 문화적 특징을 갖고 있다.

이에 비해 명상은 그 개념적인 범주가 훨씬 크고 유연하다. 특히 현대 한국 사회에서 유행하고 있는 명상은 힐링 열풍에 힘입어 스트레스 해소, 심신의 건강, 세간적 행복 등을 위해서 대중적으로 유행하고 있다. 그런데 명상이 대중화되면서 명상과 선을 같은 것, 혹은 유사한 것으로 이해하는 풍조도 생겨났다. 물론 불교 명상이라는 종교적 입장에서 명상을 정의할 때, 선을 명상의 범주 안에 넣어서 이해하는 것은 타당한 측면이 있다.

불교개론

그러나 남방불교의 마음챙김, 자비 등을 응용한 현대의 다양한 명상프로그램을 '선(禪)'으로 이해하는 것은 자칫 인도불교를 뛰어넘어 독창적으로 발전해 온 선의 개성과 특징을 간과하여, 선의 정신이 왜곡될 위험성이 존재한다. 따라서 명상과 선을 동일한 개념으로 규정하는 것은 문제가 될 수 있다.

특히 선은 대중적인 명상과 달리 그것의 행법을 실천함에 있어 '참구(參究)'라는 말을 사용하고 있다. 또한 간화선, 묵조선, 조사선 등과 같이 전통성을 중시한다. 이에 비해 현재 유행하고 있는 명상은 전통 중심보다는 대중적이며, 단계적인 특성을 갖는다.

선과 명상의 효과

최근에는 다양한 명상법들이 우리의 육체와 정신의 긴장을 완화시키고, 안정을 가져다준다는 효과를 밝히는 연구 결과물들이 점점 증가하고 있다. 이에 따라 많은 의사들이 환자들에게 여러 명상법을 권하기도 한다. 그리고 기업체에서는 사원들의 직업 능률 향상과 원만한 인간관계를 위하여 명상을 가르치고 있다. 선과 명상은 육체적 건강뿐 아니라 정신적 평화를 얻을 수 있고, 영적인 각성뿐 아니라 건전한 대인 관계를 유지하는데 필요한 필수적인 삶의 기술로 등장한 것이다.

특히 명상이 스트레스에 기인한 각종 만성병의 치유와 예방은 물론, 생물학적으로 원인을 밝힐 수 없는 각종 만성통증 환자, 체중 조절이 필요한 환자, 스트레스 완화가 필요한 환자, 인간관계에 문제를 가진 환자, 우울감을 느끼는 환자, 외상 후 스트레스 장애(PTSD) 환자, 강박장애 환자, 각종 암 환자나 만성병 환자 등에게 유의미한 효과가 있는 것으로 보고되었다. 주의집중이 되지 않아 산만한 학생들의 학습 능력을 개선하고 비정상적인 불안과 공포를 감소시킨다는 연구 결과도 있다. 또한 산업체에서는 스트레스를 완화시켜 생산력과 창의성, 리더십의 함양과 삶의 질을 높이기 위해 명상이 활용되고 있다.

그 밖에 뇌과학, 의학, 심리학 등의 분야에서 명상이 뇌의 '신경가소성'과 깊은 관련이 있음에 주목하였다. 오늘날의 뇌과학자, 심리치료사, 명상 수련자는 정신 활동의 기저가 되는 뇌의 상태와 기능을 긍정적으로 활성화시키는 방법과 효과에 관해 많은 연구를 진행하고, 실제 치료에 활용하고 있다. 보람 있고 행복한 삶을 살아가기 위해서는 이기적인 삶에서 벗어나 이타적인 삶으로 바뀌어야 하고, 탐욕과 미움, 어리석음으로 가득한 세속적 삶을 깨어 있는 의식으로 살아가야 한다는 부처님의 가르침이 과학의 시대에서 증명되고 있는 것이다.

그러나 이러한 긍정적 효과와 더불어 경계할 점도 부각되고 있다. 현대에 유행하고 있는 대중적인 명상이 불교의 교리와 수행 체계에서 비롯된 것임에도 불구하고 수행의 근본적 의미를 간과한 채, 효과 위주로 치우쳐 부작용과 윤리적 문제가 발생하고 있다. 예를 들어 자아의 위기, 영적 우회, 세속화, 자본주의화 등의 문제가 제기되고 있다. 이러한 부작용은 명상의 목적이 긍정적 효과를 경험하는 데만 있는 것이 아니라, 내면의 불이적 자각과 지혜와 자비의 사회적 실천을 이루는 데 있다는 사실을 명심함으로써 극복될 수 있을 것이다.

불교개론

3) 선의 이해와 실천

선의 역사

화엄종, 천태종, 법상종은 중국화된 불교이지만 인도적인 모습을 많이 지니고 있는데 비해, 나중에 발달한 선종은 중국불교의 완성태라고 할 수 있다. 선수행자들은 복잡한 교리체계에 의지하기보다 마음을 직접적으로 깨우치는 것을 중시한다. 특히 선종은 치밀하고 방대한 인도적인 논리를 넘어 마음의 본성을 단박에 깨닫는 돈오를 주장한다. 진리를 결코 문자로 전할 수 없다는 불립문자 사상과 마음의 본체를 단박에 깨우치는 돈오 사상은 다른 종파들과 구분되는 선종의 가장 중요한 특징이다.

선종은 기본적으로 불립문자와 교외별전을 강조하였기 때문에 경전을 통해 정통성을 확보하기 힘들었다. 그래서 그들은 이심전심의 전법설을 주장하였다. 선종사에서 염화미소의 역사적 출현은 이러한 상황에서 만들어진 것이다.

육조시대 달마대사에 의해 전해졌다고 하는 선종은 초기에는 두타행자의 무리에 지나지 않았으나, 육조 혜능선사 이후 남종이 흥성하면서 점차 세력을 확대해 나갔으며, 당말 오대에는 상당한 규모로 성장했다. 송대에 들어오면 선종은 모든 종파를 섭렵하고 불교의 대표적인 종파로 인정받았으며 국가의 승인도 얻었다. 이러한 선종의 흥기는 신회선사의 육조 선양운동, 백장청규 이후 계속된 청규의 제정과 수행제도의 정착, 전등사서(傳燈史書)의 확립 등에 의한 것이다. 특히 전등사서로는 능가사를 중심으로 한 『능가사자기』, 동산법문을 중심으로 한 『전법보기』, 보당종 문하에서 편찬했던 『역대법보기』, 동토육조(東土六祖) 서천이십팔조(西天二十八祖)의 전등설이 확립된 『보림전』, 신라와 고려스님 10명이 실려있는 『조당집』, 1700공안(公案)의 모태가 된 『경덕전등록』 등이 있다. 이 가운데 『조당집』은 다른 대장경에서는 찾아볼 수 없고 오직 고려대장경 보유편에 들어 있다. 특히 송대에 들어오면서 정치문화 영역에서 활발하게 이루어졌던 역사 기술의 경향과 맥을 같이 하여 계보를 확립하는 전등사서의 저술이 활발하게 이루어졌다.

일반적으로 조사선은 인도의 28대 조사인 달마대사로부터 시작된 이심전심, 교외별전의 선을 말한다. 이러한 선법은 초조 달마(達摩, ?~?), 이조 혜가(慧可, 487~593), 삼조 승찬(僧璨, ?~606), 사조 도신(道信, 580~651), 오조 홍인(弘忍, 601~674), 육조 혜능(慧能, 638~713) 선사를 통해 면면히 계승되어 선종의 거대한 흐름을 형성했다. 조사선을 확립하고 선양한 선사는 육조 혜능이다.

혜능선사의 법을 이은 계통을 남종선(南宗禪)이라고 하고, 신수의 법을 이은 계통을 북종선(北宗禪)이라고 한다. 신수(神秀)와 그 제자들은 북쪽에 위치한 낙양과 장안에서 활동했기에 '북종'이라고 하고, 혜능과 그 제자들은 남쪽인 화남(華南)과 강서(江西) 등지에서 법을 펼쳤기에 '남종'이라고 하였다. 혜능선사가 모든 사람이 본래 지닌 자성을 몰록 깨치는 돈오를 천명한데 비해, 신수선사는 좌선하여 마음을 보는 '좌선간심(坐禪看心)'의 점차적인 수증론을 전개했다.

남종의 선은 하택 신회(荷澤 神會, 684~758)선사에 의해 크게 알려지게 되었는데, '활대(滑臺)의 종론(宗論)'이 계기가 되었다. 신회선사는 732년 활대 대운사의 무차대회에서 북종의 신수와 보적(普寂) 일파에 대하여 "사승은 방계[사승시방師承是傍], 법문은 점차[법문시점法

門是漸]"라고 공개적으로 북종선을 공격하면서 선불교 내부의 이단 논쟁을 펼쳤다. 즉 점수를 주장하는 북종선은 이단이며 돈오를 강조하는 남종선이야말로 선종의 정통이라는 것이다.

이로부터 남종선과 북종선은 선종의 주도권을 놓고 치열한 사상적 다툼을 벌이게 되었고, 결국 남종이 승리하여 선종의 정통으로 자리하게 되었다. 신회선사 이후, 선은 마조 도일(馬祖 道一, 709~788)선사의 강서(江西), 석두 희천(石頭 希遷, 700~790)선사의 호남(湖南)지방을 중심으로 크게 융성하게 되었다.

마조선사는 남악 회양(南嶽 懷讓, 677~744)선사의 법을 이었고, 석두선사는 청원 행사(靑原 行思, ?~740)선사의 법을 이었다. 이러한 법은 백장 회해(百丈 懷海, 749~814), 황벽 희운(黃檗 希運, ?~850), 임제 의현(臨濟 義玄, ?~866)선사 등에 의해 크게 번성하였다. 이 가운데 마조선사는 중도의 실상을 삶 속에서 드러내는 "평상심(平常心)"을 강조하였고, 백장선사는 "하루 일하지 않으면 하루 먹지 않는다[일일부작一日不作 일일불식一日不食)."를 주장하며 수행의 의미를 공동체의 윤리로 확장시켰다.

또한 황벽선사는 바로 이 자리에서 무심하라는 "직하무심(直下無心)"의 설법을 통해 무심의 중요성을 강조했다. 그리고 임제선사는 부처를 만나면 부처를 죽이고, 조사를 만나면 조사를 죽이라는 "살불살조(殺佛殺祖)"의 정신과 이르는 곳마다 진정한 자유를 실현하라는 "수처작주(隨處作主) 입처개진(立處皆眞)"의 외침을 통해 무엇에도 걸림 없는 주체적 삶을 구현했다. 임제선사는 다음과 같이 말했다.

"큰 역량을 갖춘 대기(大器)의 인물은 절대로 타인으로부터 미혹함을 받지 않는다. 어느 곳에서든지 주체적이며 서는 곳마다 모두 진실된다. 밖에서 밀려오는 것에 집착해서는 안 된다. … 절대로 밖에서 구하여 진실을 찾지 말라. 밖에서 밀려오는 것이 있으면 그대 스스로의 성품인 지혜로써 반조하라. 그대는 바로 현재에 작용하는 것만을 믿으라. 거기에는 하나의 차별도 없다." - 『임제록』

9세기에서 10세기 중반에 이르면 석두계에서는 조동종·운문종·법안종이, 마조계에서는 임제종·위앙종의 오가(五家)가 성립되었다. 11세기 중반에 이르러, 임제종에서 황룡파와 양기파가 분립되어 오가칠종(五家七宗)이 확립되었다. 이후 오가칠종이 점차 쇠퇴하면서 12세기 중반이 되면 조동종 계통의 굉지 정각(宏智 正覺, 1091~1157) 선사가 묵조선(默照禪)을 선양하고, 임제종 계통의 대혜 종고(大慧 宗杲, 1089~1163)선사는 간화선(看話禪)을 주창하게 되었다.

간화선의 형성 배경

대혜선사에 의해 주창된 간화(看話) 수행은 당시 사회적으로 유행했던 문자선과 묵조선에 대한 새로운 방법론의 제기라고 할 수 있다. 특히 송대에 문자선을 적극적으로 도입했던 종파는 임제종이다. 문자선은 선종에서 발생한 어록, 전등록의 편찬, 송고문학, 경전 읽기 등 전반적인 문화적 경향을 가리킨다. 송대 선종의 여러 분파들 중에서 임제종이 가장 성공적일 수 있었던 이유는 바로 문자선을 적극적으로 도입하여 공안(公案) 수행의 방법을 계발하였기 때문이다.

공안 수행은 운문종에서 개발되어 임제종에서 발전된 것으로 염고(拈古)와 송고(頌古) 등이 있다. 염고는 조사들이 공안집이나 공안에서 어떤 어구를 골라 제자들로 하여금 그것을 반조하도록 한 것이다. 염고를 한 후 한 스승과 제자가 고칙(古則)에 대한 그들의 반응을 주석과 함께 총괄했는데 이것을 송고라고 한다.

이 외에 소참(小參), 보설(普說), 게송(偈頌), 진찬(眞讚) 등이 어록에 포함되기도 하였다. 대혜선사의 간화선은 당시 유행하였던 묵조선뿐 아니라 염고와 송고 등의 언어적 접근에 대하여 비판적인 입장을 취하면서 발전된 것이다.

문자선의 풍토 속에서 공안을 개념적으로 접근하여 사유하거나 성찰한 것을 궁극적인 깨달음이라고 여기는 풍조가 나타나기 시작하였다. 이러한 경향은 대혜선사의 ˙스승인 원오 극근선사가 『벽암록』을 통해 가시화되었다. 『벽암록』은 운문의 4대 손이자 향림 징원(香林 澄遠), 지문 광조(智門 光祚)를 이은 설두 중현(雪竇 重顯)선사의 『송고백칙』에 원오선사가 수시(垂示), 착어(著語), 평창(評唱)을 더한 것이다. 『송고백칙』은 『경덕전등록』 등의 전적에 의거하여 선화(禪話) 100개를 뽑아 시적인 제창을 가한 것으로, 문학적으로 높은 평가를 받았다. 여기서 '수시(垂示)'는 공안에 대한 개략적인 내용을 제시한 것이며, '평창(評唱)'은 본칙(本則)과 송(頌)에 대해 다시 한번 해석을 가한 것이다. 그리고 '착어(著語)'는 본칙과 송에 한두 마디로 상대를 격발시키는 간단한 평가를 부가한 것이다. 예를 들어 원오선사는 『벽암록』에서 '구지의 한 손가락[구지일지俱胝一指]'이라는 본칙에 다음과 같이 착어를 가했다.

"구지(俱胝)스님은 묻기만 하면(본칙)

[무슨 이유라도 있는가? 둔한 스님아!](착어)

오로지 하나의 손가락만을 세웠다.(본칙)

[이 늙은이도 천하 사람들의 혀를 꼼짝 못하게 하는군. 날씨가 뜨거우면 온 천지가 뜨거워지고, 날씨가 차가우면 온 천지가 차갑다. 천하 사람들의 혀를 바꾸어 놓았구나!](착어)"

또한 원오선사는 본칙에 대하여 다음과 같은 평창을 하였다.

"만일 손가락을 가지고 이러니 저러니 한다면 구지(俱胝)스님을 저버린 것이며, 손가락을 가지고 이러니 저러니 하지 않는다면 무쇠로 주조한 것과 같아 아무도 건드리지 못한다. 알아도 이와 같고 몰라도 이와 같으며, 높아도 이와 같고 낮아도 이와 같다. 옳아도 이와 같고 그르다 하여도 이와 같을 뿐이다." – 『벽암록』

원오 극근선사가 『벽암록』을 지은 이유는 선의 깊은 뜻을 불립문자와 교외별전의 입장에서 전달하기 위한 것이었으나, 그 본질이 오해되어 공안에 대한 일종의 참고서 역할을 하게 되었다. 그래서 학인들이 『벽암록』의 내용을 외우거나 그 안의 내용으로 선문답을 하면서 서로 인가(認可)를 해주고, 아무런 의미 없는 말들을 지어내면서 그것을 불립문자의 종지로 곡해하는 등의 병폐가 생겨났던 것이다.

대혜선사는 이러한 풍조를 비판하고 『벽암록』의 판각을 모아놓고 불사른다. 선의 본질은 결코 지적인 이해나 화려한 언어 구사에 있지 않고, 바로 생사의 근본을 깨닫는 직접적인 체험이 요구된다고 주장하고, 공안을 반조하는 수행이 아닌 화두를 참구하는 간화선을 주창하였다. 그러면 공안과 화두에 대하여 간략히 살펴보자.

우선, 공안(公案)이라는 말은 '공적(公的)인 안건(案件)'으로 '사적(私的)인 안건'인 '사안(私案)'과 대비되는 말이다. 이 말은 당말에 유행하기 시작하였으나, 송대에 들어와 옛 선사들의 일화나 제자와 스승 사이의 문답, 선사들의 말과 질문 등의 내용을 포함하는 말로 쓰이게 되었다. 그래서 공안은 권위 있는 법령과 같이 깨달음을 가능하게 하는 절대적인 의미를 갖는다. 공안의 내용은 대체로 완성된 대화나 일화 형식으로 구성되어 주로 공안집에 실려있다.

그러나 간화선의 화두(話頭)는 공안의 핵심 내용을 담고 있는 짧고 간단한 어구로, 수행자의 내면에 알 수 없는 답답한 마음으로 응집된 것이다. 물론 공안을 통해서도 의심이 일어날 수 있으나, 잘못하면 공안을 개념적으로 사유할 수 있기 때문에 화두라는 짧은 몇 마디 형식으로 제시되고 있다. 예를 들면 대혜선사가 언급한 화두에는 구자무불성화(狗子無佛性話), 간시궐화(乾屎橛話), 죽비자화(竹篦子話), 정전백수자화(庭前栢樹子話) 등이 있다.

대혜선사가 살던 남송은 당시 북방 이민족이었던 금에 의해 침입을 당한 시기였다. 이때 스님은 강화론(講和論)을 주장했던 진회(秦檜) 일파의 모함을 받아, 그의 나이 53세(1141) 때부터 68세(1156)까지 긴 유배 생활을 하였다. 그의 현실 참여에 대한 강한 태도는 간화선 수행이 갖고 있는 일상성과 사회 참여에 대한 의식을 반영한다.

당시 선계(禪界)는 간화선 이외에 굉지 정각(宏智 正覺, 1091~1157)과 진헐 청료(眞歇 淸了, 1089~1151)선사에 의해 주창되었던 묵조선도 크게 유행하였으나, 대혜선사는 묵조선을 묵조사선(黙照邪禪)이라고 크게 비판하였다. 이러한 비판에는 선불교가 가진 활발발한 일상에서의 효용과 사회적 참여의식도 고려되었을 것이다. 그의 묵조선 비판과 간화선의 주창은 거의 같은 시기에 일어났다.

조사선의 수행 원리와 간화선의 화두 참구

당대(唐代)에 번성했던 조사선은 깨달음을 이룬 역대의 명안 조사들이 우리 모두가 본래 갖추고 있는 마음의 성품을 바로 눈 앞에서 드러내 보인 법문이다. 이 법문으로 한 생각 돌이켜 스스로의 성품이 본래 부처임을 단박에 깨달으면, 걸림 없는 자유인의 삶을 살게된다. 조사선에서는 특별한 방편을 마련하지 않고 수행자들의 구하는 마음을 바로 쉬게하여 불성을 깨닫게 하는 '무방편의 방편'을 사용했다. 임제선사는 이와 관련하여 다음과 같이 말했다.

> "도를 닦는 벗들이여! 어떤 수행자들은 내면의 집중을 통해 출세간의 불법을 구하고자 하지만 이는 틀린 것이다. 만약 어떤 사람이 부처를 구한다면 그는 부처를 잃을 것이다. 어떤 사람이 도를 구한다면 그는 도를 잃을 것이다. 어떤 사람이 조사를 구한다면 그는 조사를 잃을 것이다."
> – 『임제록』

자신의 성품을 돌이키지 아니하고, 밖을 향해 찾아 구하는 마음이 도를 장애하는 가장 큰 원인이기에 조사들은 특별한 방편을 쓰지 않고, 오직 분별심을 스스로 돌이켜 마음의 본성을 깨닫게 하였다. 학인은 선지식을 찾아 먼 길을 행각하면서 법을 물었고, 인연이 계합하지 못하면 다른 선지식을 찾아 떠나기도 하였다. 이러한 조사선은 선지식과의 문답을 통해 언하에 깨치는 것을 중시하였다. 그러나 바로 깨치지 못하면 해결되지 못한 답답함과 도에 대한 간절함으로 시간을 보내다가 시절인연이 도래하여 문득 깨치기도 하였다.

간화선은 조사선에서 나온 것으로 두 수행법의 원리는 같다. 수행자는 화두에 대한 의심이 생기고 그것이 감정화된 의정(疑情), 더 나아가 화두와 하나가 된 상태인 타성일편(打成一片)의 의심 덩어리만 또렷한 의단독로(疑團獨露)를 통해 시절인연에 따라 돈오하게 되는 것이다.

간화선 수행은 기본적으로 대신근(大信根), 대분지(大憤志), 대의정(大疑情)의 세 가지 요소가 균형과 조화를 이루어야 한다. 대신근은 화두 수행 자체에 대한 믿음, 선지식에 대한 믿음, 우리 자신의 불성에 대한 믿음 등을 말한다. 대분지는 반드시 생사의 번뇌를 끊겠다는 정진의 마음이다. 그리고 대의정은 화두에 대한 간절한 의심을 말한다. 특히 대의정을 일으키기 위해서는 대신근이 받쳐주어야 한다. 그래서 고봉 원묘(高峰 原妙, 1238~1259)선사는 『선요』에서 "의심은 믿음으로써 바탕을 삼고 깨달음은 의심으로써 작용을 삼는다."고 하였다.

기본적으로 화두는 의정을 바로 일으킬 수 있는 구조로 되어 있다. 잘 알려진 무자화두(無字話頭)의 예를 들면 "개에게 불성이 있습니까?", "없다[무無]"는 문답 내용이다. 여기서 중요한 것은 답어(答語)에 해당하는 '무(無)'를 의심하는 것이다.

여기에는 조건이 있다. '무'를 '있음과 없음', 즉 '유무(有無)의 무'로 의심해서는 안 된다는 것이다. 그리고 이렇게 참구할 때 수행자의 마음은 분별이 정지된 '알 수 없는' 상태가 된다. 이러한 화두에 대한 의심은 블랙홀처럼 분별과 번뇌 망상을 집어삼키는 역할을 한다. 이때는 마치 쥐가 먹이를 구하기 위해 쇠뿔 속에 들어가 오도 가도 못하는 것처럼 분별심이 작동하지 못한다.

그러나 이것은 의식의 정지상태가 아니다. 수행자의 의식은 끊임없는 의심을 통해 성성적적(惺惺寂寂)한 상태 속에서 활동하고 있다. 간화의 선법은 사마타적인 지(止)의 행법이 아니다. 간화 수행은 의심을 통해 마음의 분별을 멈추고 지혜로 비추어 보는 각조(覺照)를 극대화시킨다. 선정과 지혜가 함께 어우러지는 정혜쌍운(定慧雙運)의 수행법인 것이다.

간화선은 당대(唐代)의 조사선이 가지고 있던 선문답의 형식을 수행자의 내면에서 재현하는 과정으로 볼 수 있다. 수행자가 선문답을 해나가듯이 화두를 통해 매 순간 마음을 일깨운다. 화두를 들고 의심해 들어가는 수행이 선문답과 다른 점이 있다면, 공안 상에서 의심되어진 화두를 통해 자신의 본래면목을 일깨우는 데 있다. 이것은 말 그대로 화두에 대한 깨침을 통해 아무런 분별망상이 없는 본래의 마음을 드러내는 것으로, 마치 구름이 사라지면 밝은 해가 저절로 드러나는 것과 같다. 대혜선사는 마음을 깨닫는 일곱 가지 본보기를 설하면서 간화선의 핵심을 드러내었다.

"첫째, 도는 마음을 깨닫는 데 있는 것으로 말로 전해질 수 없다. 둘째, 자기 집안의 보물이기에 밖에서 구해지지 않는다. 셋째, 항상 생사심(生死心)을 지녀라. 넷째, 문자와 언어와 분별상을 여의라. 다섯째, 생과 사가 맞물리는 곳에서

화두를 간하라. 여섯째, 도라는 것은 있지 않은 곳이 없는
것, 만나는 곳마다 모두 참이다. 일곱째, 힘을 더는 곳이 바
로 힘을 얻는 곳이다." – 『대혜보각선사어록』

대혜 종고선사의 간화선은 완전히 독창적인 것이라기보다, 당대
선의 선문답을 통한 말이 떨어지자마자 바로 깨닫는 언하변오(言下
便悟)의 전통을 형식화, 대중화, 보편화시켰다고 볼 수 있다. 이러한
배경에는 당시 인쇄술의 발달을 통한 공안집의 유행, 사회 변혁과
맞물린 시대정신의 요구 등도 함께 작용하였다.

송대 이후 원대에 이르러 대혜선사의 간화선은 조동종의 묵조선
을 능가하는 대표적인 선법이 되었으며, 임제종은 간화선을 본령으
로 하는 종지를 확립하게 되었다. 이러한 전통은 임제종 양기파에
속하는 설암 조흠(雪巖 祖欽, ?~1287), 고봉 원묘(高峰 原妙, 1238~1295),
중봉 명본(中峰 明本, 1263~1323)선사 등으로 이어졌다. 그리고 설
암 조흠선사의 제자 급암 종신(及庵 宗信)선사와 그의 제자 석옥 청
공(石屋 淸珙, 1272~1352)선사의 법이 고려의 태고 보우(太古 普愚,
1301~1382)선사에 전해져 임제종의 법맥이 우리나라에 전해졌다.

묵조선

송대 조동종을 대표하는 종풍으로 묵조선을 주장한 굉지 정각(宏
智 正覺, 1091~1157)선사는 18세부터 선수행을 시작하여 고목 법성(古
木 法成)선사의 문하에서 참구하고, 23세부터 조동종의 단하 자순(丹
霞 子淳)선사에게 참구하여 깨달음을 얻었다. 단하 자순선사의 법을
이은 정각선사는 스승의 입적 후 여러 곳의 선원에서 가르침을 펴다

가, 1139년 이후 절강성 영파현(寧波縣)의 천동사에서 30여 년간 머물며 조동종의 선풍을 크게 떨쳤다. 그는 선수행에서 체득한 반야의 지견은 언어 표현을 초월한 최고의 진실이자 모든 불조(佛祖)의 깨달음이라고 하였다. 그는 「묵조명」에서 "묵묵히 말을 잊으면 밝고 분명하게 현전한다."라고 말하였다.

굉지 정각선사는 그 누구보다도 많은 조사 공안을 제시하고, 짧은 게송으로 자신의 경지를 피력했다. 그에게 공안은 대의단(大疑團)을 일으켜 참구해야 할 화두가 아니라 이미 완료되어 있는, 본래 깨닫고 있는 모습을 드러내는 본증묘수(本證妙修)의 표현인 현성공안(現成公案)이었다. 즉, 공안이 따로 없는 것이다. 삶 속에서 내 자신이 부처로 드러나는 그 자체가 현성하고 있는 공안이다. 현성공안은 믿음의 존재 방식이다. 자신이 본래 깨닫고 있다는 믿음의 표현이다. 이러한 믿음으로 깨달음이 전개되며 이는 믿음에 대한 발심을 촉발한다. 이처럼 믿음과 깨달음은 둘이 아니며, 수행 역시 닦는 수행이 아니라 오염시키지 않는 수행이다. 굉지선사는 말하였다.

"납승들은 마음의 생각들을 말라 죽게 하고 차갑게 식게 하여 나머지 인연들을 쉬어 버려야 하며, 오롯한 마음으로 이 밭을 일구어야 하네. 곧바로 웃자란 풀들을 다 쳐내어 사방의 경계선까지 이르러야 하며, 털끝만큼의 오염도 없게 해야 하네. 신령스러우면서 밝고, 툭 트였으면서도 투명하네. 본체 앞에 오는 것을 철저히 비추면 빛이 그대로 드러나고, 정결한 상태에 이르러 티끌 하나도 붙을 수 없네."
– 『굉지선사광록』

불교개론

묵조선은 깨달음에 도달하기 위해 닦는 선이 아니라 본래 원만하게 갖추어진 깨달음을 실천하는 선이며, 그 실천의 대표적인 형태가 좌선으로 이를 지관타좌(只管打坐)라고 한다. 좌선이라는 행위를 통해 공안이 현성되고, 현성된 공안이 다시 좌선의 모습으로 드러나는 것이다. 그래서 공안의 현성과 좌선은 믿음의 다른 방식일 뿐 별개의 것이 아니다.

묵조선의 좌선이란 묵(黙)과 조(照)의 좌선이다. 묵의 좌선이 바로 이 몸으로 단좌하는 것이라면, 조의 좌선은 깨어있는 마음의 작용이다. 몸과 마음이 좌선이라는 형식으로 나타나 있다. 그래서 묵과 조는 몸과 마음의 조화이고, 몸과 마음의 일체작용이다.

몸과 마음이 조화 내지 작용의 일체를 보이고 유지하기 위해서는 탈락(脫落)이라는 수행이 필요하다. 탈락은 벗어나고 초월하며 집착이 없으면서 본래작용을 그대로 드러낸다. 그래서 신심탈락(身心脫落)이란 신(身)과 심(心)이 자기로부터 탈락되어 있는 상태, 철저하게 무아가 되어 자신의 몸과 마음의 결박에서 벗어난 자유로운 상태를 말한다. 이러한 탈락은 좌선이라는 행위를 통하여 이루어진다. 묵묵히 좌선하고 앉아 스스로를 비추어보는 그 행위 속에서 모든 것이 텅 비워져 본래 부처의 모습이 드러나게 되는 것이다. 굉지선사는 이와 관련하여 다음과 같이 말하였다.

"두 발을 확고히 도(道)에 두라.
이 신령스런 반응과 오묘한 작용 속에서는
만나는 일이 모든 일이 참되네.
털끝 하나 먼지 하나도

그대의 밖에 있지 않다네." – 『굉지선사광록』

묵조선은 필연적으로 반야에 의하여 탐욕과 번뇌를 여의는 혜해탈뿐만 아니라, 선정을 통하여 근본적인 무명을 여의는 심해탈의 어느 것에도 두루 통하는 직접 경험이다. 이러한 묵조선은 본래 깨달아 있음을 확인하는 실천으로 현실의 어디서나 본래 갖추어진 불성을 실현하는 것이다. 그래서 묵조선을 이르는 곳마다 자유로운 '지유선(至游禪)'이라고도 한다.

위빠사나

위빠사나는 빨리어로, '위(vi)'와 '빠사나(passanā)'가 결합한 합성어이다. '나누다', '뛰어나다', '다양하다', '강조' 등의 의미를 지닌 접두사 '위(vi)'와 '보다'라는 의미의 '빠스(paś)'라는 어근을 가진 명사형 '빠사나'가 결합된 용어이다. 따라서 위빠사나는 '나누어 봄', '뛰어난 봄' 등으로 직역할 수 있다. 일반적으로 위빠사나를 '통찰', '내적 통찰', '직관적 통찰', '관찰' 등으로 해석하고 있다. 이러한 위빠사나는 수행자가 수행을 통해 예리한 관찰력으로 무상·고·무아라는 '변화'와 '변화에 따른 불만족' 그리고 그 안에 '나라고 할 만한 것이 없다.'는 제법의 특성을 꿰뚫어 보는 것을 말한다. 초기경전에서 수행자는 위빠사나를 통해 지혜를 계발하고, 이렇게 계발된 지혜를 통해 오염된 무지로부터 벗어나 혜해탈을 얻게 된다고 설명한다. 위빠사나는 궁극적으로 깨달음으로 이끄는 수행을 의미한다.

위빠사나 수행자는 먼저 계를 지키고, 몸과 마음에서 나타나는 모든 현상을 끊임없이 사띠(ⓟsati, 念)하고 집중(ⓟsamādhi)한다. 수행자

　　　　　　　　　　　　　　　불교개론

는 이 과정에서 몸과 마음에 대한 '삼빠잔냐(ⓟsampajañña, 正知)'를 지니고, 사성제에 대한 바른 견해[정견]와 감각적 욕망과 나쁜 사유가 없는 바른 사유[정사유]라는 지혜(ⓟpaññā, 慧)를 더욱 계발하게 된다. 위빠사나는 계·정·혜 삼학을 통해 삼법인을 통찰하는 지혜를 계발하는 것이다. 그러면 위빠사나 수행의 핵심에 해당하는 사띠와 분명한 앎에 대하여 구체적으로 살펴보자.

먼저 사띠란 범어의 '스므르(smr)'를 어원으로 하는 용어로 '기억하다'는 의미를 지닌 빨리어 동사 '사라띠(sarati)'의 명사형이다. 초기 경전 안에서 '사띠'는 크게 두 가지 의미로 사용되는데 하나는 '기억'의 의미이고, 다른 하나는 '주시'라는 의미이다. '기억'은 이미 경험한 사실에 대한 마음 작용을 말하고, '주시'는 현재의 대상에 대한 마음 작용을 말한다. 수행 상에서 '사띠'는 현재의 대상에 마음을 두는 의미로 염(念)·억념(憶念)·지념(持念)·수의(守意) 등으로 한역되었고, 현대에 들어서는 마음챙김·마음지킴·알아차림·수동적 주의집중·주시 등으로 번역되었다. 사띠는 마치 시냇가에 앉아 물 속에서 노는 고기를 놓치지 않고 들여다보듯이, 객관적인 마음으로 대상을 바라보는 것이다. 즉 사띠는 '대상을 잊지 않고 포착하고 있는 상태'를 말한다. 수행자의 마음에 사띠가 있는 동안에는 불선한 것이 들어올 수 없다. 이렇게 사띠를 지속하면 그 현상에 대한 분명한 앎인 삼빠잔냐가 일어난다.

삼빠잔냐(sampajañña)는 '바른', '정확한', '분명한'의 의미를 지닌 '삼(Sam)'과 강한 '앎'이라는 의미를 지닌 '빠잔냐(pajañña)'가 합성된 명사로 '알아차림', '분명한 앎[정지正知]' 등으로 번역된다. 이러한 알아차림은 사띠와 짝을 이루어 진행되는 것으로 이 두 가지 작용은 새의 두 날개처럼 거의 동시에 일어나며 상호보완적이다. 하지만 마음이 대상에 밀착되어 있는 상태와 그 밀착된 대상을 아는 상태는 서로 다르다. 예를 들어 농부가 호미로 밭을 갈 때 땅을 고르는 일을 마음이 대상에 밀착되어 있는 사띠라고 한다면, 잡석의 많고 적음을 판단하는 상태는 알아차림과 같다. 따라서 '앎'의 의미를 지닌 '알아차림'은 '사띠'보다 '삼빠잔냐'에 가까운 번역어라고 할 수 있다.

일반적으로 '사띠'는 '마음챙김'으로, '삼빠잔냐'는 '알아차림'으로 변역된다. 마음챙김과 알아차림을 동시에 수행하면 고요함과 통찰이 계발되고, 고요함과 통찰을 통해 선정과 지혜가 계발된다. 즉 고요하게 안정된 상태에서 법을 있는 그대로, 즉 무상·고·무아로 알아차리고 통찰하여 마음의 번뇌를 제거하고 해탈·열반을 성취하는 것이다.

이러한 위빠사나 수행은 간화선과 몇 가지 차이점을 보인다. 우선 위빠사나 수행이 계·정·혜의 점차적인 과정을 통해 지혜를 계발하는 것에 치중해 있다면, 간화선은 화두에 대한 의심을 통해 선정과 지혜를 동시에 계발하는 정혜쌍운의 특징을 지닌다. 또한 위빠사나는 제법의 무상·고·무아를 분석적인 방식으로 통찰하는 것을 중시하는 것에 비해, 간화선은 화두 의심을 통해 마음의 본성을 비약적으로 직관하는 방법을 사용한다. 마지막으로 위빠사나는 수행 자체가 차제적으로 진행되지만, 간화선은 조사선의 본래성불(本來成佛)의 입장에서 닦음 없는 닦음을 중시한다.

이러한 차이점에도 불구하고, 위빠사나와 간화선 모두 지혜와 자비를 계발하여 모든 생명을 이롭게 한다는 불교의 공통 목표를 지향한다는 점에서 차이가 없다. 이 둘은 본질적 차이에 기인한 것이 아니라 문화와 역사 등에 따른 것으로, 수행법 자체에 우열이 있는 것은 아니다.

4) 21세기 선의 길

선과 일상

현대 우리 사회에는 다양한 명상법이 유행하고 있다. 명상법을 분류하는 것은 결코 쉬운 일이 아니지만 크게 세 가지로 나눌 수 있을 것이다. 그중 첫 번째는 이미지와 개념 등을 조작해서 편안한 마음 상태를 유도하는 힐링 명상이다. 이러한 명상법은 관념을 이용하여 몸과 마음을 이완시키는 방법을 중시한다. 현대인들은 과중한 스트레스로 괴로움을 겪는 경우가 많은데, 이때 좋은 이미지를 상상하거나 하나의 대상에 집중하여 몸과 마음의 이완을 유도하는 힐링 명상은 큰 도움이 될 수 있다.

두 번째는 마음챙김 또는 알아차림 명상이다. 이것은 몸과 마음의 현상을 있는 그대로 알아차리는 것을 목표로 한다. 마음챙김 명상은 심리치료를 목적으로 하는 것과 우리의 몸과 마음이 무상·고·무아임을 통찰하는 알아차림 위주의 위빠사나 명상법으로 나눌 수 있다. 심리치료적 명상은 심리적 문제를 치유하는 것을 일차적 목표로 삼기 때문에, 마음챙김의 심리적 효과인 탈동일시, 탈중심화, 거리두기 등을 중시한다.

세 번째는 우리 마음의 공성을 직접적으로 통찰하는 명상이다. 이 명상법은 주로 선불교와 티벳불교에서 사용하는데, 마음챙김 명상처럼 관찰 대상을 객관화시켜 현상의 본질을 통찰하기보다는 집착의 대상이 자리하기 이전 마음의 본성을 꿰뚫는 것을 중시한다.

이 가운데 특히 선불교에서는 기본적으로 일상을 중시한다. 선에서 '일상'이란 추상화된 삶의 목표나 당면 과제가 아니라, 지금 눈앞에 드러난 삶 자체를 말한다. 일반적인 수행들이 삶을 초월하는 것에 일차적 목표를 두고 있다면, 선에서는 삶 자체를 초월의 매개로 이용한다. 그래서 수행론 자체가 '삶과 거리두기'에서 시작하는 것이 아니라 '삶 자체'에서 시작된다. 즉 일상의 삶으로부터 벗어나 초월하는 것이 아니라 평범한 삶의 현장을 초월의 현장으로 바꾸는 것이다. 그래서 선의 수행은 깨달음을 위해 현재 우리가 처한 삶의 현장을 떠나서 수행하기보다 삶 자체를 수행의 매개로 삼는다. 양주(襄州) 방온(龐蘊)거사의 다음과 같은 게송은 이러한 선의 살림살이를 잘 보여준다.

> "일상생활은 별다른 것이 없으니
> 오직 스스로 짝이 되어 계합될 뿐!
> 무엇이든 취사하지 않고
> 어느 곳에서도 어긋나지 않는다.
> 붉은색과 자주색 누가 이름 붙였는가?
> 언덕과 산에는 한 점 티끌도 없다.
> 신통과 묘용은 물 긷고 땔 나무 하는 것일 뿐"
> – 『경덕전등록』

이처럼 선에서 일상이란 그 자체가 수행의 장소이면서 깨달음의

불교개론

묘용을 성취하는 곳이다. 선에서 중시하는 것은 특별한 신통이 아니라 평범한 일상을 통해 내적인 본성에 대한 깨침을 얻고, 이를 일상에서 실현하는 것이다. 일반적으로 깨달음의 세계는 모든 것을 초월하는 세계로 인식된다. 삶과 죽음을 넘어선 곳, 일체의 번뇌 망상이 끊어진 곳이 바로 깨달음의 세계인 것이다. 이 속에는 일상성이 들어설 여지가 없다. 그러나 선에서는 깨달음의 세계에 머물지 않고 평범한 일상의 세계로 돌아와 일상을 누린다.

선에서 일상성의 강조란 매우 중요한 특징 가운데 하나다. 선사들은 다른 어떤 종파나 종교보다도 일상성을 많이 강조한다. 이러한 일상성에 대한 강조를 잘 드러낸 것으로 "평상심이 도다[平常心是道].”라는 말이 있다. 마조선사는 평상심을 "조작이 없고, 시비가 없고, 취사가 없고, 단상이 없고, 범부와 성인이 없는 것이다.”라고 하였다. 여기서 평상심의 의미를 여러 가지로 해석할 수 있으나 기본적으로는 중도의 마음, 평상의 마음, 일상의 마음이라고 할 수 있다.

선사들이 일상성을 중시한 것은 선어록의 곳곳에서 밥 먹고, 차 마시고, 물 긷고, 장작 패는 등의 일상성으로 드러난다. 이러한 '선의 일상성'은 현대적으로 해석될 필요가 있다. 우리가 현재 몸 담고 있는 정치, 사회, 문화 등 인간과 관련된 다양한 활동 역시 일상성 안에 포함된다. 따라서 우리가 겪고 있는 다양한 문제들을 해결하는 대안으로 선의 가치가 증명된다는 점에서 선의 일상성이 가진 의미를 새롭게 조명할 필요가 있다.

선의 가치는 크게 두 가지 관점에서 살펴볼 수 있다. 첫째, 선의 가장 기본적인 가치는 인간에 대한 절대적인 긍정을 바탕으로 인간이 가진 한계를 극복하도록 하는 데 있다. 선의 근본은 마음의 깨달음이며, 우리 자신이 스스로 부처님임을 확인하고 증명하는 것을 전제로 지혜와 자비를 구현하는 방법을 제시한다. 황벽선사는 『완릉록』에서 다음과 같이 말했다.

> "마음이 바로 부처님이다. 위로는 모든 부처님으로부터 아래로 꿈틀거리는 온갖 미물까지 모두 불성이 있으며, 동일한 마음의 바탕이다. 따라서 달마는 인도로부터 오직 일심의 법을 전하여, 바로 일체중생이 본래의 부처임을 가리켰을 뿐이다. 수행할 필요가 없이 다만 지금 자기 마음을 알고 스스로의 본성을 보면 된다. 달리 밖에서 구하지 말라."

선은 인간 긍정의 지혜를 보편적으로 일깨우는 전인적 깨달음에서 출발한다. 선은 직접적으로 인간의 삶을 응시하고 바로 세우는 실천의 불교를 지향한다. 일체 중생이 부처님과 다름없는 존재이기 때문에, 비록 미혹에 사로잡혀 있다 하여도 항상 새로운 차원의 자기 발견을 통해 자신의 한계를 극복할 수 있기 때문이다. 선은 인간에 대한 절대적 긍정의 관점에서 부처님이 되기 위해 수행하는 것이 아니라, 이미 부처님임을 확인해나가는 길을 제시한다는 점에서 여타의 수행론과 구분된다.

자기 자신에 대한 치열한 탐구를 통해 인간이 가진 보편적 가치를 증명해 낸 많은 선각자들에 의해 인류의 역사와 문명은 균형과 조화를 이루며 발전해왔다. 이 가운데 불교는 인간이 어떻게 살아야 하는지, 왜 살아야 하는지 등에 대한 근본적인 해답을 제공하였고, '선'은 그 핵심을 가장 정미롭게 승화시켜 인간에 대한 절대적인 신뢰를 바탕으로 누구나 그것을 실현하고, 발견할 수 있는 가능성과 길을 제시하고 있다.

둘째, 선은 고통의 표층적 해결이 아닌 고통의 근원적 해결을 지향한다. 최근에는 대중적인 '명상'이 스트레스 완화, 육체의 이완, 심리적 치유 등의 이름으로 유행하고 있지만, 명상의 본질적인 목표인 궁극적 행복이나 인간 문제의 근본적 해결보다는 대증(對症)적 처방에 치우쳐 있다. 이러한 명상법들은 인간의 실존적 문제를 해결하기보다는 심신 이완에 의한 감각적 즐거움, 건강, 영적 우회 등을 강화시켜 몸과 마음에 대한 집착을 강화하기도 한다.

그러나 선은 그 시작 자체가 인간 내면의 절대적 완성을 전제하기에 그 완성 역시 부분적 문제 해결이나 일시적 처방이 아닌 고통의 뿌리를 제거하는 것이다. 특히 선은 단계적인 방식이 아닌 즉각적이며 비약적인 방식을 통해 부처님으로서의 삶을 실천하는 것에 중점을 둔다.

이와 같이 선의 지혜는 단순한 인지적 깨침을 의미하기보다 그것을 구체적으로 실천하는 것이다. 혜능선사는 『단경』에서 법달에게 『법화경』에 굴림을 당하지 말고 『법화경』을 굴리라고 당부하면서, "부처님의 행이 바로 부처님이다[즉불행시불即佛行是佛]."라고 하였다. 이것은 선의 핵심은 부처님으로 살아가는 실천을 통해 부처님임을 증명하는 생명의 활동에 있는 것이지, 부처님이 되기 위해 수행하는 것에 방점이 있지 않음을 의미한다. 왜냐하면 부처님이 되기 위해 수행하는 것은 스스로 부처님이 아님을 의미하는 것이기 때문이다. 그래서 선의 수행은 '닦음 없는 닦음'을 지향한다. 이것은 닦음을 부정하는 의미가 아니라, 닦음에도 집착하지 않는 광활하고 담대한 자유정신을 말하는 것이다. 임제선사의 다음과 같은 설법을 들어보자.

> "오늘 불법을 배우는 학인들은 무엇보다도 진정한 견해를 구해야 한다. 만약 진정한 견해를 얻었다면 생사에 오염되지 않고 거주의 자유를 누릴 것이다. 수승함을 구하지 않아도 수승함에 스스로 이르게 될 것이다." – 『임제록』

선에서는 무엇보다도 진정견해(眞正見解)를 중시하는데 이것은 생사에 오염되지 않는 자유를 의미한다. 여기서 생사는 우리의 삶 자체로 생사를 제거하거나 없애는 공부가 아니라, 생사라는 삶의 현장에서 자유를 획득하는 것이다. 그러면 진정견해란 무엇인가? 임제선사는 다음과 같이 말하였다. "만약 그 무엇에도 의지함이 없는 자유로운 본성을 깨달으면 부처 또한 얻을 것이 없다. 이와 같이 꿰뚫어 볼 수 있다면 이것이 바로 진정한 견해이다." 진정견해는 부처님에도 집착함이 없는 절대적 자유를 의미한다. 이처럼 선의 깨달음은 근원적 해탈을 의미하는 것으로 인간이 집착할 수 있는 모든 대상을 일시에 파기하고, 절대적인 자율적 주체성을 회복하는 것이다.

선, 인류의 희망
선은 일체 중생이 부처님과 다름없는 존재이며, 비록 물질로 인한 미혹[물혹物惑]과 사람으로 인한 미혹[인혹人惑]에 사로잡혀 있더라도 항상 새로운 차원의 자기 발견을 통해 새로운 삶의 가치를 발견하고, 우리가 처해 있는 환경을 주체적으로 극복할 수 있는 가능성을 제시한다.

선은 인간의 주체성을 근원적으로 확보하고 구체적인 삶의 현장에서 인간 본성에 근거한 깨달음의 묘한 작용을 일으키도록 한다. 선은 어떠한 권위주의도 범접할 수 없는 주체성이 살아 움직이고 있다. 이 하늘과 땅의 그 어떤 것에도 의존하지 않고 그 사이를 당당하게 걸어가는 대자유인의 기상, 그것은 현대문명의 소외를 걷어차고 나아가는 걸림 없는 모습이다. 마조선사의 설법은 우리 인류가 무엇을 지향하고 어떻게 살아가야 하는지 잘 보여준다.

> "경에서는 말한다. '범부처럼 행하지 않고, 성현처럼 행하지 않는 것이 바로 보살행이다.' 다만 지금처럼 행주좌와(行住坐臥)와 근기에 응하고 중생을 접하는 이 모두가 바로 도이다. 도는 바로 법계이며 강가의 모래에까지 나타난 묘한 작용도 법계를 벗어나지 않는다. 만약 그렇지 않다면, 어떻게 심지법문(心地法門)이라고 할 수 있으며, 무진등(無盡燈)이라고 할 수 있는가?" - 『마조도일선사광록』

선에서의 보살행은 범부처럼 행하지도 않고 성현처럼 행하지 않는 중도의 묘용이다. 보살행은 나와 타자를 구분하지 않는 자비심의 발로이며 이타행의 모범이 될 수 있다. 이러한 선의 실천적 지침은 자신과 타인을 이원적 실체로 규정하는 우리의 일반적 행위와는 상반되는 것처럼 보이지만, 인류의 진정한 행복과 공존이 어떠한 가치에 기반해야 하는지에 대하여 명확한 지향점을 제시하고 있다.

선은 인류의 행복을 위해 크게 두 가지 관점에서 희망의 메시지를 선사한다. 첫째, 선에서 강조하는 무분별과 직관을 통한 고정관념의 타파이다. 선은 화두에 대한 의심으로 나타나는 '알 수 없음'이라는 무분별의 지혜를 통해 차별적 실체에 대한 집착을 과감히 격파한다. 이러한 선의 메시지는 현재 우리가 겪고 있는 고통을 근본적으로 치유할 수 있는 사상적 근거를 제공한다. 화두에 대한 '알 수 없음'을 통해 번뇌를 지혜로 승화시키는 선의 수행론적 관점은 현재 우리들의 삶에 그대로 적용될 수 있다.

둘째, 선에서는 깨달음을 실체화시키지 않고, 그것을 역사적 활동으로 실천하는 것을 중시한다. 선의 십우도(十牛圖)만 보더라도 깨달음을 실체화시키지 않을 뿐 아니라, 그것을 역사적 활동으로 전환시키는 실천성에 초점을 두고 있음을 알 수 있다. 십우도의 '입전수수(入廛垂手)'는 선이 깨달음을 뛰어넘어 현실의 문제를 어떻게 수용하고, 극복하는지를 보여주는 상징적 표현이다. 이것은 절대주의와 상대주의를 뛰어넘어 이 세상을 정토로 바꾸는 보살행의 실천으로, 현재 인류가 갖는 다양한 문제를 해결하는 데 많은 영감을 준다.

선은 우리가 겪고 있는 문제를 새로운 시각으로 보게 하고, 가공의 개별적 자아에 대한 집착에서 벗어나 삶을 창조적으로 경영하도록 한다. 선은 우리가 집착하는 것들을 끊임없이 파기하는 자기부정과 본래성불에 기초한 절대적 긍정을 중도적으로 조화시켜 모든 지각 있는 존재의 해방을 모색한다는 점에서 정신문명의 희망으로 떠오르고 있다.

불교개론

3. 보살의 삶과 길

1) 바라밀과 보살행

(1) 바라밀과 보살행

보살, 깨달음을 구하고 중생을 제도하다

대승불교에서 이상적인 삶은 보살의 삶이다. 자신보다 다른 이를 먼저 생각하고 실천하는 이를 볼 때, 보통 '저 사람은 살아있는 부처님이다.'라고 하거나, '저 사람은 보살이다.'라고 한다. 보살의 뜻은 '보리살타(菩提薩埵)'의 준말이다. 보리살타는 범어 '보디사뜨바(Bodhisattva)'의 소리 번역이다. 보디는 '깨달음'을 말하고, 사뜨바는 '유정(有情)', 즉 '중생'을 말한다. '개사(開士)', '각유정(覺有情)' 등으로 뜻 번역한다.

보리살타란 말의 의미는 '깨달음을 구하고자 하는 유정', '깨달음을 얻게 될 유정', '깨달음의 씨앗을 가진 유정'이다. '깨달음의 씨앗을 가진 유정'이라고 할 때, 모든 중생은 보살이 된다. 모든 중생이 부처님 성품, 불성을 가졌다고 보기 때문이다. 대승불교의 핵심 가르침은 일체중생(一切衆生) 실유불성(悉有佛性)이다. 이때 평범한 중생도 보살이 된다. 이는 가장 넓은 의미의 보살 개념이다.

'깨달음을 얻게 될 유정'이라고 할 때, 이는 수기(授記) 사상과 연결된다. 누구에게 앞으로 부처님이 될 것이라고 불보살님께서 기별하시는 것을 수기라고 한다. 연등불은 석가모니불 전생인 선혜보살에게 수기하셨고, 석가모니불은 미륵보살에게 수기하셨다. '깨달음을 구하고자 하는 유정'이라고 할 때, 대승불교의 이상적인 삶, 보살행을 실천하여 살고자 하는 이가 보살이다.

> "(보리는) '위 없는 지혜'라 한다. 살타는 중생이라 하기도
> 하고, 혹은 큰마음[대심大心]이 되기도 한다. 위 없는 지혜
> 를 위하여 큰마음을 내는 이를 보리살타라 한다. 중생으로
> 하여금 위 없는 도를 행하게 하려고 원하는 이를 바로 보리
> 살타라 한다." - 『대지도론』 「석구의품」

보살은 중생 세계에서 깨달음을 구하고 중생을 제도하는 것을 최상의 과제로 삼는다. 상구보리(上求菩提) 하화중생(下化衆生)이다. 위로는 깨달음을 구하고, 아래로는 중생을 교화한다. 이때 보살은 자리이타(自利利他)의 삶을 산다. 깨달음을 구하고[자리自利] 일체중생을 구제하고자 노력하는[이타利他] 자가 보살이다. 그리고 자리와 이타를 완성하려고 용맹정진하기 때문에 마하사뜨바[마하살摩訶薩, 대사大士]이다. 보살마하살은 위대한 보살, 위대한 선지식이다.

바라밀, 깨달음으로 함께 가는 보살행
"옛날에 보살행을 행하여
시방의 한량없는 중생 다스리고
갖가지 방편으로 자비문 열어

중생들 일체 지혜 얻게 하셨네." -『육십화엄경』「세간정안품」

　석가모니불은 헤아릴 수 없는 겁 동안 보살행으로 한량없는 중생을 제도하셨다. 다양한 방편과 자비심으로 중생들이 일체 지혜를 얻도록 하셨다. 보살행은 중생의 이익을 위해서 자기의 몸을 잊는 행위다. 따라서 보살은 어떤 어려움이 있을지라도 한탄하거나 두려워하지 않는다. 그리고 중생 제도의 과정과 결과에 대해 자기가 잘났느니, 어쩌느니 하는 어떠한 상도 내지 않는다. 위대한 서원으로 보살행을 할 뿐이다.

> "보살마하살은 헤아릴 수 없을 만큼 수없이 많은 중생을 모두 제도하여 한결같이 완전한 열반에 들게 한다. 완전한 열반에 들어가지 못하는 이는 한 사람도 없다. 보살이 이러한 말을 듣고도 무서워하지 않고, 두려워하지 않고, 성내지 않고, 버리지 않고, 그밖에 가르침마저 그대로 따른다면, 이것이 위대한 서원을 실천하는 것임을 알아야 한다."
> -『도행반야경』「도행품」

　『가야산정경』에 의하면 보살행은 무엇보다 대비심을 근본으로 하고, 대비심은 나아가 아뇩다라삼먁삼보리심을 근본으로 하고, 아뇩다라삼먁삼보리심은 육바라밀을 근본으로 하고, 육바라밀은 방편과 지혜를 근본으로 한다. 대비심을 시작으로 그 중심에는 보리심과 육바라밀이 위치한다. 보리심은 깨달은 마음이고 깨닫고자 하는 마음이다. 육바라밀은 보리심을 완성하는 보살행이다. 육바라밀은 중생과 함께 깨달음으로 가는 보살행이므로 방편과 지혜를 근본으로 한다.

바라밀(波羅蜜), 혹은 바라밀다는 '빠라미따(Ⓢpāramitā)'의 소리 번역이다. 빠라미따는 '미혹의 이 언덕에서 깨달음의 저 언덕에 이르다, 또는 건너다'라는 뜻으로 '도피안(到彼岸)', '도(度)' 등으로 번역한다. 또는 '완성', '성취', '최상' 등의 의미도 지닌다.

따라서 바라밀을 크게 두 가지로 해석한다. 하나는 바라밀을 수행이라는 측면에서 보는 것으로, 이때 바라밀은 저 언덕에 이르게 하는 방법이다. 즉 육바라밀을 실천함으로써 깨달음을 이룬다. 또 하나는 바라밀을 완전에 도달한 상태, 완성, 성취 등으로 이해하는 것이다. 이때 바라밀은 진리의 세계를 의미하고, 본래 실상·진여 법성에 도달한 부처님의 무한공덕이 함께하는 대열반의 상태다. 그러므로 육바라밀은 저 언덕으로 가기 위한 수행이 아니라 본래 실상인 바라밀에서 나온 보살행이자, 부처님행[불행佛行]이다. 지금 실천하고 있는 보시·지계·인욕·정진·선정·반야 하나하나가 바로 부처님행이다.

(2) 육바라밀과 무주상보시의 중요성

육바라밀

"사리불아, 어떤 보살마하살은 육바라밀에 머물러 항상 부지런히 정진하면서 중생을 이익되게 하며, 이롭지 못한 일은 말하지 않느니라." - 『마하반야바라밀경』「왕생품」

육바라밀은 보살행 가운데 하나로 대승 보살의 중요한 실천 덕목이다. 육바라밀을 통해 보살은 모든 중생을 이익되고 안락하게 하며, 중생들에게 바른 법을 설하여 깨달음으로 이끈다. 육바라밀의 뜻을 간략하게 살펴보자.

① **보시**(布施)**바라밀** : 아무런 조건 없이 주는 행위다. 보수를 바라지 않고 봉사하여 모든 이에게 기쁨과 평화를 주며, 즐거움을 준다. 굶주린 사람에게 먹을 것을 주고 헐벗은 사람에게 입을 것을 주며[재보시財布施], 진리를 알지 못하는 사람에게 법을 전하며[법보시法布施], 두려워하는 사람에게 용기와 위안을 준다[무외시無畏施]. 진정한 보시는 안으로는 아끼고 탐하는 마음을 끊고, 밖으로는 모든 중생에게 이로움을 주려는 마음을 이루게 한다.

② **지계**(持戒)**바라밀** : 계를 잘 지니는 것을 말한다. 지계바라밀은 스스로 자기 자신의 그릇됨을 고치고, 남을 보호하며, 적은 것에 만족하고, 착한 것을 권장하고 악한 것을 싫어하며, 옳지 않은 것을 막고 옳은 것을 실천하여 안온한 해탈의 길에 이르게 한다.

③ **인욕**(忍辱)**바라밀** : 참기 어려운 일을 참고, 욕된 일을 당하여서도 스스로 성냄을 참고, 남을 이해하고 용서하며, 자신의 이익이나 명예에 집착하지 않고, 원망하지 않는 무아행이다.

④ **정진**(精進)**바라밀** : 한결같은 마음으로 정성을 다해 끊임없이 계속하는 줄기찬 노력이며, 게으름과 방일에 물들지 않는 생활을 말한다.

⑤ **선정**(禪定)**바라밀** : 모든 헛된 생각을 버리고 마음을 고요히 한 곳에 집중하는 수행을 말한다. 번뇌 망상으로 인하여 생겨나는 번거롭고 소란한 마음을 진정시켜 정신을 통일하는 것으로, 정(定) 또는 삼매(三昧)라 한다.

⑥ **반야**(般若)**바라밀** : 지혜바라밀이라고도 한다. 반야는 진리를 직관하는 지혜다. 이 지혜는 경험이나 사색을 통해 얻는 지식과 다르다. 반야란 분별과 집착을 완전히 비운 지혜로 진리의 세계, 만물의 참모습을 환히 비추어 보는 밝음이다. 반야바라밀은 육바라밀 중에서도 제일 중요하며, 다른 다섯 바라밀을 성립시키는 근거로 작용한다.

육바라밀의 이러한 순서는 앞의 바라밀로 뒤의 바라밀을 이끌어 일으키고, 뒤의 바라밀로 앞의 바라밀을 깨끗하게 유지하는 구조로 짜여 있다. 또한 육바라밀은 서로 포함한다. 가령 보시바라밀에는 지계바라밀부터 반야바라밀까지 모두 포함되어 있다. 나머지 바라밀도 마찬가지다. 지계바라밀에는 모든 선법을 행하는 것이 있다. 보시가 곧 선법이다. 보시에 지혜가 없다면 강도에게 칼을 주는 꼴이 될 수 있다. 어느 부분이 두드러지는가에 따라 육바라밀 가운데 각각 보시바라밀 등으로 부각하여 말한다.

바라밀행과 무주상 보시

"사리자여, 모든 보살마하살은 반야바라밀을 수행할 때, 색에 집착하지 않고 수상행식에 집착하지 않으며, … 온갖 보살마하살의 행에 집착하지 않고, 모든 부처님의 아뇩다라삼먁삼보리에 집착하지 않느니라. 사리자여, 이 까닭에 모든 보살마하살은 육바라밀을 수행하되, 더욱 자라고 왕성하게 하여 깨달음의 길에 나아가므로 아무도 막을 자가 없느니라." – 『대반야바라밀다경』 「초분전생품」

보살행은 나에 대한 집착을 버리는 과정이다. 나에 대한 집착이 있는 행위는 진정한 보살행이 아니다. 특히 육바라밀의 밑바탕에는 어떠한 집착도 없다. 육바라밀의 첫째 덕목은 보시바라밀이다. 보시는 나에 대한 집착을 버리는 수행이다. 나에 대한 집착이 있으니, 내 것이라는 집착이 있다. 따라서 나의 것을 남에게 주는 보시는 나에 대한 집착을 내려놓는 수행이다. 그런데 자신을 내려놓는 보시는 쉽지 않다. 보시하는 순간에도 마음 저변에는 집착이 여전히 남아 있다. 이러한 보시는 보시바라밀이 아니다.

그러므로 보시와 보시바라밀을 구분하기도 한다. 보시는 상대방이 필요로 하는 것을 아낌 없이 베풀어 상대방을 기쁘게 함과 동시에, 자기 마음속에 깃든 인색함을 없애는 행위다. 그런데 이러한 보시가 진정한 보살행이라면, 무주상(無住相)보시어야 한다. 보시할 때 내가 베푼다는 의식을 하지 않고, 내가 베풀었다는 생각에 집착하지 않는 것을 무주상보시라고 한다. 무주상보시는 반야의 지혜에 입각하기 때문에 어떠한 상에도 머물지 않고, 어디에도 집착이 없다. 이 것을 보시바라밀이라 한다. 보시바라밀은 삼륜청정(三輪淸淨)한 보시이다. 삼륜은 주는 이의 마음과 받는 이의 마음과 보시하는 물건을 말한다. 이 셋이 모두 청정한 것을 삼륜청정이라 한다.

보시할 때 '내가 보시했다.'는 생각을 가지면, '나는 이런 사람이야.'하는 아상(我相)이 함께 함과 동시에 보답을 바라게 된다. 그런데 보답 등의 반응이 없다면, 서운함으로 인한 여러 생각이 일어난다. 보시를 받는 사람이 보시에 대한 부담을 갖는 경우도 마찬가지다. 좋은 뜻으로 한 보시가 서로의 마음에 번뇌를 일으킨다. 그리고 보시물 또한 뇌물처럼 보답을 바라고 주고 받거나, 혹은 훔친 물건처럼 옳지 않은 방법으로 얻은 것이라면, 서로의 죄업을 늘어나게 할 뿐이다. 그러므로 삼륜이 청정한 보시여야 한다.

실생활에서 보시물은 청정하다 할지라도 보시하는 자와 보시를 받는 자는 청정하기 쉽지 않다. 보시자는 특히 그렇다. 그러나 '기부도 습관'이라는 말이 있듯이 보시도 습관이다. 처음에는 청정하지 않은 보시일지 모르지만, 보시가 습관이 되면 어느덧 청정한 보시로써 보시바라밀이 된다.

보시뿐만 아니라, 지계·인욕·정진·선정·반야 등 모든 바라밀에는 집착이 머물 틈이 없다. 어떠한 집착이 없으므로 깨달음으로 나아가는 보살행에는 어떠한 장애도 장애가 아니다. 그러므로 보살은 마침내 진리의 세계, 부처님의 세계, 열반의 언덕인 피안(彼岸)에 이를 수 있다.

> "이 육바라밀은 능히 사람으로 하여금 인색함 등의 번뇌에
> 물든 바다를 건너 피안에 이르게 한다. 그러므로 바라밀이
> 라 한다." - 『대지도론』「초품중단바라밀」

(3) 십바라밀과 이타적 보살행

십바라밀

> "… 이 보살은 생각마다 십바라밀을 항상 구족합니다. 생각
> 마다 대비를 으뜸으로 하여 부처님 법을 수행하여 부처님
> 지혜에 향하기 때문입니다.

불교개론

부처님 지혜를 구하기 위해 자기에게 있는 선근을 중생에게 주는 것을 보시바라밀이라 하고, 일체 번뇌의 뜨거움을 멸하는 것을 지계바라밀이라 하고, 자비를 으뜸으로 중생을 해롭게 하지 않는 것을 인욕바라밀이라 하고, 훌륭하고 선한 법을 구하되 싫어함과 만족함이 없는 것을 정진바라밀이라 하고, 온갖 지혜의 길이 항상 앞에 나타나서 산란하지 않는 것을 선정바라밀이라 하고, 모든 법은 나지도 않고 멸하지도 않음을 아는 것을 반야바라밀이라 하고, 한량없는 지혜를 내는 것을 방편바라밀이라 하고, 상상품의 뛰어난 지혜를 구하는 것을 원바라밀이라 하고, 모든 다른 논리와 마군들이 능히 깨뜨릴 수 없는 것을 역바라밀이라 하고, 일체법을 여실하게 아는 것을 지바라밀이라 합니다.”

– 『팔십화엄경』 「십지품」

십바라밀은 육바라밀 가운데 반야바라밀을 다섯 덕목으로 나눈다. 바로 반야바라밀, 방편바라밀, 원바라밀, 역바라밀, 지바라밀이다. 그리하여 보시바라밀에서 지바라밀까지 열 가지 덕목은 십바라밀이 된다. 육바라밀 가운데 반야바라밀은 근본지(根本智)와 방편지(方便智)를 모두 포함한다. 근본지는 모든 법의 실상을 증득하여 진리와 하나가 된 지혜다. 방편지는 근본지를 바탕으로 세상의 차별된 모습을 통달하여 중생 제도를 위한 지혜다. 십바라밀 가운데 반야바라밀은 근본지이다. 나머지 방편바라밀, 원바라밀, 역바라밀, 지바라밀은 방편지이다.

⑦ **방편**(方便)**바라밀** : 방편선교(方便善巧)바라밀이라고 한다. 방편

은 방법을 말하고, 선교는 훌륭하다는 뜻이다. 회향을 위한 훌륭한 방편, 중생 구제를 위한 훌륭한 방편이다. 수행 공덕을 중생과 보리와 실제[진여]에 돌리는 것을 회향이라고 한다. 곧 방편바라밀은 앞의 육바라밀에서 모은 선근을 여러 중생과 함께 아뇩다라삼먁삼보리로 회향하는 보살행이다.

⑧ **원**(願)**바라밀** : 원에는 두 종류가 있다. 깨달음을 구하고자 하는 원, 다른 이를 즐겁게 하고자 하는 원이다. 보살의 원바라밀에는 이 두 가지 원이 함께한다.

⑨ **역**(力)**바라밀** : 힘에는 두 종류가 있다. 모든 가르침을 선택하는 힘, 닦고 익히며 나아가는 힘이다. 이 두 가지 힘으로 인해 앞의 육바라밀은 끊어지지 않는다.

⑩ **지**(智)**바라밀** : 지에는 두 종류가 있다. 가르침을 즐겁게 받아들이는 지혜, 중생을 성숙하게 하는 지혜다. 지바라밀은 세상의 차별된 모습을 잘 알아서 현실과 중생 근기에 맞게 중생을 제도할 수 있는 지혜다.

이타적 보살행으로 방편, 원·력·지

'분별하지 마라.', '분별을 내려놓아라.'라고 한다. 집착에 따른 선입견으로 세상을 분별하기 때문이다. 이러한 분별 때문에 모든 법의 실상을 깨달을 수 없다. 모든 분별을 내려놓으면 모든 법의 실상을 깨닫게 된다. 이때의 지혜를 무분별지(無分別智)라고 한다. 언어와 분별이 있다면 한계가 있다. 진여, 진리의 세계는 언어로 전할 수 없다. 그런데 언어도 분별도 없다면 중생에게 다가갈 수 없다. 중생 제도를 위해서는 분별을 일으키고, 무엇이라고 표현해야 한다. 자비에 따른 방편이 필요하다.

그러므로 부처님의 가르침은 분별을 내려놓음에만 머물지 않는다. 여기서 한 걸음 더 나아간다. 세상의 차별된 모습을 통달하여 중생과 함께하는 지혜가 필요하다. 이 지혜를 무분별후득지(無分別後得智)라고 한다. 분별이 사라진 다음에 얻게 되는 지혜라는 뜻이다. 무분별지는 일체 분별이 사라지고 진여와 하나가 되었기에 근본지라하고, 무분별후득지는 중생을 위해 방편으로 다시 마음 작용을 일으키므로 방편지라고 한다.

대승 보살에게는 진리와 함께하는 것도 중요하지만, 중생에게 맞는 방법으로 중생을 진리에 나아가게 하는 것도 필요하다. 진리와 함께하는 지혜인 근본지를 바탕으로, 중생의 근기에 맞는 방법을 아는 지혜인 방편지가 뒤따라야 한다. 내가 아는 능력과 다른 사람을 가르치는 능력은 다르다고 할 수 있다. 자신이 뛰어나다고 해서 세상이 자기중심으로 돌아가지 않는다. 세상의 눈높이에 맞춰 한 걸음씩 함께 가야 한다.

중생을 제도하려면 방편바라밀로 훌륭한 방법을 알아야 하고, 원바라밀로 이루고자 하는 원을 일으켜야 하고, 역바라밀로 힘이 있어야 하고, 무엇보다 지바라밀로 이 모든 것을 아우르는 지혜가 있어야 한다. 물론 진리와 함께하는 지혜가 바탕이 되어야 한다. 보살의 삶은 자리이타의 삶이다. 자신만의 깨달음이 아니라 중생과 함께 깨달음으로 나아가는 삶이다. 그러한 삶이기에 훌륭한 방법, 이루고자 하는 원, 나아가는 힘, 현실에 맞는 지혜가 무엇보다 필요하다. 이처럼 보살은 세상의 차별된 모습을 여실하게 알기에 이웃, 뭇 생명, 사회, 역사 등과 함께하며, 정토 구현을 위해 매진한다. 또한 보살은 세상의 실상, 공성을 자각하였기에 어느 삶에도 얽매이지 않는다.

보살의 삶은 지혜와 자비를 바탕으로 하므로 의도된 삶이 아니라 저절로 실천으로 나아가는 삶이다. 이러한 보살의 삶이 바로『금강경』에서 언급하는 "응당 머무는 바 없이 그 마음을 내라[응무소주이생기심應無所住而生其心]."는 가르침의 실천이다.

(4) 보리심 - 원보리심, 행보리심

발보리심, 깨닫고자 하는 마음을 내다

보살은 업으로 태어난 삶이 아니고 원으로 태어난 삶이기에 원으로 모든 수행을 닦는다. 업으로 태어난 삶을 업생(業生)이라 하고, 원으로 태어난 삶을 원생(願生)이라고 한다. 보살은 중생을 버리지 않고 큰 지혜를 성취하길 바란다. 그러므로 보살은 큰 서원을 세워 보살의 모든 수행을 닦고, 모든 바라밀을 갖춰 광대한 보살행을 갖추어 나간다. 대승 보살의 삶은 쉬운 길이 아니다.『소품반야경』등에서는 보살을 위대한 갑옷으로 몸을 굳건히 하는 자라고 한다. 갑옷은 바로 보살의 큰 결심, 큰 서원을 말한다. 보살의 큰 서원은 바로 사홍서원이다. 사홍서원은 모든 불보살님의 공통된 서원이다.

'중생을 다 건지오리다. 번뇌를 다 끊으오리다. 법문을 다 배우오리다. 불도를 다 이루오리다.'라는 사홍서원은 발보리심으로 정리된다. 발보리심은 '깨닫고자 하는[보리] 마음[심]을 일으킨다[발]'는 뜻이다. 대승 보살은 보리심을 일으킨다는 의미에서 보살이다. 처음으로 깨달음을 구하고자 하는 마음을 일으킨 보살을 '초발의보살(初發意菩薩)'이라 한다. 이때 보리심은 자기 자신이 깨달음으로 나아가고자 하는 마음뿐만 아니라 중생을 깨달음으로 이끌고자 하는 마음이다.

> "불자여, 보살마하살이 보리심을 내는 열 가지 인연이 있다. 무엇이 열 가지인가. 이른바 일체중생을 교화하기 위하여 보리심을 내며, 일체중생의 고통을 없애기 위하여 보리심을 내며, 일체중생에게 안락을 주기 위하여 보리심을 내며, 일체중생의 어리석음을 끊기 위하여 보리심을 내며, 일체중생에게 부처님 지혜를 주기 위하여 보리심을 내며, 모든 부처님을 공경하고 공양하기 위하여 보리심을 내며, 여래의 가르침을 따름으로써 부처님께서 환희하게 하고자 보리심을 내며, 모든 부처님 상호를 보기 위하여 보리심을 내며, 모든 부처님의 광대한 지혜에 들어가기 위하여 보리심을 내며, 여러 부처님의 힘과 두려움 없음을 나타내기 위하여 보리심을 낸다. 이것이 열 가지다."
> ― 『80화엄경』「이세간품」

보리심을 낸다는 것은 쉬운 일이 아니다. '나 같은 사람이 감히 어떻게…'라는 선입견에 사로잡혀 보리심을 내지 못한다. 『사십이장경』에 의하면, "사람으로 태어나기 어렵고, 사람으로 태어나더라도 부처님 법 만나기 어렵고, 부처님 법 만나더라도 신심을 내기 어렵고, 신심을 내더라도 보리심을 내기 어렵다."고 하였다.

부처님 가르침과 함께한다는 것은 어렵고, 어렵다. 그래서 우리는 부처님 가르침에 처음 마음을 낸 이들에게 초심이니, 발심이니, 초발심이니 말한다. 이러한 표현은 부처님 가르침에 처음 들어온 이들에게 힘을 주고자 격려하는 말이다. 엄밀한 의미에서 발심은 바로 발보리심을 말한다. 발심은 나를 포함하여 주위에 있는 모든 이들과 함께하고자 하는 보리심을 내는 것이다. 보리심은 바로 상구보리 하화중생 하는 보살심이며, 발보리심이 바로 발보살심이다.

원보리심과 행보리심

"간략하게 요약하여 보리심에는 두 가지가 있음을 알아야 한다.
보리 구하기를 원하는 마음과 보리를 행하는 마음이다.
가고 싶다는 것과 바로 가는 것의 차이를 사람들이 다 아는 것처럼 지혜로운 이는 두 가지 마음 순서의 차이를 안다."
- 『입보리행론』

8세기 『입보리행론』(또는 『입보살행론』)을 쓴 인도의 샨티데바(Shantideva, 적천寂天)스님은 깨닫고자 하는 마음, 보리심을 두 가지로 구별하였다. 바로 원(願)보리심과 행(行)보리심이다. 티벳불교에서는 보리심을 절대적 보리심과 상대적 보리심으로 나누고, 상대적 보리심으로 원과 행의 두 보리심을 강조한다. 우리나라, 중국 등에서는 발보리심 또는 행원(行願)이라는 가르침으로 함께 언급한다. 원보리심은 깨달음[보리]을 듣고 이루고자 일으킨 원하는 마음[심]이다. 이는 원심(願心)이다. 대승 보살은 항상 발원한다. '일체중생이 깨달음을 얻게 하고자 나는 보리도에 들어가리라.' 이러한 발원이 바로 원보리심이다. 행보리심은 원하는 마음을 실천에 옮겨 보시·지계·인

불교개론

욕·정진·선정·반야의 육바라밀을 행하는 마음이다. 이는 행심(行心)이다.

가고 싶은 것과 길을 떠나서 어떤 곳으로 가는 것은 차이가 있다. 마찬가지로 깨달음을 얻고자 하는 마음과 깨달음을 향해 실천하는 마음은 다르다. 원보리심과 행보리심을 각각 눈과 다리에 비유한다. 원보리심을 통해 갈 곳을 보고, 행보리심을 통해 그곳에 이르는 길을 걷는 것과 같다는 것이다.

그런데 원보리심을 낸다고 해서 반드시 행보리심으로 이어지는 것은 아니다. 마음을 내는 것도 힘들지만, 낸 마음을 실천으로 옮기기는 더욱 어렵다. 반면 행보리심이 있다면 원보리심을 갖추기 마련이다. 그렇지만 원보리심이라는 기초가 없다면 행보리심은 있을 수 없다. 중생을 제도하는 힘을 얻기 위해 깨달음을 증득하겠다는 마음을 낸 것이 원보리심이다. 이 마음의 기초 위에 진실한 보리도로 들어가는 것이 행보리심이다. 반드시 남을 이롭게 하겠다고 발심한 서원과 깨달음을 구하는 행, 이렇게 두 가지를 갖춰야 진정한 행보리심이다.

원보리심의 공덕도 뛰어나지만, 행보리심의 공덕은 더욱 뛰어나다. 원보리심으로 윤회세계의 생사 속에서 하늘에 태어나거나 복덕이 많은 사람으로 태어나는 등 큰 과보를 얻을 수 있지만, 행보리심처럼 끝없이 늘어나는 복덕은 아니다. 일체중생을 다 제도하고자 영원히 물러서지 않으리라는 서원을 하고 행보리심을 지닌다면, 그때부터 설령 잠들거나 방일하게 지낼지라도 복덕은 계속 늘어나 허공처럼 많아진다. 이 복덕은 상구보리 하화중생을 위해 필요한 보살의 복덕이다.

원보리심을 가진 사람의 가장 큰 특징은 삼보에 대한 지극한 예경이다. 삼보를 예경하는 마음이 없는데 어찌 삼보의 근본인 보리를 구하고자 하는 마음이 일어나겠는가. 그리고 행보리심을 가진 사람의 가장 큰 특징은 상대에 대한 지극한 자비심, 자신을 한없이 낮추는 하심이다. 자리이타의 보살행은 보리심을 바탕으로 한다. 이때 보리심은 보살심이고, 자비심이고, 하심이다. 대중에 대한 자비심이 없이 어떻게 보살도를 행하겠으며, 자신을 한없이 낮추는 하심이 없이 어떻게 위 없이 높은 보리로 향할 수 있겠는가.

2) 사섭법과 사무량심

대승 보살의 삶은 모든 이들과 함께하는 삶이다. 그 삶은 모든 이들과 함께 깨달음의 저 언덕, 열반의 경지, 부처님 세계로 이르고자 하는 궁극의 목적이 있다. 그러나 현실은 그렇게 만만하지 않다. 이 세상을 사바세계라 한다. 사바는 '사하(Ⓢsahā)'의 음역으로 '인(忍)', '감인(堪忍)', '능인(能忍)'이라 번역한다. 사바세계는 참지 않고는 살 수 없는 세계다. 중생은 여러 고통을 참고 살아야 하고, 불보살님은 여러 힘든 현실을 참고 교화해야 한다. 그러므로 이 세상을 인토, 감인토라 한다.

사바세계에서 자리이타의 삶을 살고자 하는 보살은 중생을 이롭게 하는 한량없는 마음으로 중생을 널리 이끌고 거두는 실천이 필요하다. 이러한 마음과 실천을 사무량심(四無量心)과 사섭법(四攝法)이라고 한다. 사섭법과 사무량심은 이타행이다. 이러한 이타행은 자신의 선근을 자라게 하고 깨달음에 이르게 하니, 결국 자리행이 된다. 보살의 이타행은 곧 자리행이며, 보살의 자리행은 곧 이타행이다.

(1) 사섭법

> "선현이여, 이 보살마하살은 보시바라밀 내지 반야바라밀을 배우고는 다시 사섭법으로 모든 유정을 거두어 주느니라. 어떤 것이 네 가지인가. 첫째는 보시(布施)요, 둘째는 애어(愛語)요, 셋째는 이행(利行)이요, 넷째는 동사(同事)니라."
>
> – 『대반야경』「증상만품」

사섭법(四攝法)은 보살이 널리 중생을 포용하고 포섭하여 부처님 가르침으로 인도하여 깨달음을 얻도록 하기 위한 다음의 네 가지 방편을 가리킨다.

첫째는 보시섭(布施攝)이다. 보시는 자신이 가진 것을 아낌없이 상대에게 주는 행위다. 보살은 보시한다는 생각이 없이 보시함으로써 중생을 이끌고 거둬들인다. 인색한 사람에게 어떤 이가 다가오겠는가. 보살은 자신의 재물을 기꺼이 주거나, 부처님 가르침 등을 전해 주거나, 두려움을 없애 준다.

둘째는 애어섭(愛語攝)이다. 애어는 온화한 얼굴로 남에게 부드럽고, 고운 말로 대하는 행위다. 이로써 중생을 편안하게 하고 위로하여 중생을 이끌고 거둬들인다. '성 안내는 그 얼굴이 참다운 공양구요, 부드러운 말 한마디 미묘한 향이로다.'라는 문수동자 게송이 있다. 부드러운 말은 중생이 마음을 열고 보살에게 다가오게 한다. 그리하여 중생은 마음을 일으켜 부처님의 지혜와 법에 머문다.

셋째는 이행섭(利行攝)이다. 이행은 몸과 말과 생각으로 선한 행을 지어 남에게 이익을 주는 행위다. 이익을 얻은 중생은 자연스럽게 보살을 의지한다. 이로써 보살은 중생을 이끌고 거둬들인다. 중생은 보살의 영향으로 마음을 일으켜 부처님의 지혜와 법에 머문다.

넷째는 동사섭(同事攝)이다. 동사는 중생과 함께 어울리고 일하면서 제도하는 행위다. 중생이 원하는 일을 함께하고, 중생이 하는 일을 함께하며, 이익을 함께 나누고, 나아가 자기 입장만 생각하기보다는 중생의 이해와 요구를 생각하며 함께한다. 이로써 중생은 보살에게 다가오고, 보살은 중생을 이끌고 거둬들인다. 관세음보살이 33응신(應身)으로 나타나는 경우가 동사섭에 해당한다. 보살의 자비 방편으로 중생은 마음을 일으켜 부처님의 지혜와 법에 머문다.

이 네 가지 덕목은 따로 떨어져 있는 것이 아니라 모든 덕목이 함께 어우러지기도 한다. 가령 법을 구하는 이에게 법을 설하는 보시, 미묘한 음성으로 듣는 이를 기쁘게 하는 애어, 이를 통해 이익을 주는 이행 그리고 중생의 이해와 요구에 맞춰 항상 함께하며 끊임없이 법을 전하는 동사처럼, 이 네 가지가 서로 연결되어 하나에 다른 셋을 포함하기도 한다.

사섭법은 무엇보다 보살이 중생을 이끌면서 깨달음으로 함께 나아가고자 하는 수행이다. 그러므로 부처님께서는 다음과 같이 말씀하셨다.

불교개론

"보시를 말하는 것은 보리의 근본을 견고하게 하기 위해서
요, 애어를 말하는 것은 보리의 싹을 성취하게 하기 위해서
이며, 이행을 말하는 것은 보리의 묘한 꽃이 피어나게 하기
위해서요, 동사를 말하는 것은 보리의 훌륭한 열매를 성숙
시키기 위해서니라." - 『대보적경』「수기품」

이처럼 사섭법은 보살이 보시를 행하고, 부드러운 말로 중생을 이
롭게 하는 모든 행을 하고, 나아가 중생과 하나가 되어 함께 일을 하
며 깨달음으로 나아가는 실천 덕목이다. 그리고 사회 속에서 구현해
야 할 보살행이기도 하다.

(2) 사무량심

"불도를 구하는 사람은 언제나 자신의 수행에 도움이 되는
것을 구하고 언제나 삼계(三界)를 멀리하고 두려워해야 하
며, 그곳의 사람들에 대해 반드시 자(慈)·비(悲)·희(喜)·사
(捨)의 [사무량]심을 내어서 '내가 반드시 이처럼 부지런히
정진하여 아뇩다라삼먁삼보리를 얻을 때, 이러한 악(惡)은
없을 것이며, 설령 그러한 악이 일어나더라도 속히 없어질
것이다.'라고 생각해야 한다. 수보리여, 이처럼 행하는 것은
곧 보살이 가진 지혜의 힘에 의한다."
- 『소품반야경』「아비발치각마품」

사무량심(四無量心)은 보살이 중생을 제도하기 위하여 갖추어야 할 자·비·희·사의 네 가지 마음이다. 사등심(四等心), 사등(四等), 사심(四心) 등이라고도 부른다. 사무량심은 선정 가운데 닦는 수행법이기도 하다. 선정 가운데 중생을 관하며 그들을 구제하려는 자·비·희·사의 네 가지 마음을 일으킨다는 의미이다. 이 네 가지 마음은 무량한 중생과 세상의 실상을 대상으로 하며, 무량한 복을 끌어들이며, 무량한 결과를 초래하기 때문에 무량이라고 한다.

첫째, 자무량심(慈無量心)은 중생을 사랑스럽게 생각하며 항상 편안하고 즐거운 일을 구함으로써 널리 이롭게 하는 마음이다.

둘째, 비무량심(悲無量心)은 육도에 태어나서 갖가지 몸의 고통과 마음의 고통에 시달리는 중생을 불쌍하게 생각하는 마음이다. 자비는 자(慈)와 비(悲)가 결합된 말이다. 자와 비는 각각 다른 뜻을 가진다. 자는 사랑이라는 뜻이다. 상대방이 너무도 사랑스러워 즐거움을 주고자 하는 의미로 이를 여락(與樂)이라 한다. 비는 연민이라는 뜻이다. 상대방이 너무도 가여워서 그들의 괴로움을 뽑아 없애주고자 하는 의미로 발고(拔苦)라 한다. 곧 자비란 여락발고(與樂拔苦)이다. 그런데 보통 자(慈)라 표현하더라도 그 말 속에는 비(悲)를 포함하기도 한다. 비라 표현하더라도 마찬가지이다.

셋째, 희무량심(喜無量心)은 중생들이 즐거움으로부터 환희를 얻게 하려는 마음이다. 그리고 그들이 기뻐하는 모습을 보며 함께 좋아하는 마음이다.

넷째, 사무량심(捨無量心)은 평정심을 뜻한다. 중생에게 즐거움을 주고, 괴로움을 뽑아 없애주며, 기쁨을 주었더라도 주었다는 마음을 가지지 않는다. 다만 중생을 생각하되 그 마음에 휘둘리지 않고, 담담하게 평정을 유지한다.

이러한 사무량심으로 네 가지 장애를 다스린다. 중생의 마음에서 성냄을 제거하고자 자심을 닦고, 중생의 마음에서 괴롭힘을 제거하고자 비심을 닦고, 중생의 마음에서 기뻐하지 않음을 제거하고자 희심을 닦고, 중생의 마음에서 애증을 제거하고자 사심을 닦는다.

이처럼 사무량심은 선정을 닦는 수행법이자 중생 제도를 위해 필요한 마음이다. 거창하게 시작하지 않더라도 이러한 마음을 조금이라도 내어 지금 바로 옆에 있는 이들과 함께한다면, 그 마음은 무량한 뭇 생명으로 확대되고, 마침내 무량한 공덕을 함께 누리는 부처님 세상이 펼쳐질 것이다.

3) 보현행원의 길과 회향

삼보에 귀의한 부처님 제자라고 한다면, 마땅히 부처님 가르침에 따라 부처님 깨달음의 경지를 성취하고자 서원하고 실천해야 한다. 상구보리 하화중생의 삶을 살고자 하는 대승 보살의 경우에는 특히 그렇다. 서원의 갑옷을 입고 정진함에 지치거나 싫어함이 없어야 한다. 부처님을 두 가지를 갖추신 분[양족존兩足尊]이라 한다. 두 가지는 지혜와 자비, 또는 지혜와 복덕, 또는 지혜와 방편을 말한다. 이는 부처님의 공덕을 둘로 나눠 표현한 것일 뿐, 부처님의 공덕은 헤아릴 수 없다. 『사십화엄경』「보현행원품」에 의하면 부처님의 공덕은 시방세계 모든 부처님께서 헤아릴 수 없는 불국토의 티끌 수 만큼의 겁 동안에 말씀하시더라도

다 할 수가 없다. 그리고 보현보살은 다음과 같이 말씀하신다.

"이러한 공덕을 성취하려면 열 가지 광대한 행원을 닦아야 하느니라. 열 가지는 무엇인가.

첫째는 모든 부처님께 예배하고 공경함이요[예경제불원 禮敬諸佛願].

둘째는 부처님을 찬탄함이요[칭찬여래원 稱讚如來願].

셋째는 널리 공양함이요[광수공양원 廣修供養願].

넷째는 업장을 참회함이요[참회업장원 懺悔業障願].

다섯째는 공덕을 따라 기뻐함이요[수희공덕원 隨喜功德願].

여섯째는 설법하여 주시기를 청함이요[청전법륜원 請轉法輪願].

일곱째는 부처님께서 세상에 머무시기를 청함이요[청불주세원 請佛住世願].

여덟째는 항상 부처님을 따라서 배움이요[상수불학원 常隨佛學願].

아홉째는 항상 중생을 수순함이요[항순중생원 恒順衆生願].

열째는 널리 모두 회향함이니라[보개회향원 普皆廻向願]."

－『사십화엄경』「보현행원품」

이를 보현행원 또는 보현보살의 십대행원이라고 한다.

첫째, 모든 부처님께 예배하고 공경하리다. 모든 부처님께 깊은 믿음과 이해를 일으켜 눈앞에 마주한 듯이 하고, 청정한 몸과 말과 생각으로 항상 예배하고 공경한다. "밤이면 밤마다 부처님을 안고 자고, 새벽이면 새벽마다 부처님을 안고 일어난다."고 할 만큼 모든 순간 부처님과 함께하고, 깨달음을 얻고자 한다. 그런 간절한 마음으로 불·법·승 삼보에 예배하고 공경한다.

둘째, 부처님을 찬탄하리다. 미묘한 음성과 갖가지 말로 모든 부처님의 공덕을 찬탄한다. 이는 스스로에게는 부처님 가르침 대로 살아가겠다는 다짐이기도 하고, 다른 이들에게는 부처님 가르침을 전하고자 하는 전법의 마음이자 실천이다. 그리고 부처님 공덕에 대한 찬탄은 바로 주위 모든 이의 공덕을 찬탄하는 마음으로 이어진다.

셋째, 널리 공양하리다. 불보살님을 비롯한 모든 이에게 뛰어나고 미묘한 여러 가지 공양물로 공양을 올린다. 향·등·꽃·과일·차·쌀, 여섯 가지 공양물을 올리는 것을 육법공양이라 한다. 이는 재공양(財供養)에 해당한다. 그러나 모든 공양 가운데 법공양이 으뜸이다. 법공양은 부처님 말씀대로 수행하는 공양이며, 중생을 이롭게 하는 공양이며, 중생을 거두어 주는 공양이며, 중생의 고통을 대신하는 공양이며, 선근을 부지런히 닦는 공양이며, 보살의 업을 버리지 않는 공양이며, 보리심을 여의지 않는 공양이다. 재공양의 공덕은 법공양의 공덕에 비교가 되지 않는다. 법공양은 부처님을 탄생시키는 공양이며, 곧바로 부처님께 올리는 공양이며, 진실한 공양이기 때문이다.

넷째, 업장을 참회하리다. 장(障)은 악업으로 생겨난 장애를 말한다. 몸으로 짓는 업인 신업(身業), 입으로 짓는 업인 구업(口業), 생각으로 짓는 업인 의업(意業)으로 악업을 지어 바른길로 나아가는 데 방해하는 장애다. 그러므로 보살은 "모든 부처님과 보살 대중 앞에 지성으로 참회하고, 다시는 악한 업을 짓지 않으며, 깨끗한 계율의 모든 공덕에 항상 함께하리라."고 마음을 낸다. 참회는 지난 잘못에 대한 반성이자, 다시는 잘못을 짓지 않겠다는 다짐이다.

다섯째, 공덕을 따라 기뻐하리다. 보살은 모든 부처님뿐만 아니라 모든 중생, 성문, 벽지불, 보살의 공덕을 따라 기뻐한다. 공덕은 훌륭한 결과를 일으킬 수 있는 공능(功能), 즉 능력을 말한다. 이는 선행으로 갖추게 된 덕이다. '사촌이 땅을 사면 배가 아프다.'라는 속담처럼, 중생은 질투심으로 다른 사람의 공덕을 따라 기뻐하기가 쉽지 않다. 그런데 다른 이의 공덕을 따라서 기뻐한다면, 그 사람의 공덕은 바로 자신의 공덕이 된다. 다른 이의 공덕을 질투하면 자신의 마음은 번뇌로 가득하지만, 따라 기뻐하면 자신의 마음 또한 환희심으로 가득하다.

여섯째, 설법하여 주시기를 청하오리다. 법륜은 부처님 가르침을 말한다. 법륜을 굴린다는 말은 부처님 가르침을 펼친다는 말이다. 보살은 몸·말·생각의 업과 여러 가지 방편으로 부처님께서 묘한 법륜을 굴리시기를 권청한다. 어떤 인연으로 법회 자리를 마련하거나 법회에 동참하는 신행 활동이 바로 청전법륜원을 실천하는 순간이다. 법회 때 덕 높으신 스승님께 감로법을 청하고자 청법가를 부른다.

일곱째, 부처님께 세상에 머물러 주시기를 청하오리다. 모든 부처님뿐만 아니라 모든 보살, 성문, 연각, 나아가 선지식에게 이르기까지 열반에 들지 마시고, 헤아릴 수 없는 세월 동안 모든 중생을 이롭고 즐겁게 해주시기를 권청한다. 훌륭한 스승[선지식]은 수행의 전부라고 한다. 자신뿐만 아니라 모든 이를 위해 훌륭한 스승을 잘 모셔야 한다. 스승을 잘 모신다는 말은 가르침을 따라 배우겠다는 다짐이기도 하다.

여덟째, 항상 부처님을 따라서 배우오리다. 부처님은 처음 발심한 때로부터 수많은 보살행을 하시고, 보리수 아래에서 깨달음을 얻고, 여러 모습으로 나타나 중생들이 좋아하는 바를 따라서 성숙시키고,

불교개론

나아가 열반에 드는 모습을 보이셨다. 부처님의 이러한 모든 것을 따라서 배운다. 즉 부처님 삶을 알고 배우며, 그 삶을 따라서 실천한다.

아홉째, 항상 중생을 수순하리다. 수순은 다른 이의 뜻을 따른다는 말이다. 보살은 중생의 뜻에 항상 따르고, 중생을 항상 편안하고 이익되게 한다. 중생을 부모님, 스승, 아라한, 부처님처럼 공경하고 받들며, 여러 가지로 공양한다. 병든 이에게는 의사가 되고, 길 잃은 이에게는 바른길을 보여주고, 어두운 밤에는 빛이 되고, 가난한 이에게는 창고를 열어준다. 중생의 뜻을 따르고 공양하고 존중하여 받들고 기쁘게 한다면, 바로 부처님 뜻을 따르며 공양하고, 존중하여 받들고, 기쁘게 한다. 중생에게 하는 공양이 바로 부처님에게 올리는 공양이다.

모든 부처님께서는 중생으로 인하여 대비심을 일으키고, 대비심으로 인하여 보리심을 내고, 보리심으로 인하여 아뇩다라삼먁삼보리를 이루신다. 보살이 대비로 중생을 이롭게 하면, 곧 아뇩다라삼먁삼보리를 이룬다. 따라서 중생이 없으면 모든 보살은 위 없는 깨달음을 얻을 수 없다. 그러므로 보살은 항상 "중생에 대하여 마음이 평등함으로써 원만한 대비를 성취하고, 대비심으로 중생을 수순하기 때문에 부처님께 공양 올림을 성취하리라."고 발원하여, 부처님 모시는 마음으로 뭇 생명과 이웃을 대한다.

열째, 널리 모두 회향하리다. 앞서 아홉 가지 행원으로 인한 모든 공덕을 중생에게 회향한다. 그 공덕으로 모든 중생이 안락하고, 좋은 일을 모두 이루고, 깨달음을 얻기를 발원한다. 회향은 끝을 의미하지 않는다. 지난 모든 공덕을 모두에게 돌려 함께 원만하게 완성하고자 새로운 시작을 하는 다짐이다. 끝이 아니라 새로운 시작이다.

회향은 '~을 돌려서 ~에 향함(또는 나아감)'이란 뜻이다. 모든 회향은 세 곳으로 향한다[회향삼처廻向三處]. 자기가 닦은 모든 선근 공덕을 돌려서 중생, 보리, 평등하고 여실한 법의 성품에 나아간다. 각각 중생(衆生)회향, 보리(菩提)회향, 실제(實際)회향이다. 세 곳의 회향이 서로 다른 것은 아니다. 중생회향은 함께 보리를 얻고, 평등하고 여실한 법의 성품을 구하기 위한 회향이다. 보리회향은 혼자만의 깨달음이 아니라 중생과 함께 평등하고 여실한 법의 성품을 구하기 위한 회향이다. 실제회향은 혼자만의 고요를 구하는 것이 아니라 모든 중생과 함께 깨달음을 얻고 불국토로 나아가기 위한 회향이다.

오랜 세월 아무리 선근을 닦았더라도 자신만의 공덕으로 여기고 중생, 보리, 평등하고 여실한 법의 성품에 회향하지 않는다면, 그것은 부처님의 일이 아니라 잘못된 견해를 짓게 되는 마업(魔業)이다. 그렇기 때문에 회향을 통해 보살의 모든 행위는 원만하게 된다.

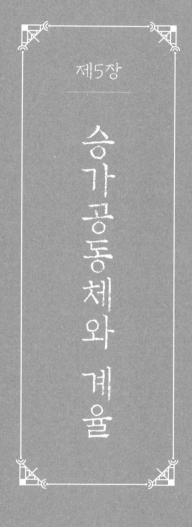

제5장

승가공동체와 계율

1. 교단과 승가공동체

1) 교단의 구성원과 계율

구성원의 역할

불교 교단의 구성원을 사중(四衆) 혹은 칠중(七衆)이라 일컫는다. 사중은 교단의 주요 구성원인 비구·비구니·우바새·우바이를 가리키며, 비구·비구니는 각각 남성·여성 출가자, 우바새·우바이는 각각 남성·여성 재가신자이다. 사중에 사미·사미니·식차마나를 더하여 칠중이라고 한다. 이 셋은 구족계(具足戒)를 받고 비구·비구니가 되기 전의 예비승과 같은 신분이다. 사미는 비구가 되기 전 단계, 사미니는 비구니가 되기 전 단계이며, 식차마나는 사미니에서 비구니로 넘어가기 전의 중간 단계로 여성출가자에게만 있는 신분이다. 비구·비구니에 이 셋을 더하여 출가 오중(五衆)이라고 부르며, 이들이 함께 수행하는 공동체를 '승가(僧伽, Ⓢsaṃgha)'라고 한다.

불교 교단은 세속적 삶을 떠나 욕망을 여의고 깨달음을 위해 수행 정진하는 삶을 사는 출가자와, 불법에 귀의는 했지만 세속에서 가정생활을 하고 욕망을 추구하며 사는 재가자라는, 완전히 서로 다른 삶의 형태를 가진 출가와 재가가 공존하는 구조이다. 그렇다면 이들은 어떻게 조화를 이루며 교단의 구성원으로서 존재하는 것일까? 그 역할을 설한 경전 내용을 보자.

"바라문과 가장들은 너희들에게 크게 도움이 된다. 그들은 의복·음식물·와좌구·의약을 공급해 준다. 비구들아, 너희들도 또한 바라문과 가장에게 크게 도움이 된다. 너희들은 그들을 위해 처음도 좋고 중간도 좋고 끝도 좋은, 이치와 문장을 겸비한 비할 바 없는 원만한 청정한 행을 가르친다. 이렇게 해서 너희들 서로의 도움으로 폭류를 건너기 위해, 올바르게 고를 멸하기 위해, 범행(梵行)에 머무르는 것이다. 재가자와 출가자는 서로 의지하며 한없이 안온한 정법을 번성시킨다." - 『이띠붓따까』

이는 출가자와 재가자는 출세간과 세간이라는 서로 다른 가치를 추구하는 세계에 살고 있지만, 법시와 재시를 주고받으며 더불어 정법을 번성시켜 가는 존재임을 보여준다. 출가자는 수행과 전법을 통해 온전히 불법을 실천하며 사는 존재이다. 세속적 욕망을 버리고 불법에 따라 사는 출가자의 모습은 재가자에게 이상적 삶의 모델이 되며, 그들이 전하는 가르침은 인생을 살아가는 지혜가 된다. 부처님을 비롯하여 깨달은 자를 '공양 받을 가치가 있는 자'라는 의미에서 아라한(阿羅漢)이라 부른다. 훌륭한 수행자의 삶은 재가자들이 승가의 든든한 외호자로서 물질적인 도움을 제공하게 할 뿐만 아니라, 출가자의 가르침에 의지하여 일상생활에서 불법을 실천하며 지혜롭게 살아가게 하는 원동력이 된다. 수행자의 삶 자체가 포교이자 전법이 되는 것이다.

한편 재가자는 출가자처럼 적극적인 수행을 하기는 어려운 상황이지만, 그들의 삶을 존중하고 공경하며 나아가 불법에 따라 나도

불교개론

남도 이로운 삶을 살 수 있도록 노력한다. 이와 같이 구성원이 각자 역할을 충실하게 수행하며 톱니바퀴처럼 맞물려 돌아갈 때 교단은 건재하게 된다.

계율의 실천 의의

모든 단체는 설립 이념의 실천과 질서 유지 등을 위해 구성원이 지켜야 할 규범을 제시한다. 불교 교단의 구성원이 지켜야 할 규범을 계율(戒律)이라고 한다. 계율은 불교에 입문한 자가 불법에 따라 올바른 삶을 살 수 있도록 이끌어주는 이정표와 같은 역할을 한다. 불교의 수행도인 계·정·혜 삼학에서 알 수 있듯이, 심신이 다스려지지 않은 상태에서는 정신집중[定]이 이루어질 수 없으며, 정신집중이 이루어지지 않은 상태에서는 통찰지[慧]가 생길 수 없다. 따라서 계는 불도 수행의 근간으로 불교에 귀의한 자라면 누구나 우선적으로 실천해야 할 덕목이다. 계율은 교단 내의 신분에 따라 내용에 차이가 있어 비구·비구니는 각각 250·348계의 구족계, 사미·사미니는 10계, 식차마나는 6법, 우바새·우바이는 5계(혹은 팔재계八齋戒)를 수지해야 한다. 이 일곱 무리의 계를 통칭 칠중계(七衆戒)라고 한다.

이들 칠중이 지켜야 할 규범을 흔히 계율이라 일컫지만, '계율'은 의미를 달리하는 계(Ⓟsīla, Ⓢśīla)와 율(Ⓟ, Ⓢvinaya)이라는 두 단어가 합쳐져서 만들어진 말이다. 불교 규범을 이해하는 데 이 두 용어 간의 차이를 구별하는 일은 중요하다. 먼저 계의 원어인 실라는 '좋은 습관, 선한 행위' 등을 의미한다. 계는 올바른 행동을 지속적으로 실천함으로써 점차 몸에 좋은 습관이 붙어, 심신이 악행을 떠나 자유로운 경지에 이르는 것을 지향한다. 계는 도덕이나 윤리에 가까운 개념이므로 어겨도 벌칙이 따르지 않는다. 계를 어겼을 경우 물론 악행을 저지른 것이므로 업이 남게 되지만, 당장 무슨 벌을 받는 것은 아니다. 계의 실천에서 중요한 것은 악행을 되풀이하지 않도록 지속적으로 개선해 가는 노력이다. 노력을 반복하다 보면 자신도 모르는 사이에 선행이 몸에 좋은 습관으로 자리 잡게 되는 것, 이것이 계가 지향하는 이상적인 모습이다. 출가와 재가 구분 없이 모든 불교도는 이러한 계의 의미를 이해하고, 일상생활에서 신·구·의를 잘 다스려 번뇌를 소멸해 가야 한다.

한편 율의 원어인 위나야(ⓟ, Ⓢvinaya)는 규칙이나 조복(調伏) 등의 의미를 지니며, 이로부터 발전하여 승가의 규범을 가리키는 말로 정착하여 사용되고 있다. 비구·비구니가 지켜야 할 250·348계의 구족계를 비롯하여 경·율·론 삼장 중 율장에 담긴 규범만이 율이다. 율은 계와 달리 강제성을 동반한다. 율장에 의하면, 승가는 성립 이후 한동안 청정함을 유지했지만 점차 악행이 늘어갔다. 이에 부처님은 사건이 발생할 때마다 악행을 금지하는 '수범수제(隨犯隨制)'의 방법으로 학처(學處)를 제정해 갔다고 한다. 학처란 익혀야 할 구절이라는 의미로, 하나하나의 조문을 의미한다.

그렇다면 부처님이 승가라는 공동체의 규범으로 율을 제정한 의도는 무엇일까? 악행을 금지함으로써 궁극적으로 무엇을 실현하고 싶었던 것일까? 『사분율』에서는 이를 열 가지 이유로 설명한다.

① 승가를 결합시킨다[섭취어승攝取於僧].
② 승가를 환희하게 한다[영승환희令僧歡喜].
③ 승가를 안락하게 한다[영승안락令僧安樂].

④ 아직 신심을 지니지 않은 자에게 신심을 일으키게 한다[영미신자신令未信者信].

⑤ 이미 신심을 지니고 있는 자의 신심을 더욱 돈독하게 한다[이신자령증장已信者令增長].

⑥ 다스리기 어려운 자를 조복시켜 따르게 한다[난조자령조순難調者令調順].

⑦ 범계했더라도 참회함으로써 안락을 얻게 한다[참괴자득안락慙愧者得安樂].

⑧ 현재의 번뇌를 끊게 한다[단현재유루斷現在有漏].

⑨ 미래의 번뇌를 끊게 한다[단미래유루斷未來有漏].

⑩ 정법이 오랫동안 머무를 수 있게 한다[정법득구주正法得久住]. - 『사분율』

　율은 단지 승가의 질서 유지만을 위해 제정된 규범은 아니다. 승가의 화합과 안락, 승가의 외호자인 재가신자의 신심 확보, 범계의 참회와 번뇌의 제거를 통한 청정승가의 유지 등 다양한 목적을 갖고 제정되고 있다. 이는 결국 승가의 영원한 존속과 발전이라는 하나의 목적으로 귀결된다. 승가가 대내외적으로 존경받는 승보로서 존재하기 위해서는 율의 수지가 반드시 필요하며, 율을 어기는 것은 승가의 존속 여부와 관련된 일이므로 엄하게 다스릴 수밖에 없다. 각 범계 행위에 따라 징벌이 필수적으로 동반되는 것은 이 때문이다.

　하지만 참회를 통해 청정성을 회복하는 것이 징벌의 목적이므로, 가장 무거운 죄인 살인, 5전(錢) 이상의 투도(偸盜), 음행, 대망어(大妄語)의 바라이죄를 제외한 나머지 죄는 일정한 참회 과정을 거치면 원래의 청정비구로 돌아올 수 있다. 투도의 경우 '5전 이상'이라는 조건이 달린 것은 당시 국법으로 제재를 받는 기준이 5전이었기 때문이다.

한편 칠중계 외에 보살계가 있다. 기원 전후로 인도에서 대승불교가 발생하면서 이상적 인간상인 보살이 지켜야 할 계로 보살계가 등장한다. 이는 출·재가를 불문하고 보살로서의 삶을 지향하는 자라면 누구나 지켜야 할 계이다. 보살계는 대승불교 초기에는 신·구·의 삼업을 다스리는 십선계(十善戒)가 구체적인 내용으로 거론되었지만, 대승 중기에 이르면 유가행자들의 수행 지침서인 『유가사지론』「보살지」에서 보살의 실천행으로 삼취정계(三聚淨戒)가 등장한다.

삼취정계란 율의계(律儀戒)·섭선법계(攝善法戒)·요익유정계(饒益有情戒)이다. 율의계는 부처님이 정한 계율을 지켜 악을 막는 것이다. 항상 자신의 몸과 마음을 돌아보고 허물이 없는 상태로 유지하는 것을 의미하는데, 구체적인 내용은 앞서 언급한 칠중계이다. 즉 칠중이 각자의 신분에 부합하는 계를 잘 지켜 심신을 먼저 다스려야 한다.

그 후 자진하여 선을 행하는 섭선법계의 단계로 나아가게 된다. 대보리를 위해 몸과 입과 마음으로 선근을 쌓는 것을 섭선법계라고 한다. 몸이나 재산에 대한 집착을 끊는 것, 분노나 원망, 원한의 마음을 제거하는 것, 태만을 제거하는 것 등이다.

요익유정계는 중생을 교화하고 그 이익을 위해 힘을 다하는 것이다. 예를 들어 은혜를 알고 보은하거나, 병든 이를 보살피고 도와주거나, 두려움에 떨고 있는 중생을 지키고, 가난한 중생들에게는 재물을 나누어주는 등 적극적인 사회봉사 활동이 모두 포함된다.

이처럼 삼취정계는 부파에서 실천하던 칠중계를 기반으로 그 위에 섭선법과 요익중생이라는 대승적 이타행을 더하여 보살계를 완성시키고 있다. 이 삼취정계의 유가계는 인도에서 중국으로 전해진 후, 중국에서 찬술된 『범망경』의 10중(重) 48경계(輕戒)의 범망계와 함께 2대 보살계로서 동아시아불교에 큰 영향을 미치게 된다.

2) 승가의 존재 의미와 가치

승보로서의 승가

삼보에서 승보의 '승(僧)'은 승가를 줄인 말로 구체적으로는 비구승가와 비구니승가를 말한다. 비구와 비구니는 구족계를 받은 정식 출가자로서, 부처님 삶을 본받아 수행과 중생 구제에 힘쓰는 수행자들이다. 승가는 실제로 불법을 실천하고 전승하는 주체이므로 불(佛)과 법(法)이 전해진 곳에서는 필수적으로 존재하게 된다. 이들 삼보야말로 불교를 지탱하는 삼발이로 이 중 어느 하나라도 없거나 부실하면 불교는 중심을 잃게 된다. 그런데 그 자체로 절대적 가치를 인정받는 불보·법보와 달리, 승가가 승보로 거듭나기 위해서는 부단한 노력이 필요하다. 승보에 대한 경전의 설명을 보자.

> "선인에게 칭찬받는 팔배(八輩)의 사람, [즉] 이들 사쌍(四雙)은 선서(善逝)의 성문(제자)이며, 보시를 받을 자격이 있는 사람들이다. 그들에게 보시한 사람에게는 큰 과보가 있다. 이것이 곧 훌륭한 승보이다. 이 진리에 의해 행복이 있

기를 …" - 『숫타니파타』「보배경」

승보란 사쌍팔배(四雙八輩)라 일컬어지는 8종의 성자이다. 승보는 승가를 의미하며, 현실적으로 승가는 구족계를 받고 입단한 모든 비구·비구니를 구성원으로 하지만, 이상적으로는 이들이 수행을 통해 사쌍팔배 성자의 범위 안에 들어갔을 때 승보로 인정받게 되는 것이다. 다만 구족계를 받고 승가의 일원이 되는 순간, 누구라도 성자가 될 수 있는 가능성을 갖게 된다는 점에서 승가는 곧 승보인 것이다.

경전에 나오는 "견해와 계율을 함께 하는 성자가 모여 결합했기 때문에 승가라고 한다."라는 정의가 이를 잘 보여준다. 불법에 대한 동일한 이해와 실천을 기반으로 정신적으로도 육체적으로도 일체가 된 수행승들이 함께 공동체를 형성하고, 수행함으로써 언젠가는 성자의 경지에 들어갈 수 있기 때문에 승가이다. 불법을 중심으로 하나로 결합된 사람들이 공동체 생활을 하며, 이론과 실천을 함께 해나간다는 것은 결국 불도 수행의 기회가 공평하게 주어진다는 의미이다. 승가를 형성하여 수행함으로써 성자의 길인 승보로 나아가는 길도 똑같이 갖게 되는 셈이다.

평등과 화합으로 이루어지는 승가

승가라는 공동체의 주요한 특징은 평등과 화합이다. 부처님은 당시 인도사회에 만연해 있던 계급 제도를 부정하고 신분이나 직업, 나이 등을 불문한 다양한 사람들을 승가의 구성원으로 받아들였다. 『숫타니파타』에서는 "태어남에 의해 천민이 아니다. 태어남에 의해 바라문이 아니다. 행위에 의해 천민이 되고, 행위에 의해 바라문이

불교개론

된다."라고 하여 출생에 의한 차별을 부정하고 있다. 승가의 질서는 구족계를 받은 이후의 햇수를 헤아려 차서[次序, 차례]를 정하는 법랍(法臘)에 의해서만 유지된다.

승가의 팔미증유법(八未曾有法)에서는 "승가를 비유하여 세간에 다양한 이름의 대하(大河)가 있다 해도 대해로 흘러 들어가면 모두 이전의 이름을 버리고 그저 대해라고 불리는 것처럼, 승가 역시 들어오면 세간에서의 모든 신분을 떠나 사문석자라고 불릴 뿐"이라고 한다. 이처럼 승가에 입단하면 모두가 평등하게 동일한 교리와 실천을 공유하며, 의식주 생활에서도 차별 없는 분배가 이루어진다.

다만 아예 입단 자체가 불가능한 경우는 있다. 예를 들어 부모의 허락을 받지 아니한 자, 전염병을 앓고 있는 자, 출가하기 전에 빚을 지고 갚지 않은 자, 세상에 널리 이름이 알려진 범죄자, 성소수자 등이다. 승가가 일반사회와 충돌을 일으키거나 승가의 공동체 생활에 큰 피해가 우려되는 경우 등이다. 이러한 경우는 차법(遮法), 즉 구족계를 받는데 장애가 되는 요소를 갖고 있다고 하여 구족계를 받는 수구(受具) 의식 자체가 허용되지 않는다.

또한 승가를 '화합승(和合僧)'이라고 하는데, 이는 승가가 갖추어야 할 대표적인 특징이 화합이라는 점을 보여준다. 입단할 때부터 출가자가 모두 성자인 것은 아니므로, 성격 차이나 지적 수준의 차이, 이해관계 등에서 갖가지 갈등은 불가피하다. 하지만 출가자 간에 갈등이 지속된다면 수행을 할 수 있는 환경 조성이 어렵고, 나아가 승가에 대한 부정적 시각을 초래함으로써 일반사회로부터 비난받는 악순환을 겪게 된다. 이는 결국 승가의 존재 자체를 위태롭게 하는 일이다.

따라서 불화는 무엇보다 경계된다. 비구·비구니가 수지해야 할 구족계 말미를 승가에서 발생한 다툼을 해결하는 일곱 가지 방법인 '칠멸쟁법(七滅諍法)'이 장식하는 것도 이 때문이다. 누구를 막론하고 승가의 구성원이라면 다툼을 적극적으로 가라앉힐 의무가 있으며, 화합이야말로 공동체 생활에서 최고의 가치를 지닌다.

평소에 화합을 실천할 수 있는 대표적인 지침으로 경전에서는 육화경법(六和敬法)을 언급한다. 『대반열반경』(大槃涅槃經)에서는 이를 승가의 영원한 존속과 번영을 약속하는 여섯 가지 불쇠퇴법(不衰退法)이라 표현하기도 한다

첫째, 비구들이 동료수행자에게 공적으로나 사적으로나 '몸으로' 자애롭게 대하는 것이다. 둘째와 셋째는 첫째와 같은 내용인데 다만 몸으로가 아닌 각각 '입으로' 혹은 '마음으로' 자애롭게 대하는 것이다. 넷째는 비구들이 올바르게 얻은 보시물을 설사 발우 안에 들어갈 정도의 적은 양이라도 차별 없이 수용하며, 계를 갖춘 동료수행자들과 평등하게 수용하는 것이다. 다섯째는 동료수행자들과 더불어 결점 없는 완벽한 계를 똑같이 갖추는 것이다. 여섯째는 동료수행자들과 해탈에 도움이 되며 올바르게 고의 멸진에 이르는 성스러운 견해를 함께 갖추는 것이다.

요컨대 몸으로나 입으로나 마음으로나 동료수행자들을 자애롭게 대하고, 보시물을 공평하게 분배하며, 동일한 계와 견해를 갖고 수행한다면 승가가 화합하여 영원히 쇠퇴하는 일은 없다는 것이다. 한편 율장에서는 승가의 운영 차원에서 화합을 가늠하는 보다 구체적인 기준으로 '여법화합갈마(如法和合羯磨)'의 실행을 언급하는데, 이에 대해서는 다음 절에서 살펴보겠다.

불교개론

3) 승가의 운영 원리

(1) 욕망을 떠나 상생하는 공동체

　승가의 구성원이 되면 상생하며 더불어 사는 삶을 지향하게 된다. 개인의 욕망 추구를 적극적으로 인정하는 일반사회와 달리, 승가는 집착을 떠나 근원적인 고통으로부터 해탈을 지향하는 자들이 모여 만든 공동체이다. 이들이 공동생활을 하는 이유는 더불어 수행함으로써 출가의 목적을 상실하지 않고 수행을 지속해 갈 수 있기 때문이다. 출가자도 사람인 이상 출가했다고 곧바로 모든 욕망을 단절할 수는 없다. 스스로 욕망의 노예가 되지 않도록 일정한 규범 하에 공동체 생활을 하며 스스로를 단속해 갈 필요가 있다.

　예를 들어 인간의 강렬한 욕망 중 하나는 의식주와 관련된 소유욕이다. 좋은 옷을 입고, 맛난 음식을 먹고, 편안한 침대에서 잠을 자고 싶은 것은 누구나 원하는 일이다. 그런데 이 욕망은 끝이 없어 좋은 의식주 생활을 경험한 사람은 다음에는 더 좋은 것을 원하게 되어, 이에 집착하며 매달리게 된다. 율장에서는 출가자들이 이런 집착에 얽매이는 것을 매우 경계한다. 흔히 불교의 특징으로 '무소유'가 거론되곤 하는데, 중요한 것은 '무집착(無執著)'이다. 핵심은 소유의 금지가 아닌 욕망이나 집착으로부터의 떠남이다. 사람은 소유하지 않는 것에 대해서도 강렬하게 집착할 수 있지만, 집착으로부터 벗어나면 소유와 무소유의 구별은 의미가 없다.

　집착할 수 있는 환경을 만들지 않기 위해 승가에서는 의식주의 공평한 분배를 지향한다. 신자로부터 의식주가 보시되었을 때, 구성원간의 공평한 분배나 관리를 통해 특정인이 독점하는 일이 없도록 세심하게 배려하는데, 이는 현전승가(現前僧伽)와 사방승가(四方僧伽)라는 두 개념 하에 이루어진다.

현전승가란 눈앞에 존재하는 승가를 의미한다. 동서남북으로 일정한 표식을 정하여[결계結界] 그 공간에 거주하는 승려들을 동일한 현전승가의 구성원으로 본다. 예를 들어 A사나 B사 등의 사찰에 여러 스님들이 모여 하나의 공동체를 형성하여 살고 있는 것과 같다. A사라는 동일한 영역 안에 사는 스님들은 A사에 음식물이 보시되면 함께 나누어 먹고, 결정 사항이 생기면 한 자리에 모여 함께 결정한다.

율장에서는 4인 이상이면 현전승가를 구성할 수 있다고 한다. 다만 모든 갈마를 실행할 수 있는 승가는 20인 이상의 승가이다. 현전승가의 비구나 비구니는 하나의 생활 공동체로써 적어도 분배 가능한 음식이나 옷감과 같은 것에 대해 자신의 몫을 받을 권리가 있다. 때로 법랍에 따라 혹은 인센티브 형식으로 약간의 혜택이 주어지는 경우도 있지만, 대부분은 공평한 분배이다. 지사(知事)비구라고 하여 공평하게 소임을 완수할 수 있는 비구를 구성원의 동의하에 선발하여 분배한다.

한편 사방승가는 이념적인 승가이다. 눈앞에 당장 존재하고 있지는 않지만, 언제라도 현전승가로 기능할 수 있는 가능성을 갖고 있는 승가이다. 불교 교단의 모든 출가자는 시기와 장소에 따라 다른 현전승가에 속할 수는 있지만, 모두 사방승가의 구성원이다. 따라서 사찰이나 토지와 같은 부동산, 혹은 솥이나 건축 도구 등과 같은 중요한 물품 등은 분배하지 않고, 사방승가의 소유물로 분류되어 교단의 구성원이라면 누구라도 사용할 수 있게 한다. 예를 들어 현전승

불교개론

가로는 A사에 소속된 승려이지만, 일이 있어 B사에 갔을 때는 B사의 좌구를 사용할 수 있는 것과 같다.

이처럼 승가에 보시되는 물품은 특정인이 독점하는 일 없이 구성원에게 분배하거나 혹은, 분배하지 않더라도 모두 사용할 수 있도록 하였다. 특정인이 독점하게 되면 구성원들 간에는 자신이 그 특정인이 되고자 하는 욕망이 발생하게 되며, 더 좋은 것을 소유하려는 욕심까지 더해지면서 점차 강한 욕망으로 자라게 된다.

승가라는 대해 안으로 들어오면 하나의 대해 속에서 잔잔한 물결도 성난 파도도 함께 하기 때문에 이겨내고, 언젠가 목적지에 도달할 수 있다는 믿음과 실천을 공유할 수 있어야 한다. 이를 위해 인간의 욕망을 다스리고 절제하는 일은 필수적이며, 율이라는 승가의 명확한 원칙을 통해 현실적인 실천을 유도할 필요가 있다.

(2) 여법갈마를 통한 화합의 실현

인간의 욕망은 의식주와 같은 기본 생활에서도 나타나지만, 자신에게 직·간접적으로 영향을 미치게 되는 사안을 결정할 때에도 강하게 발동한다. 예를 들어 지도자를 선출하거나, 다툼이 생겼을 때 조정을 할 경우이다. 명확한 원칙 없이 내려진 결론이 심지어 자신에게 불리하기까지 하다면 불만을 품지 않을 사람은 없다. 그리고 이러한 불만은 승가에 불화를 야기하며 때로는 분열로 이어질 수도 있다.

따라서 승가 운영에서 중요한 또 하나의 기준은 명확한 원칙을 정하는 일이다. 율장에서 갈마(羯磨)의 설명에 상당한 분량을 할애하는 것도 이 때문이다. 갈마란 승가에서 크고 작은 사안을 결정할 때 실행하는 의식이다. 어떤 문제이든 반드시 갈마를 통해 구성원들의 의견을 반영하여 최종적으로 결정해야 한다.

여법한 갈마는 사안에 따라 다양한 조건을 필요로 하지만, 모든 갈마에 적용되는 대표적인 2대 원칙은 '전원출석'과 '만장일치'이다. 전원출석이란 동일한 경계 안에 속하는 모든 구성원이 단 한 명도 빠짐없이 참석해야 한다는 조건이다. 갈마는 하나의 현전승가를 기준으로 실행되는데, 이때 한 명이라도 승가에 이유를 알리지 않고 결석해서는 안 된다. 만약 병 등의 이유로 참석이 불가피한 자는 다른 비구를 통해 여욕(與欲)해야 한다. 여욕이란 그 갈마에서 어떤 결정이 내려지든 차후에 이의를 제기하지 않겠다는 의사 표시를 승가에 전달하는 것을 말한다.

한편 만장일치란 한 자리에 모인 비구들이 단 한 명의 반대도 없이 모두 찬성하여야 한다는 의미이다. 이처럼 승가에서 어떤 일을 결정할 때는 반드시 현전승가에 속하는 구성원 전원이 주체가 되어 만장일치로 일을 결정해야 한다.

사안의 중요도에 따라 백사(白四)갈마 혹은 백이(白二)갈마 등으로 형식은 달라지지만, 어떤 일이든 반드시 갈마의 형식을 거쳐 결정해야 한다는 원칙은 변함없다. 갈마는 반드시 안건을 말하는 백(白)과 백에 대한 찬반 여부를 확인하는 갈마어(羯磨語)로 진행된다. 백사갈마는 한 번의 백과 세 번의 갈마어, 백이갈마는 한 번의 백과 한 번의 갈마어로 진행되는 갈마의 형식을 말한다. 중요한 일은 백사갈마를 통해 결정된다.

갈마가 전원출석과 만장일치를 중시하는 이유는 승가의 화합 때문이다. 누군가 한 사람 혹은 일부의 독단적인 판단이 아닌, 동일한 경계 안에 속한 구성원 모두의 출석과 그들 전원의 동의하에 사안을 결정한 후, 이 결정에 따라 승가를 운영하는 것이다. 이 때문에 율장에서는 여법한 갈마의 실행을 화합의 기준으로 삼는다.

그런데 여기서 한 가지 주의할 점이 있다. 갈마의 만장일치를 구성원 한 사람, 한 사람의 의견이 평등하게 반영되었다는 점에서 의미를 찾는 경우가 있는데, 이는 잘못된 이해이다. 물론 평등은 불교의 중요한 가치 가운데 하나이지만, 그것은 승가의 일원이 된 이상, 출가 전의 계급 여하나 성별 등과 무관하게 부처님의 가르침에 따라 수행할 수 있고 또 깨달음을 얻을 수 있다는 의미에서의 평등이다. 구족계를 받은 지 1년 된 사람이나 10년 된 사람이나 30년 된 사람이나, 또한 어리석은 사람이나 지혜로운 사람이나, 경이나 율에 해박한 사람이나 어두운 사람이나 다 똑같이 갈마에서 N분의 1로 의견이 반영되어 사안이 결정되므로 평등하다는 의미는 아니다. 사실 이런 방법으로 만장일치가 나온다는 것 자체가 거의 있을 수 없는 일이다.

갈마의 만장일치가 지니는 의미는 승가의 모든 구성원이 모여 부처님의 법과 율에 근거하여 결론을 내리고, 이 결론에 구성원 모두가 동의했다는 점에 있다. 개인적인 이익이나 감정에 사로잡히는 일 없이 오로지 원칙에 따라 여법하게 결정하고, 이에 근거하여 승가가 운영되어 가기 때문에 만장일치가 의미를 지니는 것이다. 불교는 석가모니 부처님이 설한 가르침이다. 그 가르침이 바로 갈마를 이끌어 가며 권위를 부여해 주는 근원적인 힘이다. 갈마는 이 근원적인 힘을 기반으로 승가의 구성원들을 올바른 방향으로 이끌어가기 때문에 화합의 방법이자 상징이 될 수 있는 것이다.

갈마는 의사 결정을 위한 단순한 회의가 아니다. 너도 나도 똑같은 한 표가 아닌, 가장 올바른 목표점을 찾아 서로 교화해 가는 과정이다. 이를 통해 승가의 구성원은 깨달음의 세계로 함께 나아가는 화합승의 일원으로 존재하게 되는 것이며, 승가의 존재 이유는 바로 여기에 있다.

(3) 포살과 자자, 청정승가의 구현

평등, 여법, 화합 등과 더불어 승가가 갖추어야 할 또 하나의 주요 조건은 '청정'이다. 승가의 청정을 위해 부처님은 '포살(布薩, ⓟuposatha, Ⓢupavasatha)'을 실행하도록 하였다. 원래 포살은 바라문교의 종교 행사 중 하나인 '우파와사타(upavasatha)'에서 유래한다. 바라문교에는 신월제(新月祭)와 만월제(滿月祭)라고 하여, 신월(29 혹은 30일)과 만월(14 혹은 15일)의 날에 재가자들이 돌아가신 조상들을 위해 공양제를 거행하는 관습이 있는데, 우파와사타란 소마(Soma)제라고도 불리는 이 공양제 전날 철야하는 것을 일컫는 말이다.

이날이 되면 재가자들도 몸을 청정히 하고 단식을 실천하며, 고기와 같은 일부의 음식물과 육체적 욕망 등을 자제하고, 장신구나 향료 등에 의한 몸 장식을 삼갔다. 이 때문에 인도의 종교인들은 이날을 활용하여 설법회를 열고 신자들을 확보해 갔다. 빔비사라왕의 권유로 불교 교단 역시 처음에는 설법회를 갖는 날로 활용하다가 점차 바라제목차를 낭송하는 포살로 정착하게 된다.

불교개론

포살은 동일한 현전승가에 속하는 비구들이 한자리에 모여 바라제목차가 낭송되는 것을 들으며 자신의 청정 여부를 확인하는 의식이다. 포살 역시 갈마의 형식으로 실행되므로 결석은 인정되지 않는다. 다만 병 등의 이유로 결석이 불가피한 자는 여청정(與淸淨)이라고 하여, 자신은 보름 동안 범계 행위를 한 적이 없다는 사실을 다른 비구를 통해 승가에 통지해야 한다. 포살이 시작되면, 갈마사 비구는 바라제목차를 낭송하고, 나머지 구성원은 이를 들으며 보름 동안 범계 사실은 없는지 돌아본다. 포살이 시작되기 전에 범계 사실을 떠올렸다면 미리 고백 내지 참회하고 들어가야 하며, 만약 바라제목차가 낭송되는 도중에 알게 되면 옆에 있는 비구에게 조용히 고백하고 포살이 끝난 후에 참회하면 된다. 어떤 경우이든 죄를 떠올렸으면서 고백하지 않는다면 수행에 방해가 되는 고망어죄(故妄語罪), 즉 알면서도 일부러 거짓말을 하는 죄를 저지르게 되므로 청정을 유지하고자 하는 비구는 반드시 죄를 고백, 참회해야 한다.

포살은 이처럼 보름마다 한 번씩 정기적으로 자신의 범계 여부를 확인하고 참회함으로써 평온을 되찾아 수행에 전념하기 위해 실행하는 의식이다. 한편 포살은 화합을 상징하는 의식으로도 발전한다. 이는 정기적으로 한 달에 두 번 실행하는 포살과 구별하여 '화합포살'이라고 한다. 분쟁을 겪으며 서로 대립하던 승가가 다시 화합하고자 할 때, 함께 모여 바라제목차를 낭송함으로써 화합승가가 된다.

포살과 더불어 자자(自恣, Ⓟpavāraṇā, Ⓢprāvārita)도 중요한 행사이다. 자자는 안거가 끝나는 마지막 날에 전원이 모여 3개월 동안 율을 위반한 사항을 서로 지적하며 참회하는 모임이다. 율장 「자자건도」에 의하면, 어느 사찰에서 함께 안거를 보낸 스님들이 말을 나누다 보면 불화가 발생할 수 있다는 생각에 서로 참견하지 않고 침묵한 채 3개월을 보냈다. 이 소식을 들은 부처님은 그들의 행동이 외도들이나 하는 벙어리 법을 지킨 것이라고 꾸짖으며, 안거를 끝마친 비구들은 안거 중에 본 것, 들은 것, 의심나는 것에 대해 자자를 실행하며 적극적으로 서로 잘못을 지적하고 참회하는 기회를 가지라고 지시한다.

자자는 총명 유능한 사회자격의 비구가 진행하며, 법랍이 높은 순서부터 대중 앞에 나와 무릎 꿇고 합장한 채, "존자들이시여, 승가가 안거 중에 저에 관해 본 것, 들은 것, 의심한 것이 있다면 자자를 하겠습니다. 존자들은 동정심을 베풀어 저에게 말해 주십시오. 제가 알게 되면 참회하겠습니다."라고 세 번 말한다. 동일한 방법으로 모든 비구가 법랍 순으로 한 명씩 나와 이 말을 반복한다. 대중은 이에 무언가 떠오르는 것이 있으면 지적해 주면 된다.

자자 역시 포살과 마찬가지로 실행 전에 자신의 범계 사실을 스스로 깨달았다면 그 사실을 고백하고 참회한 후 실행해야 하며, 만약 자자 도중에 범계 사실이 생각났다면 주위의 비구에게 "저는 이런 범계를 저질렀습니다. 이 자리에서 일어난 뒤 그 범계를 참회하겠습니다."라고 말하고, 자자를 지속해야 한다.

포살이든 자자이든 목적은 범계 사실을 비구 스스로 깨닫고 참회함으로써 청정을 회복하게 하는데 있다. 범계 사실을 인지하지 못하거나 혹은 인지했음에도 그 과실을 인정하고 참회하지 않는 상태가 지속된다면, 출가자 개인뿐만 아니라 승가도 점차 자정 능력을 상실함으로써 제 기능을 하지 못하게 된다. 따라서 포살과 자자는 청정 승가의 유지에 필수불가결한 의식이다.

2. 승가의 발전과 역할

1) 초기불교의 승가

(1) 초기불교에서 승가의 성립

수행공동체로서의 승가의 역할

부처님은 깨달음을 얻으신 뒤 바라나시의 녹야원에서 5비구를 교화하시고, 야사와 그의 친구 4명, 마을의 청년 50명을 제도하시면서 승가는 부처님을 포함해 61명의 아라한으로 구성되기에 이른다. 이에 부처님께서는 보다 많은 중생들을 윤회의 속박으로부터 구제하고 불법을 전파하기 위해 '전도선언'을 하고, 61인의 아라한들 모두가 서로 다른 길로 떠나게 하신다. 이때 부처님은 배화교도인 가섭 3형제와 그들의 제자인 천 명의 바라문을 교화하기 위해 우루웰라를 향해 홀로 떠나신다. 부처님은 이들 모두를 교화시켜 불교 승가는 단번에 대교단으로 성장하게 되었다.

부처님은 이들과 함께 중인도 최대 도시이며 종교의 중심지인 마가다국의 왕사성으로 다시 길을 떠나신다. 왕사성에 도착한 부처님은 빔비사라왕을 만나 삼귀의를 주어 우바새로 귀의시키고 가르침을 전하신다. 이처럼 부처님은 성도 이후 끊임없이 중생제도에 힘을 쏟으셨고, 그 가르침에 귀의한 수많은 이들이 승가의 출·재가인이 되어 당시의 종교계에 혁명과도 같은 큰 반향을 불러온다.

왕사성을 중심으로 승가는 점차 그 규모가 커졌고 각지에 수많은 수행자들이 생겨났다. 이러한 승가의 성장에 따라 필연적으로 공동체 생활에 대한 세밀한 규범도 필요하게 된다. 최초기의 승가는 모든 악을 짓지 말고, 모든 선을 받들어 행하며, 그 마음을 깨끗이 하라[제악막작諸惡莫作 중선봉행衆善奉行 자정기의自淨其意]는 '칠불통계(七佛通戒)'만으로도 공동체 생활을 유지하는 데 문제가 없었다.

그러나 점차 다양한 지역의 여러 사람들이 모여 살고, 재가자들과의 관계가 형성되면서 칠불통계만으로는 승가의 운영이 어려워지게 된다. 이에 부처님은 승가에 문제가 발생할 때마다 그것을 검토하여 똑같은 문제가 생겨나지 않도록 수범수제(隨犯隨制)의 방식으로 승가의 규칙을 정하셨는데, 이것이 바로 '율장(律藏)'이다.

이후 승가는 이 율장을 중심으로 수행과 공동체 생활을 이어가게 된다. 특히 출가자의 의식주 생활을 걸식(乞食), 수하좌(樹下坐), 분소의(糞掃衣), 진기약(陳棄藥)의 사의법(四依法)으로 규정하여 수행 생활에 어려움은 없으나 사치와 집착이 생기지 않도록 주의시켰다. 이는 출가자가 편안함에 물들어 수행에 집중하지 못하고 탐·진·치에 빠지는 것을 경계하기 위한 것이다. 또한 승가의 생활 전반에 필요한 음식이나 물품들이 대부분 재가자의 보시에 의해 유지되는 것이기에, 그 생활이 사치스럽다면 재가자들의 승가에 대한 신심과 존경심에 실망을 주어 승가가 어려움에 빠지지 않도록 하기 위한 조치이기도 하다.

이처럼 승가는 부처님을 중심으로 출가자들이 모여 율장을 토대로 깨달음을 추구하는 공동체 생활을 이어간다. 그러나 점차 세월이 흘러 부처님이 열반에 드시자, 그동안 부처님을 중심으로 하던 승가의 운영에 대한 걱정의 소리가 나오게 된다. 게다가 부처님의 열반소식을 듣고 모두가 비통함에 빠져있을 때, 오히려 기뻐하며 이제어떤 속박도 없이 마음대로 살아도 된다며 즐거워하는 수밧다 비구와 같은 출가자까지도 등장한다.

그리하여 불멸 후 얼마 지나지 않아, 장로 마하가섭의 건의로 부처님의 정법과 승가의 미래를 지키기 위해 제1차 결집을 연다. 여기서 우빠리 존자의 주도로 율장을 우선적으로 결집하여 승가의 토대를 다지고, 그다음에 오랜 세월 부처님 곁에서 시자를 하던 아난다존자가 부처님의 설법을 듣고 외워 '경장(經藏)'을 결집한다.

그러나 경장을 결집하는 과정에서 아난다는 "부처님께서 소소한계는 버려도 좋다."고 하셨던 것을 결집 대중들에게 말하였으나, 그소소한 계라는 것을 정확하게 규정할 수 없었고, 아난다 또한 부처님께 그것에 대해 묻지 않아서 소소계(小小戒) 논쟁이 일어난다. 결국 그 누구도 소소한 계를 결정할 수 없었기에, 대가섭이 제시한 "부처님께서 제정하신 것은 고치거나 바꾸지 않는다."는 불제불개변(佛制不改變)의 원칙에 동의하며 제1결집을 마치게 된다.

근본분열

제1결집 이후 승가는 율장과 경장의 가르침을 토대로 인도 각지에서 수행과 공동체 생활을 이어나간다. 그러던 중 불멸 후 100년경, 교통과 상업의 중심지인 웨살리에 있던 왓지족 출신의 비구승가에서포살일에 금전을 보시로 받는 율장에 어긋난 행동을 하게 되고, 비구야사는 이를 문제시하여 교단에 근본분열(根本分裂)이 일어난다.

율장에 의하면 비구가 금, 은 등의 재물을 직접 받으면 바일제의 처벌을 받는다. 그런데 왓지족 비구들은 직접 금전을 받지 않고 발우에 물을 채워 신도들이 그 안에 금전을 넣게 하는 정법(淨法)을 활용하였다며, 자신들의 결백을 주장한다. 정법이란 계율을 어기는 행동을 다른 방편으로 대체하여 죄가 되지 않게 하는 것을 말한다. 이러한 문제는 불제불개변의 원칙에 의해 율장이 어떤 수정도 불가능하기에, 실제로 비구들이 생활하는 현실과의 충돌이 생기며 발생한 것이기도 하다.

그러나 비구 야사는 그러한 정법을 부정적으로 보았고, 이에 왓지족 비구들이 율장의 열 가지 조항을 어겼다는 십사비법(十事非法)을 제기한다. 십사비법이란 다음의 열 가지 율장에 어긋난 행동을 말한다.

① **각염정**(角塩浄) : 소금을 뿔에 보관한다.

② **이본지정**(二本指浄) : 정오를 약간 지난 후에 식사를 해도 된다.

③ **근촌락정**(近村落浄) : 식사가 끝났어도 마을로 가서 다시 한 번 식사하는 것을 허용한다.

④ **주처정**(住處浄) : 각각 승가에서 따로 포살을 한다.

⑤ **후청가정**(後聽可浄) : 승가 내의 일부의 비구들만으로 결정한 사항을 나중에 승가 전원이 모였을 때 승인 받는다.

⑥ **상법정**(常法浄) : 화상·아사리의 습관을 그대로 따른다.

⑦ **불응고정**(不凝固浄) : 식사가 끝난 뒤에라도 우유가 약간 발효된 것을 마셔도 된다.

⑧ **수정**(水淨) : 곡물주나 과실주를 마시는 것을 허용한다.

⑨ **불익루니사단정**(不益縷尼師檀淨) : 테두리가 없는 좌복을 쓰거나 큰 좌복을 만드는 것을 허용한다.

⑩ **금은정**(金銀淨) : 금과 은의 보물을 받거나 모아둔다.

또한 왓지족 비구들은 이런 야사의 행동이 오히려 재가자들의 승가에 대한 보시의 마음을 훼손했다며 징벌갈마를 내린다. 그리하여 결국 왓지족 비구들과 비구 야사 간에 잘못을 확인하기 위한 회의가 웨살리에서 열리게 된다. 이 회의에서는 왓지족 비구들의 십사가 비법이라고 판정한다. 이 회의를 '제2결집' 또는 '칠백결집', '웨살리결집'이라고 부른다. 그러나 왓지족 비구들은 따로 만 명의 비구를 모아 새로 결집을 하였고, 그로 인해 승가는 둘로 분열한다. 왓지족의 십사를 비법으로 판정하고 제2결집을 주도한 승가는 상좌부가 되고, 왓지족 비구들은 대중부가 되어 불멸 후 승가는 근본분열이라는 사건을 맞이하게 된다.

승가가 비록 출가자 공동체이지만 다양한 사람들로 구성되어 있기에 생활 부분에서 언제든 문제가 발생할 수 있는 위험성이 있었다. 그래서 율장의 내용을 바꿀 수 없다는 결의까지 하며 승가의 유지를 위해 노력하였으나, 오히려 그러한 율장에 의해 승가는 분열하게 된 것이다. 근본분열 이후에도 율장을 둘러싼 여러 문제들이 승가 내에서 발생하였고, 결국 18 내지 20개의 부파로 갈라지게 되었다. 이를 지말분열(枝末分裂)이라고 한다.

그리고 이렇게 분열한 각 부파는 각자의 승가에 맞게 율장을 보완하여 독자적인 율장을 지니게 된다. 그 중 현존하는 광률(廣律)로는 법장부의 『사분율』, 화지부의 『오분율』, 대중부의 『마하승기율』, 설일체유부의 『십송률』, 근본설일체유부의 『근본설일체유부비니야잡

사』, 남방 상좌부의 빨리율이 있다. 이 중 빨리율을 제외한 5종의 율장은 현재 한역 대장경에 수록되어 있다. 광률이란 비구가 지켜야 할 바라제목차의 주석인 경분별(經分別), 승가 운영에 관련된 규정인 건도(犍度), 경분별과 건도를 암기하기 쉽게 요약한 부수(附隨)로 이루어진 율장을 말한다.

이처럼 승가에 있어서 무엇보다 중요시된 것은 생활 전반을 규정하는 율장이었다. 그러나 지역과 환경의 영향을 받을 수밖에 없었던 승가는 점차 세월이 지나며 제1결집에서 우빨리가 암송한 원시 율장의 내용과 현실 사이의 괴리를 두고 갈등이 생겨났고, 그로 인해 승가도 자연스럽게 분열하게 된 것이다.

(2) 남방 상좌부의 승가

상좌부 출가자와 재가자

기원전 3세기 인도 마우리아 왕조의 제3대 왕인 아쇼카(기원전 268~232)의 아들이라고 전해지는 마힌다 장로에 의해 스리랑카에 처음으로 불교가 전래된다. 당시 스리랑카의 왕이었던 데바낭피야 티사(기원전 250~210)는 마힌다 장로에 대한 지원을 아끼지 않았고, 마힌다 장로와 일행 5인이 머무르고 있었던 아누라다푸라 지역에 사원과 불탑을 건립해주어 비구승가가 세워진다. 이곳이 훗날 남방 상좌부불교의 근거지가 되는 마하위하라(Mahāvihāra, 大寺)로, 마힌다 장로가 수마나 사미를 시켜 인도에서 부처님의 사리와 발우를 가져오게 하여 이 사원의 불탑에 봉안하였다는 설이 전해진다.

불교개론

그리고 마힌다 장로의 여동생인 상가밋타 비구니가 부처님 성도지인 보드가야의 보리수 가지를 아누라다푸라에 옮겨 심고, 비구니 승가를 세운다. 이 마힌다 장로에 의한 스리랑카의 불교 전래로 인해 훗날 미얀마, 태국, 캄보디아 등으로 불교가 전파되어 남방 상좌부가 발전하게 된다. 그리고 마하위하라와 불사리탑, 보리수는 오늘날까지도 스리랑카와 상좌부불교를 대표하는 숭배대상으로 여겨진다.

　　이처럼 스리랑카를 중심으로 발전한 남방 상좌부불교는 출가자로 이루어진 승가와 재가자의 구분이 명확하여, 승가만이 부처님의 가르침을 계승하는 이들로서 오직 불교 수행에만 전념하여야 하고, 재가자들은 그러한 승가를 물질적, 경제적으로 지원하는 역할을 담당한다. 그리고 재가자들은 '선인락과(善因樂果) 악인고과(惡因苦果)'의 보시행을 통해 자신들에게 훗날 선행의 공덕이 생겨날 것이라는 믿음을 갖는다. 이를 '탐분(Tham bun)'이라고 부른다. 이는 승가의 출가자들을 '복전(福田)'으로 보는 불교의 문화로, 승가의 건물이나 생필품, 수행에 도움이 되는 것들을 보시하는 것이야말로 무엇보다 큰 공덕이 되어 돌아올 것이라는 신심과 이타행의 실천이다.

상좌부 승가의 역할과 특징

　　남방 상좌부의 재가자들은 승가의 출가자로부터 '불살생·불투도·불사음·불망어·불음주'의 오계를 받고, 사부대중의 일원으로서 역할을 한다. 특히 음력 신월, 반월, 만월을 지계일(持戒日)이라 하여 재가자들이 사원에서 하루 동안 출가자와 같은 수행을 하며 보낸다. 이 기간에 적지 않은 재가자들은 보다 잘 정진하기 위해서 '춤과 노래를 즐기지 말고, 향수를 뿌리거나 장신구를 몸에 지니지 말라, 높은 침대에서 자지 말라, 때 아닌 때에 식사하지 말라.'는 계를 추가로 받아 팔계를 지킨다. 이는 재가자들이 출가자의 수행을 체험하며 큰 공덕을 쌓고 청정한 삶을 이어가고자 함이며, 승가의 일원으로서 보다 긴밀한 관계를 유지하기 위한 것이기도 하다.

이러한 지계일의 수행과 더불어 남방 상좌부의 중요한 특징으로 단기출가가 있다. 이는 상좌부불교권의 남성신도가 단기간 승가에 정식으로 출가하여 불교의 수행을 닦아 공덕을 쌓고, 불교에 대한 믿음을 증장하는 의식이다. 출가 기간은 국가에 따라 다르지만 일반적으로 우안거의 3개월 동안 출가 생활을 한다. 명칭도 국가에 따라 차이가 있는데 대표적으로 미얀마는 '신뷰(Shinpyu)', 태국은 '부엇낙(Buat Nhak)'이라고 부른다.

이와 같은 단기출가 의식은 재가자의 불교에 대한 믿음을 증장하는 요인이 되기도 하지만, 국교로서의 불교가 국민들에게 깊은 믿음과 지지를 받을 수 있는 중요한 역할을 한다. 그리고 출가자와 재가자 사이의 왕성한 교류를 통해, 비록 단기출가를 했더라도 잠재적인 승가의 출가자를 마련할 수 있는 방편이 되기도 하며, 전 국민적으로 불교를 교육하여 국가의 사회윤리관과 인권 등을 정립하는 중요한 교육적 역할을 담당하기도 한다.

이처럼 남방 상좌부의 승가는 출·재가자의 역할이 명확하게 구분되어 있으나, 그 운영에 있어서는 단순히 출가자들만의 수행공동체가 아니다. 승가를 중심으로 국가와 국민이 밀접하게 연관되어 있으며, 모든 국민들이 재가자의 역할을 하여 국교로서의 불교를 지지해주고, 출가자들은 그러한 국가적 차원의 보시를 통해 의식주를 해결하고 수행에만 전념하여 수행자로서의 역할을 이어갈 수 있는 것이다.

2) 동아시아불교의 승가

(1) 중국불교와 승가의 변천

중국으로의 불교 전래

인도 갠지스강 유역을 중심으로 발전된 불교는 기원전 3세기부터 그 세력을 확대하기 시작하여, 스리랑카로 불교를 전파하여 남방 상좌부의 기틀을 마련한다. 기원전 1세기 이후에는 중앙아시아로 그 전파경로를 이동하여 실크로드를 통해 점차 동아시아로 유입되기 시작한다. 특히 중앙아시아는 '서역(西域)'이라 불리던 지역으로, 불교는 서역을 거쳐 당시 한나라가 지배하던 중국으로 전래되었다.

중국에 전래된 불교는 최초기에는 다른 문화권에서 건너온 외래종교의 하나였다. 당시 중국에는 유교(儒敎)가 국가통치이념으로 자리잡고 있었으며, 민중들은 도교(道敎)를 따르고 있었다. 중국의 종교를 논할 때 유·불·도 삼교를 논하는 것도 이러한 사정에 의한 것이다. 이처럼 조상숭배와 의례를 중시하던 중국문화에 출세간의 승가를 중심으로 하는 불교가 정착하기에는 많은 어려움이 있었다.

그중에서도 황제나 부모에게 예를 올리는 효(孝)를 무엇보다 중요시하던 중국에서 속세간을 떠난 출가자는 왕이나 부모에게도 예를 올리지 않아도 된다는 승가의 규율은 큰 걸림돌이 되었다. 이에 동진(東晉)시대의 중신이었던 환현(桓玄, 369~404)은 강제로 승려들을 왕에게 예를 올리게까지 하였으나, 여산 혜원(廬山 慧遠, 334~416)스님이 『사문불경왕자론』을 저술하여 이에 저항하였고, 혜원스님의 주장이 받아들여지며 논쟁은 마무리된다. 그러나 이러한 중국문화

와 승가 사이의 문제는 당대(唐代)에 이를 때까지 역대왕조와 끊임없
는 충돌을 가져왔고, 유교와 도교를 따르던 사람들에게도 공격의 대
상이 되었다.

정주생활과 자급자족

중국에 유입된 불교는 사원의 설립과 역경사업, 다양한 종파의 형
성을 이루면서 점차 세력을 키워나가지만, 얼마 지나지 않아 '삼무일
종(三武一宗)의 법난(法難)'이라는 폐불(廢佛)사건이 잇따라 일어나며
큰 위기를 겪는다. 특히 북주의 무제에 의한 폐불로 인해 화북지역
의 불교가 큰 피해를 입게 되며, 지론종을 비롯한 북쪽 지역의 불교
세력이 남쪽으로 대거 이동하게 된다. 그리고 후대에 선종의 토대가
되는 달마대사와 혜가스님도 이 폐불로 인해 큰 영향을 받게 된다.

폐불사태 이후, 중국불교는 수나라(581~618)를 거쳐 당나라
(618~907)에 들어서며 큰 변혁기를 맞이한다. 구마라집(鳩摩羅什,
344~413)스님을 중심으로 한 구역(舊譯)에서 현장(玄奘, 600~664)스님
의 신역(新譯)으로 변화가 생기며 법상종(法相宗)이 성립되고, 그와
더불어 화엄종, 정토종, 남산율종 등이 발달하며 본격적인 중국불교
가 성립되기 시작한다. 이 시기에 성립된 대부분의 종파들은 인도불
교와는 다른 중국사상을 기반으로 하는 새로운 불교종파로 거듭난
것이며 동아시아불교권에 지대한 영향력을 미치게 된다. 또한 중국
사상을 불교적으로 해석하기 위하여 중국 찬술경전인 '위경(僞經)'이
본격적으로 만들어진다.

이 시기에 성립된 대부분의 종파들은 집단 정주생활을 하는 특징
이 있었다. 중국의 의식주 문화와 폐불 등에 의해 승가도 점차 변하

불교개론

기 시작하였다. 대표적인 것이 한 곳에서 머물러서는 안 되는 인도 전통의 수하좌의 생활 대신, 종파별로 한 지역이나 사찰에 모여 사는 정주생활이다. 또한 폐불사건으로 불교 사원이 파괴되거나 출가자가 환속 당하는 일들이 벌어지며, 승가는 점차 깊은 산 속으로 들어가 도피한다.

이러한 변혁 속에서 가장 두드러진 발전을 가져온 종파가 바로 선종이다. 당시까지는 본격적으로 선종이라는 표현이 사용되지 않았지만, 도신(道信, 580~651)과 홍인(弘忍, 601~674)선사를 중심으로 한 동산법문(東山法門)이 수많은 제자들을 지도하고, 한 곳에 모여 수행 생활을 이어갔다. 이 동산법문의 수행생활은 마을과 떨어진 깊은 산속에서 지냈기에 탁발을 하는 것이 어려웠다. 게다가 사찰에 많은 출가자들이 집단생활을 했기에 한 마을에 의지해 탁발을 하는 것도 불가능했다. 이에 수행생활을 이어나가기 위해 자연스럽게 농사를 짓기 시작했고 자급자족 생활을 하게 된다.

정주생활과 더불어 자급자족의 생활은 동아시아 문화권에서는 당연한 것처럼 여겨지지만 승가의 출가자에게는 중대한 문제이다. 율장에 따르면 출가자는 한 곳에서 오래 머물러서는 안 되며, 생산활동과 땅을 파는 것조차 금지되나, 동산법문의 생활은 기존의 인도 전래의 승가생활과는 전혀 다른 형태였던 것이다. 그러나 이러한 변화는 중국 내에서 승가가 생존하기 위한 필사의 노력이었다.

이처럼 동산법문은 조직적이고 집단적인 생활을 하며 나름의 수행법도 발전시켜나간다. 특히 종래의 경전 중심의 교육이 아닌 스승과 제자 간의 인가(印可)를 통한 사자상승(師資相承)의 지도를 하였고, 정(靜)적인 선정수행만이 아닌 모든 일상을 수행으로 끌어올린 활발발(活潑潑)과 대기대용(大機大用)의 동(動)적인 수행법을 완성한다.

(2) 승가와 교단

중국불교의 승가

중국으로 전래된 불교는 폐불 등의 여러 어려움을 겪으면서도 점차 중국사회에 정착하였고, 인도불교와 다른 형태로 변화되어갔다. 특히 정주생활과 자급자족 생활로 승가 내부의 새로운 계율이 필요하게 되었다. 중국에 불교가 전래되며 다양한 경전들도 함께 유입되었으나 율장의 경우는 다른 경전과 논서에 비해 늦은 시기에 유입, 번역된 점도 중국불교의 변천에 큰 요인 중의 하나로 볼 수 있다.

성립 시기와 무관한 순서로 율장이 유입되어 최초기에는 『십송률』이 중심이었으나, 후대에 남산율종이 주류가 되며 다시 『사분율』을 중심으로 승가가 형성된다. 이처럼 승가를 운영하는 데 무엇보다 중요시 되어야 할 율장이 다른 경전에 비해 뒤늦게 유입되고, 인도와는 다른 환경, 사회, 정치적 문제와도 충돌을 일으키며 불교는 필연적으로 동아시아적인 대승불교, 즉 중국불교로 새롭게 태어나게 된다.

특히 선종이 중국불교의 중심으로 자리잡으면서 정주생활과 자급자족의 승가생활을 대변하고, 운영규율을 담당할 새로운 계율의 필요성이 대두된다. 당시 중국 내에서는 위경의 제작도 한창이었기에 이러한 풍조 속에서 중국식 계율경전들도 만들어졌다. 그 대표적인 보살계경전이 바로 『범망경』이다.

『범망경』의 원래 경명은 『범망경노사나불설보살심지계품제십』

불교개론

(梵網經盧舍那佛說菩薩心地戒品第十)으로 '심지계품'이라는 표현과 같이 수계자의 불성을 중시하는 보살계이다. 상·하권의 두 권으로 구성되어 있는데 그중 대승보살로서 지켜야 할 계율인 10중(重) 48경계(輕戒)를 설하는 하권이 먼저 만들어지고, 보살의 수행을 설하는 상권이 나중에 만들어졌다고 한다. 이것은 『화엄경』의 결경(結經)으로, 결경이란 특정 경전의 가르침을 이어받은 경전을 말한다. 『화엄경』에서 설하는 불성론과 보살의 수행위를 토대로 보살의 계행과 수행을 설하는 중국에서 찬술된 보살계경전이다.

종래의 율장 등의 수계는 수계식을 하기 위한 수계계단을 만들고 먼저 출가한 비구나 스승으로부터 계를 받아야만 하는 종타(從他)수계였으나, 『범망경』은 출가자 자신의 서원을 통해 수계하는 자서(自誓)수계를 허용하여 별도의 수계의식이 없이도 불교인이 될 수 있었다. 이러한 수계방식은 산속 정주생활과 폐불 등으로 인해 승가 간 이동의 어려움과 활동의 제약을 해소하기 위해 생겨난 중국불교만의 특징이기도 하다.

『범망경』과 함께 중국불교의 승가는 '청규(清規)'라는 새로운 계율을 만든다. '청규'는 주로 선종사찰에서 중요시되었다. 청규는 정주생활과 함께 선원 내의 자급자족, 농경생활 등을 반영하여 만들어졌다. 특히 백장 회해(百丈 懷海, 720~814)선사가 제정한 『백장청규』는 종래의 계율을 인정하면서도 중국 선수행의 가풍을 계승하여, 선종이 하나의 독립된 교단으로서 인정받게 되는 토대를 마련한다.

그러던 중 회창(會昌) 폐불 사태(845년)로 스님들은 환속 당하고 사원과 경전들이 모조리 불타 없어져 버린다. 그로 인해 경전의 가르침을 따르며 수행하던 기존 종파들이 사라지거나 쇠퇴하게 되며 중국불교도 새로운 국면을 맞이한다. 선종은 특정 경전을 위주로 하는 수행이 아닌, 스승과 제자 사이에 직접 가르침을 주고받는 사자상승을 통해 법을 전하였기에 폐불로 인한 피해가 다른 종파에 비해 현저히 떨어졌다.

또한 일상 그 자체가 수행이었기에 어려운 상황 속에서도 승가가 운영될 수 있었다. 이후 자각 종색(慈覺 宗賾, 1053~1113)선사가 지은 『선원청규』를 비롯한 여러 청규들이 만들어지며 선종은 명실상부한 중국불교를 대표하는 종파로 거듭나고, 동아시아 불교사에서 가장 중요한 위치를 차지하게 된다.

동아시아로의 전파

당·송시대에 선종이 중국불교의 중심으로 자리 잡았다. 이러한 변화는 급속도로 동아시아 불교국가에 큰 영향력을 미쳤다. 특히 한국과 일본은 유학승을 당과 송으로 보내 불교를 전해오거나, 무역을 통해 경전과 논서를 들여왔기에 이러한 중국불교의 변화와 그에 따른 승가의 규율 등도 거의 동시기에 받아들였다.

새로운 중국불교의 집단 정주생활과 자급자족의 문화는 종파 중심의 불교로 발전한다. 승가 내에서 출가수행자들이 공동의 생활을 영위하던 기존의 모습에서 선종의 사자상승이라는 수행법을 통해 점차 법통(法統), 법맥(法脈)의 계보를 중시하는 종파불교로 변한다. 그리고 종파에 따른 청규를 율장보다 중시하는 경향이 생겨나며, 율의적 생활에서 실천적이고 정신적인 면을 강조하는 새로운 승가로 거듭나게 된다.

중국불교의 변천에는 보살계와 청규가 큰 역할을 하였다. 특히

『범망경』의 등장과 천태 지의, 현수 법장 등 당시 큰 세력을 지녔던 스님들의 범망경 주석서를 통해 동아시아 전체에 영향을 주었다. 『범망경』은 수계자의 마음[불성佛性]을 무엇보다 중시한다. 보살계를 어겼다고 하더라도 그 원인이 중생을 위한 제도행이거나 희생이었다면 오히려 죄가 아닌 공덕이 된다고 설명할 정도로 기존의 율장과는 성격과 처벌기준 자체가 달랐다. 이러한 『범망경』의 보급을 통해 수계가 간편화되며 출가자의 배출이 용이해지고, 승가와 국가가 보다 친밀한 관계를 유지할 수 있는 토대를 갖추게 된다. 반면에 기존의 율장보다는 다소 느슨한 제지와 애매한 처벌 규정으로 인해 승가 내에서 여러 가지 부정적인 일들도 발생하였으며, 동아시아 불교 전체에 차례차례 폐불을 겪게 되는 사태도 일어났다.

이러한 중국불교는 더이상 인도불교가 아닌, 동아시아불교라는 고유한 불교문화권을 형성한다. 이 새로운 불교문화는 우리 한국불교에도 지대한 영향을 주어 현재 대한불교조계종의 수계, 포살, 각종 의례에서도 그 영향력을 확인할 수 있다. 다음 시대의 불교를 준비해야 하는 현재에 이러한 불교의 변화와 그 안에 담겨 있는 역사적 배경들은 앞으로의 불교발전에 중요한 토대가 될 것이다.

현재의 우리 한국불교는 오랜 전통을 유지하며 새로운 시대를 맞이하고 있다. 과거에는 중국불교의 많은 영향을 받아 발전을 이루었지만, 지금은 우리만의 불교발전을 추구할 수 있는 다양한 사상과 문화가 존재한다. 그러한 것들을 현 시대상에 맞게 바라보고 새로운 한국불교의 모습을 준비하여, 출가와 재가가 함께 부처님의 가르침을 따르고 깨달음을 향해 정진해 나가는 불교가 되어야 한다.

3. 승가와 현대사회의 공생

1) 조계종의 성립과 조계종법의 제정

(1) 조계종의 성립

고·중세의 조계종

우리나라에 중국불교의 여러 종파가 전래되었지만, 선종과 화엄종이 그 주를 이루었다. 한국불교는 화엄과 선의 교리와 종지에 맞게 전국 각지에 사찰을 건립하였다. 이렇게 건립된 사찰은 현재 대한불교조계종의 주요한 자산이며, 사찰의 승가 구성원들은 이러한 우리 불교문화 전통을 계승하고 있다.

대한불교조계종은 불교가 한반도에 전래한 이후를 모두 조계종의 역사로 수용한다. 526년 백제의 겸익(謙益)스님에 의해 율장이 전래되며 계율학이 발전했다. 신라의 원광(圓光)법사는 화랑에게 세속오계의 가르침을 설하였고, 자장(慈藏)율사는 중국에서 귀국하여 통도사에 금강계단을 설치했다. 이외에도 원효스님은 『사분율』과 『범망경』의 주석서를 저술했다. 이처럼 율의 기본 바탕은 삼국시대에 중국에서 전래되었다.

통일신라 이후 조계종의 종조로 추앙되는 도의(道義, ?~825)국사가 당나라에서 조사선을 체험하고, 마조선사의 제자인 서당 지장과 백장 회해선사로부터 깨달음을 인가받고 귀국했다. 도의국사로부터 혜능대사의 조계선이 한반도에 처음 전래되었고, 조계종의 시원이 되었다. 도의국사 귀국 후 5년 뒤에 홍척대사가 중국에서 조사선을 체험하고 귀국하여, 지리산 실상사에 실상선문을 개산한 이후로 구산선문이 각각 개산되었다. 이러한 선문의 개산은 불교의 율장과 더불어 선원의 청규가 제정되고 확립되는 데 영향을 주었다.

도의국사의 조사선은 이후 고려의 보조 지눌, 태고 보우(太古 普愚, 1301~1382), 나옹 혜근(懶翁 惠勤, 1320~1376)선사로 이어지며, 화두 참선법인 간화선으로 발전한다. 고려에서 조선의 무학대사로 이어진 선맥은 조선의 숭유억불 정책으로 인해 침체기를 거친다. 조선불교는 서산과 사명이라는 고승을 배출하기도 하고 호국불교로 조선을 구하기도 했지만, 전체적으로 조선의 불교는 침체기를 보냈다.

이후 개화기에 경허선사를 통해 조계종의 선풍은 다시 살아난다. 경허스님의 선풍은 제자 혜월, 수월, 만공스님으로 이어졌다. 또한 용성스님은 경전의 한글화 작업과 찬불가 보급을 통해 불교의 대중화에 앞장섰으며 선원에서 수선결사(修禪結社)를 추진했다.

근대 이후의 조계종

우리나라에 불교가 전래된 이후, 승가는 청정 비구·비구니교단으로 구성되고 승가의 전통을 유지했다. 하지만 일제 강점기 시대에는 일본의 대처승제도가 조선불교에 유입되어 혼란을 겪게 되었다. 조선불교는 혼란스러운 상황 속에서도 한양의 태고사(현 조계사)를 총본사로 하는 조선불교조계종을 설립하였다. 조선불교조계종의 설립으로 한국불교는 전국 사찰의 재산과 문화유산 관리의 자주적인 기반을 갖추게 되었다.

조선불교는 1945년 광복을 통해 새로운 변화를 겪게 된다. 일제 강점기 때 조선불교조계종을 이끈 교단의 주요 지도자들은 새로운 시대를 위해 자진 사퇴하며 소임에서 물러났다. 이를 계기로 교단의 주요 지도부는 대처승들이 차지하게 된다.

한편 1947년 문경 희양산 봉암사에서는 '부처님 법대로 살자.'는 다짐 아래, 성철, 자운, 청담스님 등이 모여 봉암사결사를 시행했다. 봉암사결사는 중국의 백련결사, 고려의 정혜결사, 경허스님의 해인사 수선결사의 전통을 계승하고, 성철스님이 마련한 18가지 봉암사 공동체 생활규칙인 '공주규약(共住規約)'에 의거 수행 정진했다. 1950년 한국전쟁으로 결사는 막을 내리게 되지만, 결사 참석 스님들은 이후 종단의 정신적 지도자와 행정을 총괄하는 소임자가 되었다. 봉암사결사는 대한불교조계종의 가사와 장삼의 의제를 정하는 근거가 되었다. 간화선 수행, 보살계 수계식 등 종단의 주요 의식들은 모두 봉암사결사의 정신에 바탕을 둔다.

봉암사결사의 수행정진 모습과는 달리, 1949년 농지개혁법이 시행되면서 사찰의 토지가 헐값에 몰수되고, 그로 인해 승가는 경제적 어려움을 겪게 되었다. 당시 사찰을 운영하던 대처승들은 토지 몰수의 대가로 받은 보상금을 처자식들의 살림살이에 우선 사용하고, 선원에는 양식을 대주지 않는 등의 문제가 발생했다. 부처님과 승가에 올리는 공양물과 보시물을 개인 가족에게 사용한다는 것은 부처님의 가르침과 율장에 어긋나는 것이었다.

1954년 비구승들은 부처님 법에 맞게 교단이 운영되어야 한다는 일념으로 정화결의대회를 추진했다. '불법(佛法)에 대처 없다.'는 선

불교개론

승들의 명분은 재가신자들의 지지를 받아, 1960년 주요 사찰의 운영권을 확보하였다.

이후 1962년 대한불교조계종이 출범하면서, 한국불교 1700년 역사와 전통을 모두 계승하고 아우르는 통합 종단이 탄생했다. 대한불교조계종의 탄생은 조계종이 한국불교의 중심이며, 중심 승가에 조계종이 있다는 것을 보여준다. 조계종은 승단이 사찰재산을 자율적으로 운영하는 국가통제를 벗어난 자주적 종단이기도 하다.

(2) 조계종법의 제정

율장에 따른 승가구성원의 생활

부처님 당시 제정된 율은 인도 사회의 생활상을 반영하고 있다. 이렇게 제정된 율은 생활 배경을 달리하는 중국과 한국에서는 승가 구성원들의 수계를 위해, 부처님의 행동을 배우기 위해 필요한 것이다.

인도의 율장은 생활방식에 따라 부파별로 내용에 차이가 있기에 다양한 율장이 중국에 전래되었다. 중국에 들어온 율장은 특정 부파의 율장이 아니라, 인도 당시 전승되던 모든 부파의 율장들이다. 그 결과 중국불교는 한역 5부의 광률(廣律)과 그 외 다양한 부파의 부분 율장을 지니게 되었다. 그러기까지는 도안(道安, 312~385)스님의 영향이 컷다. 처음에는 불교교리만 전래되었으나 도안스님의 계행 강조로 율에 대한 필요성이 대두되었고, 이로 인해 많은 구법승들은 인도를 순례하여 율장을 구해 귀국했던 것이다.

다양한 율장 가운데 중국에서는 『사분율』을 중심으로 승가의 수계와 갈마가 이루어졌다. 그 이유는 중국의 도선율사가 『사분율』을 소의경전으로 하는 율종을 성립시켰기 때문이다. 중국의 영향을 받아 한국에서도 『사분율』을 중시하고 있으며, 『사분율』을 중심으로 수계와 갈마가 이루어지고 있다.

조계종법이 제정되기 전까지 『사분율』과 대승보살계 그리고 『선원청규』에 의해 승가의 구성원들은 수행 정진했다. 특히 율장은 시대의 변화에 따라 승가의 질서 확립과 사찰 운영 및 외부 사회와 재가 신도와의 관계에 중요한 지위를 차지한다. 이러한 율장의 사상을 바탕으로 대한불교조계종의 종헌 종법이 제정된다. 약 2천년 전 부처님 당시에 제정된 율장만으로는 현시대를 살아가는 승가 구성원들의 생활 규범을 모두 제시하기에는 많은 한계가 있기에, 현대 승가 구성원들에게 적합한 생활 규정으로 조계종법을 제정한 것이다.

대한불교조계종법의 대두

대한불교조계종은 부처님의 율장과 선원 청규를 근간으로 제정한 종헌 종법에 의해 운영되고 있다. 조계종법은 현대사회의 급격한 변화와 부처님 당시와는 다른 생활 차이와 현대의 다양한 윤리적 문제들이 대두되면서, 자체적인 규율의 필요성에 의해 마련된 것이다. 출가수행자에게 율과 그 구성원들 간의 모임에 규칙이 필요한 이유는 구성원들 간에 법 규범이 미비하면 종단 내부에서 해결하는 것이 적절한 일조차도 사회법을 통해 해결하려는 소송이 빈발하기 때문이다. 이렇게 되면 승가에 보시된 삼보정재가 탕진되며, 종단의 자주성이 훼손되어 국가권력에의 예속이 심화될 것이다.

부처님께서는 계율을 정하는 열 가지 의미 가운데 하나로 '교단을

불교개론

반석 위에 올려 오래 유지되도록 하기 위한 것'이라고 설하셨다. 규범은 규제의 측면과 보호의 측면을 함께 지닌다. 법답지 않은 행위에 대해서는 규제로 작동하고, 올바른 행위는 보호하고 증진시키기 위해 종법이 필요한 것이다. 조계종법은 종단의 근거 규정인 종헌과, 종헌에서 조직한 관련 기구나 기구의 운영에 관한 사항을 정한 종법으로 나눠진다. 세부적으로 종법을 시행하기 위한 종령, 각급 종무기관에서 종법과 종령에 저촉되지 않는 범위에서의 규칙과 지침 등이 있다. 이러한 규칙 등은 조직의 구성원들에게까지 영향을 미칠 수 있는 실무적인 사안으로 구성되어 있다.

조계종법은 구성원들의 행위에 관한 처벌로 행위규범을 가지고 있다. 또한 행위규범을 범한 구성원에 대한 심판규범, 마지막으로 각종 기관·기구의 조직과 그 권한을 규정하는 조직규범으로 구성된다. 종헌 종법은 행위, 심판, 조직의 세 가지 규범이 있는 반면, 율은 출가자 개인의 행위규범이 주요 체계이다.

비록 건도부의 갈마법을 통해 조직과 심판 규정이 존재하기는 하지만, 현대의 관점에서 본다면 부족한 면이 많다. 율장이 현실에 맞지 않는 경우를 해결하기 위해 중국에서는 청규를 제정했고, 현 조계종에서는 조계종법을 통해 종단 각 기구의 조직과 운영, 구성원의 규범 행위를 규제한다. 그런 의미에서 조계종법은 현대적인 율 또는 청규라고 볼 수 있다. 종헌 종법은 종단의 운영에 필요한 규칙뿐만 아니라, 율장에서 정한 행위규범 가운데 출가자라면 꼭 지켜야 할 사항을 법령으로 다루어 반영하고 있다.

부처님 열반 이후 1차 결집 때, 대가섭은 율의 불제불개변의 원칙을 세웠다. 이러한 율의 제정 원리에 대해 부처님의 가르침을 따르는 출가수행자들이 그러한 원칙을 어긴다는 것은 모순으로 보인다. 하지만 오늘날의 승가 실정에 맞게 규범을 손질할 때 기존 규범의 지향 가치를 존중하고, 그 규범을 보호하며, 수행자에게 이익이 되고, 교단이 안정과 발전을 이루는 방향으로 이루어진다면, 대가섭의 주장을 효과적으로 수용하는 것이다.

불교는 수행과 깨달음을 추구한다. 때문에 현재도 선원에서의 안거수행을 수행자의 덕목으로 인정한다. 율 역시 출가자라면 누구나 알고 지켜야 한다.「수계건도」에 따라 출가 비구에게 최소 4바라이를 알려주어야 한다.

하지만「포살건도」에 의하면, 보름마다 진행되는 포살에서 비구계 또는 보살계를 대표해서 낭송하는 비구인 설계(說戒)비구는 어떤 비구라도 될 수 있기 때문에, 비구 조문에 대해 숙지하고 있어야 하는 것이 올바른 출가수행자의 자세다. 이런 이유로 인해 율장뿐만 아니라 조계종의 종헌과 종법의 내용도 출가 구성원이라면 그 내용을 숙지해야 한다. 종헌 종법은 종단의 구성원이라면 누구나 알아야 하는 것이다.

2) 현대 사회에서의 승가물의 재분배

(1) 보시물과 승가의 관계

보시물의 바른 운영은 교단 유지에 필수요소라 할 수 있다. 부처님 당시, 승가는 생활에 필요한 최소한의 물품으로 생활했다. 승가는 재가신자에게 기본 생활에 필요한 물품을 지원받고, 탁발을 통해 수행 생활을 유지했다. 승가가 성립되고 빔비사라왕으로부터 정사를 기증받은 이후에는 출가자 개인이 재가자에게 보시를 받는 것보다 정사를 통한 승가 보시로 변화되었다. 승가에 보시된 물품의 관리는 출가자가 할 수 없고, 정인(淨人, kappiyakāraka)이라는 재가자가 관리했다.

승가의 운영에 관해 재가자의 참여는 정인의 개념과 부처님의 장례를 통해 알 수 있다. 정인은 정사에서 다양한 일을 하는 구성원이다. 정인은 출가자가 할 수 없는 정사 안의 다양한 업무를 맡아 처리하는 재가인이다. 이러한 정인의 출현으로 출가자의 생활은 다양한 방식으로 변한다. 부처님의 장례와 사리탑 건립과 관련하여 부처님은 이를 재가자에게 맡기며, 출가수행자들은 관여하지 말고 수행에 집중하라는 유훈을 남긴다. 부처님의 유훈으로 승가는 부처님의 장례와 사리탑 건립에 관여하지 않았다.

재가자의 보시는 불보시·법보시·승보시가 있는데 그 대상에 따라 주체가 결정된다. 부처님은 불보로서 보시를 받고, 승가는 승보의 대상으로 보시를 받는다. 불보시의 경우 부처님만 사용할 수 있고, 승보시는 승가의 구성원이라면 누구나 받을 수 있다. 부처님 또한 승가의 구성원이기도 하기에 승가의 보시물을 부처님도 사용한다. 부처님은 재가자들에게 불보시보다는 더 많은 구성원이 사용할 수 있는 승보시를 권장하고 있다. 재가자는 생활에 필요한 물품을 승가에 보시하고, 그 사용처에 대해서 지정할 수 있다. 만약 보시자가 그 사용처를 지정하지 않으면, 승가는 임의로 사용할 수 있다. 하지만 보시물은 철저하게 보시자의 견해에 따라 사용되어야 한다.

출가자와 재가자의 상호관계에서 법문의 의무나 보시의 의무는 존재하지 않는다. 출가자는 탁발을 기본 생활로 하기 때문이다. 다만 공양청이 이루어질 경우 그에 따른 법문은 할 수 있다. 불교는 각자의 위치에서 수행 정진하여 깨달음을 얻는 것이 기본 입장이다. 율장에는 보시물에 대한 출가자와 재가자의 관계에 대해서 복발갈마(覆鉢羯磨)와 하의갈마(下意羯磨)를 통해 설명한다.

복발갈마는 발우를 엎어버릴 것을 결정하는 갈마라는 의미이다. 승가를 비방하는 재가자에게 보시를 받지 않겠다는 것으로, 재가자에게 보시 공덕을 쌓을 기회를 주지 않겠다는 의사 표시이다. 재가자로부터 보시를 받지 않겠다는 승가의 결의인 복발갈마에서 중요한 조건은 삼보의 비방과 승가 구성원에 대한 분열 또는 비난이다.

> "속인의 집에서 다섯 가지 법이 있으면 응당 복발갈마 주는 것을 허락하노니, 아버지에게 불효하는 것이요, 어머니에게 불효하는 것이요, 사문을 공경하지 않는 것이요, 바라문을 공경하지 않는 것이요, 비구에게 공양하고 섬기지 않는 것이니, 이와 같은 다섯 가지 법이 있으면 응당 복발갈마를 주는 것이니라. …… 또 열 가지 법이 있으면 대중은

불교개론

복발갈마를 줄지니, 비구를 비방하는 것이요, 비구에게 손
해를 주는 것이요, 이익 없는 일을 하는 것이요, 방편을 써
서 살 곳이 없게 하는 것이요, 비구들이 싸우는 것이요, 비
구 앞에서 부처님을 비방하는 것이요, 가르침을 비방하는
것이요, 스님네를 비방하는 것이요, 나쁘게 근거 없는 부정
법으로 비구를 비방하는 것이요, 만약 비구니를 범하는 등,
열 가지 일이 있으면 응당 복발갈마를 주라." - 『사분율』

복발갈마의 15가지 조건(남방율장에 의하면 8가지)에 위배되지 않는
다면, 승가는 재가신자에게 임의대로 복발갈마를 줄 수 없다. 복발이
승가의 보시 거부라 한다면, 재가자가 승가에 보시를 거부하는 것이
하의갈마이다. 하의갈마는 신심 있는 재가자에 대하여 출가자가 비
방을 하는 경우, 그것을 재가자가 듣고 더 이상 승가에 보시를 하지
않겠다고 선언한다면 승가는 재가자를 비방한 출가자를 재가자에게
보내어 용서를 비는 것이다. 출가자가 재가자에게 용서를 구한다는
것은 쉽게 이해되지 않지만, 재가자의 보시를 통해 생활을 유지하는
승가의 입장에서는 필요한 조치이다.

복발과 하의갈마는 보시라는 매개체를 통해 복덕을 짓는 재가자와
생산 활동 없이 수행에만 집중하는 출가수행자의 관계를 잘 보여주
고 있다. 재가자는 삼보를 비방해서는 안 되고, 수행자는 후원자인 재
가자를 비방해서는 안 된다. 결국 깨달음으로 나아가는 출가자와 재
가자가 불법을 존중하고, 서로 존경하며 돕고, 부처님 가르침 안에서
함께 화합하며 지내기 위한 갈마이다. 보시물은 출가수행자와 재가
신자 간에 있어서 서로의 공덕을 증대시켜주는 복전이다. 재가신자

의 보시물을 통해 출가수행자는 더욱 수행에 집중할 수 있는 것이다.

(2) 승가 보시물의 사회 회향

부처님 당시 출가자는 의식주 해결을 위한 기본인 삼의일발(三衣
一鉢, 비구니의 경우 오의일발)을 제외한 물품을 소지할 수 없었다. 세
가지 옷과 하나의 발우만 가지고 생활한다. 나무 아래에서 지내기에
그렇다. 삼의는 승가리, 울타라, 안타회이다. 출가자라면 기본으로
갖추어야 하는 옷이다. 그리고 필수품은 아니지만, 소유할 수 있는
것으로 삼의 외에 목욕할 때 입는 우욕의, 피부병에 걸렸을 때 입는
부창의, 발 닦는 수건 등, 천으로 된 다양한 종류의 물품이 있다.

보시한 천으로 만든 다양한 물품은 출가자 개인이 소유할 수 있
고, 승가에서 관리하는 물품도 있다. 승가에서는 출가자가 필요한 경
우 빌려주고 돌려받는 물품도 있다. 승가에서 빌려 쓰는 물품에 대
한 소유권은 승가에게 있다. 출가자 개인 또는 승가에 따라 물품의
소유권이 결정된다. 그 외에도 바늘, 칼, 우산 등 다양한 물품을 소유
하거나 공유할 수 있었다. 출가자 개인이 소유할 수 없고, 승가에서
만 사용 가능한 물품으로는 도끼, 괭이, 커다란 목재품, 토기 등이 있
다. 그리고 승가 안에 각각의 방사에 구비되어 있는 의자, 침대, 매
트, 베개 등의 침구 일체도 개인이 소유할 수 없는 공공 물품이었다.

승가의 소임 중에는 옷감과 관련된 소임이 세분된다. 이는 옷감이
승가의 중요한 재산이라는 것을 보여준다. 물품 관리는 승가 구성원
인 출가자가 했다. 물품 관리 소임자에 대한 수당도 옷으로 배급되

불교개론

었다.

정인은 출가자가 아닌 재가자로, 노비나 노예가 아닌 사원 운영에 필요한 고용자였다. 모든 사원에 정인이 있는 것은 아니었지만, 정인이 있는 경우에는 출가자가 수행에 집중할 수 있었다. 정인의 월급은 승가에 보시된 것으로 지급해야 했다. 정인에게 보수로 지급되는 옷감 또는 음식물 등은 출가자의 생산 활동으로 얻은 것이 아닌 재가신자의 보시물이다. 이렇듯 사원의 잡무를 담당하는 정인의 보수에도 재가신자의 영향력이 미치고 있다. 결국 재가신자의 보시를 통해 출가자와 정인이 생활을 유지하고 있는 것이다.

재가자가 논밭을 보시할 경우 승가는 정인을 고용하여 경작할 수 있으며, 수확된 일부를 승가의 소유물로 취할 수도 있었다. 이 경우 승가는 지주가 되고 생산된 잉여물로 인해 정인을 더 고용하게 되고, 그 결과 사원의 규모는 더 커지게 되었다. 정인을 통해 생겨난 잉여물을 통해 사원 유지에 필요한 곳에 사용할 수 있었던 것이다. 이처럼 재가자의 보시물을 통해 사원은 안정적인 운영이 가능하기도 했다.

현재의 사원 운영도 부처님 당시의 사원 운영과 다르지 않다. 차이점이라면 옷감과 식료품 중심에서 금전적인 보시로 변화한 것이다. 금전의 보시는 승가 근본분열의 원인이 되었던 사항이지만, 결국 시대의 상황에 따른 변화로 이해될 수 있다. 앞서 살펴본 조계종의 성립에서 비구·대처의 대립은 보시물의 분배가 그 원인이었다. 보시물의 활용은 승가 구성원들 간의 화합을 원활하게 유지시키기도 하고, 저해할 수도 있다. 종단은 보시물의 분배에서 소외되는 자가 없도록 다양한 방법으로 단체를 구성하여, 사부대중이 함께 모여 보시물의 바른 회향을 위해 노력해야 한다.

재가자의 보시물은 각 사찰과 종단의 운영, 출가 소임자, 정인과 같은 역할을 하는 종단의 종사자에게 주로 회향된다. 뿐만 아니라 최근에는 승가의 보시물을 사회로 회향하고 있다. 보시물의 사회 회향은 불교가 사회와 따로 존재할 수 없다는 것을 의미한다.

3) 사회변화에 따른 새로운 승가

(1) 사회와 함께 변화하는 승가

부처님 당시 탁발을 통해 생활하던 출가자 중심의 승가는 시대가 변화하면서 사회와 결코 분리될 수 없게 되었다. 보시물과의 관계에서 승가는 공덕의 대상으로 재가자로부터 공양을 받았다. 이러한 보시물은 승가로 회향되었다. 공덕을 중심으로 승가와 재가자는 서로 상생의 관계였다. 이렇게 상생 관계로 함께 살아가기 때문에 승가와 재가는 하나의 수행공동체라고 부를 수 있다. 이제 현대사회 변화의 흐름 속에서 승가의 보시물은 우선 복덕의 대상인 승가에 회향되고, 그 다음엔 수행공동체인 재가자를 위해서, 마지막으로 승가가 함께 살아가는 지역공동체로써 지역사회에 회향되어야 할 것이다.

보시의 1차 대상인 승가는 승가 구성원인 비구·비구니이다. 시대가 변화함에 따라 승가 구성원인 비구·비구니의 빈부 격차도 생겨나기 시작했다. 같은 비구라도 현대사회에 들어 시골 주택에서부터 대도시의 아파트까지 개인적 수행 공간에도 빈부의 차이가 확연하다. 이러한 수행자 간의 격차를 줄이기 위해 종단이나 본사 차원에서 기초수행 보장비, 노후생활 보장 등 여러 가지 시도가 이루어지고 있지만, 좀 더 근본적인 대책이 필요하다.

스님들의 기초생활을 보장하기 위한 하나의 방법은 소형 사찰의 활용이다. 현재 사찰 수와 출가자 수에 차이는 있지만, 사찰 운영의 어려움으로 인해 사찰을 활용하기보다는 개인의 공간 마련을 선호하고 있다. 수행자 개인에게 기초생활을 위한 금전적 지원이 어렵다 해도 사찰을 활용하여 운영에 필요한 최소한의 경비를 지원해준다면, 사찰문화재의 유지와 관리에 큰 도움이 되며, 수행자들 간의 노후 문제도 해결될 것으로 보인다.

재가자를 위한 보시물의 회향은 바로 불교 인재 양성이다. 불교 인재 양성은 승가를 외호하며, 보시를 통한 복덕을 쌓는 재가자를 위한 회향이다. 부처님의 가르침을 바탕으로 바른 재가불자를 키우는 것이다. 부처님의 가르침은 출가자만을 위한 것이 아니다. 윤회 속에서 살아가는 모든 이들이 고통에서 벗어나도록 하기 위한 자비의 가르침인 것이다. 출가자만으로는 불국토 건설을 위한 이 모든 사회 활동을 다 할 수 없다. 따라서 부처님의 가르침을 실천할 재가불자의 양성이 요구된다. 미래 불자 인재양성을 통해 승가의 보시물을 이들에게 회향하는 것이다.

사회가 변화함에 따라 사찰은 예전처럼 자급자족의 경제생활권이 아니다. 사찰은 지역 사회 구성원의 일부이며, 지역공동체를 떠나 존재하지 않는다. 사찰이 지역사회와 함께 살아가는 방법은 소외된 이웃이나 사회적 약자에 대한 관심이다. 『범망경』에 이르기를 "일체

병든 이를 보거든 부처님과 다름 없이 여겨라."라 하였고, 간병하는 복전을 제일의 복전이라 가르치고 있다. 몸이 불편한 주변의 이웃을 챙기는 것이야 말로 지역사회와 함께 하는 것이다.

재가신자의 관리와 교육이 이루어지고, 이를 바탕으로 부처님의 가르침을 실천한다면, 자연적으로 지역사회와 함께 공존할 수 있게 될 것이다. 승가와 재가자 그리고 지역사회가 함께 살아가는 어울림을 바탕으로 부처님의 가르침을 실천할 때, 불국토는 내가 발 딛고 있는 이 사회에서 실현될 것이다.

(2) 새로운 수행공동체의 모색

부처님 당시부터 윤회를 끊기 위해 승속에 상관없이 서로 수행 정진했다. 부처님 당시에 출가자는 사원에서, 재가자는 집에서 수행하여 깨달음으로 나아갔다. 인도에서는 설법을 통해, 중국에서는 출가자와의 서신 교류를 통해 서로 간의 수행을 점검하고 확인했다.

수행 공간이 보편화되면서 공동의 수행공간으로 변화하고 있다. 선원은 예전에는 출가자만의 공간이었으나, 최근에는 재가자를 위한 선원도 개설하고 운영하기 시작했다. 재가자들만의 공간을 만들어 함께 안거를 보내는 사찰도 늘어나고 있다. 깨달음으로 함께 나아가기 위한 출·재가 사부대중공동체로서의 수행공간이자 생활공간도 생겨나고 있다. 함께 수행하고, 토론하고, 일한다. 토론 과정에서 만장일치 합의제에 따라 서로의 의견을 존중하면서 화합한다.

부처님의 가르침을 실천 수행하기 위해서는 함께 모여 수행하는 것이 마땅하다. 하지만 비대면 상황에서 화상으로 서로 수행을 공유하면서 수행을 지도해 나가는 승가의 스승도 요청되고 있다. 이러한 다양한 시도를 통해 생사윤회에 속박되지 않고 윤회의 현장에서 깨달음의 꽃이 피어나는, 생사와 열반이 서로 어우러지는 대승적 깨달음의 실현이 오늘날 새로운 승가의 모습이다.

오늘날 수행공동체는 시대의 흐름에 따라 새로운 변화를 모색해 나아가야 한다. 동시에 불법 전승의 모태로서 승가공동체의 정신과 전통적 가치를 잘 지키고 전승해야 한다. 그러한 실천이 이루어질 때 승가공동체의 정신과 전통을 바탕으로 바람직한 새로운 공동체 문화가 피어날 수 있다.

용어	빨리어	산스크리트어	한문
불	buddha	buddha	佛
법	dhamma	dharma	法
승, 승가	saṅgha	saṃgha	僧, 僧伽
온	khanda	skandha	蘊
처	āyatana	āyatana	處
계	dhātu	dhātu	界
연기	paṭicca-samuppāda	pratītya-samutpāda	緣起
공	sūnya	śūnya	空
무상	anicca	anitya	無常
무아	anattā	anātman	無我
고[괴로움]	dukkha	duḥkha	苦
집	samudaya	samudaya	集
멸	nirodha	nirodha	滅
도	magga	mārga	道
사성제	cattāri-ariya-saccāni	catur-ārya-satya	四聖諦
팔정도	ariya-aṭṭhaṅgika-magga	ārya-aṣṭāṅga-mārga	八正道
계	sīla	śīla	戒
정	samādhi	samādhi	定
혜	paññā	prajñā	慧
삼학	tisso-sikkhā	tri-śikṣā	三學
경장	sutta-piṭaka	sūtra-piṭaka	經藏
율장	vinaya-piṭaka	vinaya-piṭaka	律藏
논장	abhidhamma-piṭaka	abhidharma-piṭaka	論藏
삼장	ti-piṭaka	tri-piṭaka	三藏
결집	saṃgīti	saṃgīti	結集

윤회	빨리어	산스크리트어	한문
아함	āgama	āgama	阿含
율	vinaya	vinaya	律
포살	uposatha	upavasatha	布薩
자자	pavāraṇā	pravāraṇā	自恣
무명, 무지	avijjā	avidyā	無明, 無智
명색	nāma-rūpa	nāma-rūpa	名色
갈애	taṇhā	tṛṣṇā	渴愛
업	kamma	karma	業
윤회	saṃsāra	saṃsāra	輪
행	saṅkhāra	saṃskāra	行迴
사[의도]	cetanā	cetanā	思
선, 정려	jhāna	dhyāna	禪, 靜慮
염[기억]	sati	smṛti	念
지[집중]	samatha	śamatha	止
관[통찰]	vipassanā	vipaśyanā	觀
결[족쇄]	saṃyojana	saṃyojana	結
예류, 수다원	sotāpanna	srotaāpanna	預流, 須陀洹
일래, 사다함	sakadāgāmin	sakṛdāgāmin	一來, 斯陀含
불환, 아나함	anāgāmin	anāgāmin	不還, 阿那含
아라한	arahant	arhat	阿羅漢
해탈	vimutti	vimukti	解脫
열반	nibbāna	nirvāṇa	涅槃

| 참고문헌 |

약어

H   한국불교전서
T   대정신수대장경
X   속장경
PTS   빨리성전협회

【원전】

『大乘起信論疏記會本』(H20)

『牧牛子修心訣』(H68)

『大般若經』(T7)

『金剛般若波羅密經』,(T8)

『摩訶般若波羅蜜經』(T8)

『小品般若經』(T8)

『道行般若經』(T8)

『新校定的敦煌寫本神會和尚遺著兩種』(T8)

『大方廣佛華嚴經(60卷)』(T9)

『大方廣佛華嚴經(80卷)』(T10)

『大方廣佛華嚴經(40卷)』(T10)

『大寶積經』(T11)

『大般涅槃經』(T12)

『伽耶山頂經』(T14)

『大乘瑜伽金剛性海曼殊室利千臂千鉢大教王經』(T20)

『四分律』(T22)

『摩訶僧祇律』(T22)

『梵網經』(T24)

『大智度論』(T25)

『中阿含經』(T26)

『鎮州臨濟慧照禪師語錄』(T47)

『大慧普覺禪師語錄』(T47)

『少室六門』(T48)

『宏智禪師廣錄』(T48)

『黃檗斷際禪師宛陵錄』(T48)

『南宗頓教最上大乘摩訶般若波羅蜜經六祖惠能大師於韶州大梵寺施法壇經』(T48)

『景德傳燈錄』(T51)

『十牛圖頌』(X64)

『馬祖道一禪師廣錄』(X69)

『高峰原妙禪師禪要』(X70)

AN：*Aṅguttara-Nikāya*, PTS.

DN：*Dīgha-Nikāya*, PTS.

Dhp：*Dhamma-Pada*, PTS.

MN：*Majjhima-Nikāy*a, PTS.

SN：*Saṃyutta-Nikāya*, PTS.

Sn：*Sutta-nipāta*, PTS.

Itivuttaka, PTS.

Vinaya-Piṭaka, PTS.

Dīpavaṃsa, PTS.

Mahāvaṃsa, PTS.

Aṣṭasāhasrikā Prajñāpāramitā with haribhadra's commemtary called Āloka, ed.
by Vaidya. P. L, BST 4, Darbhanga: The Mithila Institute of Post-Graduate
studies and Research in Sanskrit Learning, 1960.

Bodhisattvabhūmi, ed., by U. Wogihara, Tokyo, 1930-1936 (repr. Tokyo, 1971).

Madhyamakavṛttiḥ: Mūlamadhyamakakārikās (Mādhyamikasūtras) *de Nāgārjuna avec la Prasannapadā Commentaire de Candrakīrti*, Bibliotheca Buddhica 4, ed. by Louis de La Vallée Poussin, St. Pétersbourg, 1903-1913(repr. Osnabrück: Bibio Verlag, 1970).

Saṃdhinirmocanasūtra, éd, par Étienne Lamotte, Louvain, 1935.

Sthiramati's Triṁśikāvijñaptibhāṣya - Critical Editions of the Sanskrit Text andits Tibetan Translation, ed. by Hartmut Buescher, Wien: Verlag der Österreichischen Akademie der Wissenschaften.

【단행본】

고익진,『아함법상의 체계성연구』, 동국대출판부, 1990.

_____,『불교의 체계적 이해』, 새터, 1998.

금강대학교 불교문화연구소 편,『동아시아에 있어서 불성여래장 사상의 수용과 변용』, 씨아이알, 2013.

_____,『동아시아 법화경 세계의 구축(1)』, 여래, 2013.

김종욱,『하이데거와 형이상학 그리고 불교』, 서울: 철학과 현실사, 2003.

김용태,『조선후기 불교사 연구』, 신구문화사, 2010.

김영미,『신라불교사상사연구』, 민족사, 1994.

김호귀,『조동선요』, 석란. 2007.

남동신,『원효』, 새누리, 1999.

다이쇼대학교, 금강대학교 불교문화연구소 공편,『현대사회와 불교』, 서울: 씨아이알, 2015.

동국대 불교문화대학 교양교재편찬위원회,『불교사상의 이해』, 불교시대사, 1994.

동국대 불교대학,『불교입문』, 2021.

대한불교조계종 교육원,『조계종사-고중세편』, 서울: 조계종출판사, 2004.

_____,『조계종사-근현대편』, 서울: 조계종출판사, 2007.

대한불교조계종 불학연구소 · 전국선원수좌회,『간화선』, 조계종출판사, 2008.

대한불교조계종 교육원 불학연구소,『조계종법의 이해』, 서울: 조계종출판사, 2011.

대한불교조계종 포교원 편찬,『불교입문』, 조계종출판사, 2017.

목경찬,『유식불교의 이해』, 불광출판사, 2012.

_____,『연기법으로 읽는 불교』, 불광출판사, 2014.

목정배,『계율학 개론』, 합천: 장경각, 2001.

명법,『선종과 송대 사대부의 예술정신』, 씨 · 아이 · 알, 2009.

불교교재편찬위원회,『불교와의 첫 만남』, 불광출판사, 2015.

박경준,『불교학의 사회화 이론과 실제』, 서울: 운주사, 2019.

박병기,『의미의 시대와 불교윤리』, 서울: 씨아이알, 2013.

박석,『명상 길라잡이』, 도솔, 1999.

____,『동양사상과 명상』, 제이앤씨, 2004.

법상,『정토 수행관 연구』, 운주사, 2013.

보광 역,『정토삼부경』, 여래장, 2018.

보조사상연구원,『수심결』,『보조전서』, 불일출판사, 1989.

성엄선사, 대성 옮김,『대의단의 타파, 무방법의 방법』, 탐구사, 2011.

수불,『간화심결: 간화선 수행, 어떻게 할 것인가』, 김영사, 2019.

안옥선,『불교윤리의 현대적 이해 : 초기불교윤리에의 한 접근』, 서울: 불교시대사, 2002.

오용석,『선명상과 마음공부』, 공동체, 2019.

_____,『명상, 깨어있는 만큼의 세계』, 공동체, 2020.

이덕진 편,『한국의 사상가 10인-지눌』, 예문서원, 2002.

이자랑,『나를 일깨우는 계율 이야기』, 서울: 불교시대사, 2009.

_____,『율장의 이념과 한불불교의 정향』, 서울: 동국대학교출판부, 2017.

이종철,『중국 불경의 탄생』, 파주: 창비, 2011.

이중표,『아함의 중도 체계』, 서울: 불광출판사, 1991.

_____,『불교란 무엇인가』, 서울: 불광출판사, 2017.

_____,『붓다가 깨달은 연기법』, 서울: 불광출판사, 2020.

이태원,『염불의 원류와 전개사』, 운주사, 1998.

_____,『정토의 본질과 교학발전』, 운주사, 2006.

임승택,『붓다와 명상』, 서울: 민족사, 2011.

_____,『초기불교: 94가지 주제로 풀다』, 안성: 종이거울, 2013.

일지,『붓다 · 해석 · 실천』, 불일출판사. 1991.

____,『100문 100답−선불교 강좌편上』, 대원정사, 1997.

전재성,『初期佛敎의 緣起思想』, 한국빠알리성전협회, 1999.

전해주,『화엄의 세계』, 민족사, 1998.

이중표,『의상화엄사상사연구』, 민족사, 1993.

정병삼,『한국불교사』, 푸른역사, 2020.

정준영,『욕망: 삶의 동력인가 괴로움의 뿌리인가』, 서울: 운주사, 2008.

_____,『위빠사나』, 민족사, 2010.

_____,『있는 그대로』, 서울: 에디터, 2019.

조성택,『불교와 불교학』, 서울: 돌베개, 2012.

한자경,『선종영가집 강해』, 불광출판사, 2016.

황인규,『고려후기 조선초 불교사 연구』, 혜안, 2003.

현응,『깨달음과 역사』, 불광출판사, 2017.

현해, 신규탁, 김상영 편집,『조계종사 연구논집』, 서울: 중도, 2013.

가츠라 쇼류 외 저, 김성철 역,『유식과 유가행』, 서울: 씨아이알, 2014.

니시타니 게이지, 정병조 옮김,『종교란 무엇인가』, 대원정사, 1993.

따렉 깝괸, 이창엽 옮김,『티베트 마음수련법 로종』, 담앤북스, 2017.

데미언 키온, 허남결 옮김,『불교 응용 윤리학 입문』, 서울 : 한국불교연구원, 2007.

_____, 고승학 옮김,『불교』, 파주 : 교유서가, 2020.

불교개론

드 용, J. W. 강종원 역, 『현대불교학 연구사』, 동국대학교출판부, 2004.

로널드 퍼서, 서민아 옮김, 『마음챙김의 배신』, 필로소픽, 2021.

로버트 라이트, 이재석 · 김철호 옮김 『불교는 왜 진실인가』, 마음친구, 2019.

모치즈키 신코, 이태원 역, 『중국정토교리사』, 운주사, 1997.

미즈노 코이겐, 동봉 역, 『불교의 시발역』, 서울: 진영출판사, 1984.

부르스 핑크, 이성민 옮김, 『라캉의 주체』, 도서출판b, 2020.

사사키 시즈카, 원영 옮김, 『출가, 세속의 번뇌를 놓다』, 서울: 민족사, 2007.

사이토 아키라 외, 남수영 역, 『공과 중관』, 서울: 씨아이알, 2015.

산티데바, 최로덴 역주, 『입보리행론역주』, 하얀연꽃, 2006.

─────, 지엄 편역, 『입보살행론광석(상)』, 부다가야, 2009.

시모다 마사히로 외, 김천학 · 김경남 역, 『지혜 · 세계 · 언어』, 씨아이알, 2017.

──────────, 김성철 역, 『여래장과 불성』, 씨아이알, 2015.

아츠쉬 이부키, 최연식 역, 『중국 禪의 역사』, 서울: 씨아이알, 2011.

요한슨, 룬, E. A. 허우성 역, 『초기불교의 역동적 심리학』, 경희대학교출판문화원, 2006.

월폴라 라훌라, 진철승 옮김, 『붓다의 가르침』, 대원정사, 2001.

자크 데리다, 신정아 · 최용호 옮김, 『신앙과 지식』, 아카넷, 2018.

자크 라캉, 맹정현 · 이수련 옮김, 『세미나 11』, 새물결, 2008.

조애너 메이시, 『불교와 일반시스템이론』, 이중표 역, 서울: 불교시대사, 2004.

피터 하비, 허남길 역, 『불교윤리학 입문』, 서울: 씨아이알, 2010.

타무라 시로우, 이영자 옮김, 『천태법화의 사상』, 민족사, 1989.

하카마야 노리아키, 이자랑 역, 『불교교단사론』, 서울: 씨아이알, 2021.

후나야마 도루, 이향철 옮김, 『번역으로서의 동아시아』, 서울: 푸른역사, 2019.

히라이 슌에이, 한보광 옮김, 『정토교개론』, 여래장, 2004.

히라카와 아키라, 이호근 역, 『인도불교의 역사 상 · 하』, 서울: 민족사, 1989.

──────────, 석혜능 옮김, 『원시불교의 연구』, 서울: 민족사, 2003.

히라가와 아키라 외, 정승석 역, 『대승불교개설』, 김영사, 1999.

大正大學佛敎學科 編, 『お坊さんも学ぶ仏敎学の基礎1: インド編』, 東京: 大正大學
　　出版會, 2015.

＿＿＿＿＿＿＿＿＿＿, 『お坊さんも学ぶ仏敎学の基礎1: 中国・日本編』, 東京: 大正
　　大學出版會, 2015.

浪花宣明, 『在家佛敎の研究』, 京都: 法藏館, 1987.

末木 文美士, 下田 正弘, 『仏敎の事典』, 日本: 朝倉書店, 2014.

水野弘元, 「業に関する若干の考察」, 『仏敎学セミナ＿』20, 1974.

伊吹 敦, 『中国禅思想史』, 日本: 禅文化研究所, 2021.

中村 元, 『佛敎語大辭典』, 東京: 東京書籍, 1981.

＿＿＿＿, 『中村元の仏敎入門』, 日本: 春秋社, 2014.

Analayo, A Comparative Study of the Majjhima-nikāya, Taipei: Dharma Drum
　　Publishing Corporation, 2 vols., 2011.

＿＿＿＿＿, Compassion and Emptiness in Early Buddhist Meditation, Cambridge:
　　Windhorse, 2015.

＿＿＿＿＿, Rebirth in Early Buddhism and Current Research, Boston: Wisdom, 2018.

Gethin, Rupert, The Foundations of Buddhism, New York: Oxford University Press,
　　1998.

＿＿＿＿＿＿, The Buddhist Path to Awakening, Oxford: One world Publications,
　　2001.

Gombrich, Richard F. How Buddhism Began, London: Routledge, 1996.

Goodman, Charles. Consequences of compassion: An interpretation and defense of
　　Buddhist ethics, Oxford University Press, 2014.

Hamilton, Sue, Identity and Experience: The constitution of the human being
　　according to early Buddhism, London: LuzacOriental, 1996.

＿＿＿＿＿, Early Buddhism: A New Approach, New york: Routledge, 2000.

Harvey, Peter, The selfless mind: personality, consciousness and Nirvāṇa in early

Buddhism. Richmond Surrey: Curzon, 1995.

Keown, Damien, *Buddhism: A Very Short Introduction, Oxford*: Oxford University Press. 2000.

Ñāṇananda, K. *Concept and Reality in Early Buddhist Thought*, Kandy: Buddhist Publication Society, 1971.

Ñāṇavīra, *Notes on the Dhamma -Clearing The Path*, Colombo: Buddhist Cultural Centre, 2001.

Pande, Govind Chandra, *Studies in the Origins of Buddhism*, 4th ed. Delhi: Motilal Banarsidass Publishe, 2006.

Ronkin, Noa, *Early Buddhist Metaphysics: The making of a philoshophical tradition*, London: RoutledgeCuron, 2005.

【논문】

법장, 「제2결집기사(第二結集記事)에 있어서 『마하승기율(摩訶僧祇律)』의 특수성」, 『불교학리뷰』25호, 107-145, 2019.

석길암, 「중국불교 대승화에 대한 이해의 한 측면」, 『동아시아불교문화』35, 2018.

_____, 「동아시아 불교사상사 연구의 한 반성-개념의 이미지와 역사적 현실 사이의 간극-」, 『한국불교학』87, 2018.

이종수, 「조선후기 불교의 수행체계 연구 : 三門修學을 중심으로」, 동국대학교 박사학위논문, 2010.

伊吹敦, 「「戒律」から「清規」へ」, 『日本仏教学会年報』74호, 49-90, 2008.

Bronkhorst, Johannes, "Did the Buddha Believe in Karma and Rebirth?", *Journal of the International Association of Buddhist Studies*, 21-1, 1998.

Cousins, L. S. "Pāli Oral Literature", *Buddhist Studies: Ancient and Modern*, ed. P. Denwood and A. Piatigorsky, London: Curzon Press, 1983.